D1754932

Führung und Zusammenarbeit

Führung und Zusammenarbeit im Betrieb

Karl Martin Bolte • Jürgen Rink
Manfred Timmermann

Impressum

Das Buch "Führung und Zusammenarbeit im Betrieb" erscheint als Band 3 der Schriftenreihe
Wirtschaftspraxis für Ingenieure

Schriftenreihe des Instituts für Wirtschafts- und Betriebswissenschaften an der Montanuniversität Leoben/Österreich
Herausgeber: o. Prof. Dr.-Ing. Albert F. Oberhofer

Die Schriftenreihe umfaßt folgende Bände:

Band 1
Planung und Kosten
o. Prof. Dr.-Ing. Albert F. Oberhofer
2. Auflage
ISBN 3-514-00341-6

Band 2
Instandhaltung und Anlagenwirtschaft
Dr.-Ing. Hubert Biedermann
ISBN 3-514-00326-2

Band 3
Führung und Zusammenarbeit im Betrieb
Prof. Dr. rer. pol. Karl Martin Bolte / ö. a. o. Univ. Prof. Dr. rer. pol. Jürgen Rink / Prof. Dr. sc. pol. Manfred Timmermann
ISBN 3-514-00327-0

Band 4
Organisation und Kommunikation in Unternehmen und Betrieb
o. Prof. Dr.-Ing. Albert F. Oberhofer
ISBN 3-514-00328-9

Das Werk einschließlich aller seiner Teile ist urheberrechtlich geschützt. Jede Verwertung außerhalb der engen Grenzen des Urheberrechtsgesetzes ist ohne Zustimmung des Verlages unzulässig und strafbar. Das gilt insbesondere für Vervielfältigungen, Übersetzungen, Mikroverfilmungen und die Einspeicherung und Verarbeitung in elektronischen Systemen.
2. überarbeitete Auflage
© 1990 Verlag Stahleisen mbH, Düsseldorf

ISBN 3-514-00327-0
Printed in Germany

Inhalt

Vorwort des Herausgebers
von Albert F. *Oberhofer*

I. Was müssen Manager wissen 1
von Karl Martin *Bolte*

1. Anliegen des Beitrages 1
2. Einführende Hinweise zum Gegenstandsbereich Management 2
3. Managementwissen im Überblick 8
3.1 Zum Begriff "Management" 8
3.2 Zur historischen Entwicklung des Managementwissens 9
3.3 Managementrelevantes Grundlagenwissen 13
3.4 Wissen über Managementtechniken 15
3.5 Ergänzende Anmerkungen zu Managementtechniken und Grundlagenwissen 17
3.6 Zum Stellenwert gesellschaftsstruktureller Kenntnisse im Rahmen von Managementwissen 20
4. Der Zeitgeist im Managementhandeln - "Managementströmungen" 22
4.1 Auf dem Weg zu einem veränderten Umgang mit Beschäftigten 23
4.2 Zur Renaissance der Diskussion um Wirtschaftsethik 25
4.3 Das Bemühen um den Aufbau einer Unternehmenskultur 27
5. Anmerkungen zur Literatur und zum Umgang mit ihr 30

Anhang 35

II. Das Handwerkszeug des Vorgesetzten 43
von Jürgen *Rink*

1.	Urteilen und Entscheiden	43
1.1	Wann ist das Vorgesetztenurteil unverzichtbar?	44
1.2	Wie kommen Urteile zustande?	45
1.3	Vorstellungen - Urteile - Handlungen, eine zwangsläufige Kette im Unterbewußtsein	56
1.4	Gilt die Kette "Vorstellungen führen zu Handlungen" auch umgekehrt?	90
2.	Vorgesetze und Mitarbeiter	94
2.1	Das Führungsverhalten	94
2.2	Managementtheorien	104
2.3	Besondere Fragetechniken	106
2.4	Der Vorgesetzte aus der Sicht des Mitarbeiters	109
3.	Die Gruppe und das Gruppenverhalten	110
3.1	Voraussetzungen für den Gruppenerfolg	114
3.2	Leistungsfähigkeit und Leistungsverhalten von Gruppen	114
3.3	Die Gruppenstruktur	118
3.4	Gruppeneinsatz	143
4.	Methoden praktischer Sozialforschung	143
4.1	Befragung	145
4.2	Beobachtung	151
4.3	Experiment	156
4.4	Inhaltsanalyse	159
4.5	Selbsterfahrung in der Gruppe	159
4.6	Konfliktlösung	162
5.	Methoden der praktischen Statistik	164
5.1	Die Stichprobe	164
5.2	Der Chi^2-Test	172
5.3	Die Korrelationsrechnung	174
6.	Anwendungsbeispiele	181
7.	Aufgaben	182
8.	Literatur	183

9.	Nachwort	184
	Literaturverzeichnis	185
	Anhang	191

III. Grundprobleme der Organisation
von Manfred *Timmermann* 227

1.	Wissenschaftsanalytische Grundlagen der Organisationswissenschaft	228
2.	Paradigma der Organisationswissenschaft	229
2.1	Voraussetzungen der Organisation	229
2.2	Notwendigkeit der Organisation	230
2.3	Prinzip der Organisation	231
2.4	Formen der Organisation	232
2.5	Instrumente der Organisation	233
2.6	Nebenbedingungen der Organisation	234
2.7	Kriterien der Organisation	234
2.8	Prozeß der Organisation	235
2.9	Politik der Organisation	235
2.10	Optimum der Organisation	235
	Anhang	236
	Stichwortverzeichnis	237

Vorwort des Herausgebers

Mehrere wissenschaftliche Untersuchungen über die Anforderungen an technische Fach- und Führungskräfte (= Ingenieure), die 1975, 1985 und 1988 vom Verein Deutscher Eisenhüttenleute und der Eisenhütte Österreich parallel in der deutschen und der österreichischen Industrie durchgeführt worden sind, haben immer wieder erkennen lassen und bestätigt, welch hoher Stellenwert betriebswirtschaftlichen und führungstechnischen Kenntnissen schon beim Berufsanfänger beigemessen wird.

An den Technischen Hochschulen, Universitäten und Fachhochschulen in beiden Ländern wird inzwischen neben der Vermittlung von betriebswirtschaftlichen Kenntnissen auch die Darstellung praktischer Methoden der betrieblichen Führungslehre entweder in Pflichtvorlesungen und Übungen angeboten oder der Besuch besonderer Vorlesungen empfohlen.

Das vorliegende Buch - Band 3 der Reihe Wirtschaftspraxis für Ingenieure - richtet sich sowohl an Studierende der Ingenieurwissenschaften als auch an Ingenieure der Praxis, die ihr Wissensdefizit bei der Lösung von Problemen der Führung und Zusammenarbeit im Betrieb ausgleichen wollen.

Wie jede Führungskraft hat auch der Ingenieur in hohem Maße Vorgesetzten-Aufgaben zu bewältigen. Dazu gehören in erster Linie Beurteilung und Einsatz von Mitarbeitern. Anhand von praktischen Beispielen und Tests soll gezeigt werden, wie Urteile über Personen und Sachen zustande kommen und welche Techniken zu ihrer Objektivierung anwendbar sind.

Ebenfalls an praktischen Beispielen werden Struktur und Dynamik von Arbeitsgruppen untersucht und Kenntnisse darüber vermittelt, nach welchen Kriterien einzelne Mitarbeiter und Mitarbeitergruppen optimal eingesetzt werden können. Die für den betrieblichen Einsatz wichtigen Methoden praktischer Sozialforschung und Statistik runden das Gebiet ab.

Dieser praktische Teil des Buches ist eingebettet in die Darstellung der Methoden und Praktiken der Managementlehre und grundsätzlicher Überlegungen der Organisation als formales Führungsinstrument.

Zu den Autoren: Karl Martin *Bolte* ist Professor für Soziologie an der Ludwig-Maximilians-Universität in München. Jürgen *Rink* ist als Direktor im Verein Deutscher Eisenhüttenleute tätig und lehrt in Aachen, Düsseldorf und Leoben. Manfred *Timmermann* ist Ordinarius für Betriebswirtschaftslehre an der Hochschule St. Gallen.

Albert F. Oberhofer

I. Was müssen Manager wissen?

Karl Martin Bolte[1]

1. Anliegen des Beitrags

Wenn man die zu Ingenieurberufen führenden Ausbildungsgänge einerseits und die Ingenieuren in der Berufspraxis begegnenden Anforderungen andererseits betrachtet, dann fällt auf, daß sich ein nicht unerheblicher Anteil von Ingenieuren in Führungspositionen befindet, daß ihnen aber in der Ausbildung Wissen über Unternehmensführung bzw. Managementwissen nur in geringem Ausmaß - wenn überhaupt - vermittelt wird. Das gleiche gilt in der Bundesrepublik auch für andere akademische Ausbildungsgänge. Nur in einigen, so vor allem bei Wirtschaftswissenschaftlern und z. T. bei Psychologen, sind Informationen über Managementwissen in der Ausbildung enthalten. Im Hinblick auf diese Situation ist verständlich, daß im Rahmen der Weiterbildung von Ingenieuren Veranstaltungen, die Managementwissen vermitteln, besonders gefragt sind.[2]

Jedem, der sich bemüht, Wissen dieser Art im Rahmen von Weiterbildungsveranstaltungen aufzunehmen, wird sehr bald auffallen, daß ihm dabei recht Verschiedenes und z. T. sogar Widersprüchliches angeboten wird. Wendet er sich zur Klärung solcher Widersprüche der Literatur zu, muß er erkennen, daß die Literatur über Managementwissen erstens äußerst umfangreich und zweitens ebenfalls z. T. widersprüchlich ist. Selbst gut strukturierte Lehr- und Handbücher sind "dick" und sprechen so vielfältige Aspekte in mehr oder weniger verständlichem Fachjargon verschiedener Wissenschaftsdisziplinen an, daß ein nicht von Grund auf in diesen Bereichen Ausgebildeter sie vermutlich sehr bald wieder aus der Hand legen wird.

---

1) Der Verfasser dieses Artikels ist kein "Management-Insider", weder ein Praktiker noch ein Theoretiker des Managements. Er hat sich als Wirtschaftswissenschaftler und Soziologe schwergewichtig mit gesamtwirtschaftlichen Strukturen und Entwicklungen befaßt und dabei u. a. auch mit Vorgängen im Bereich von Management. Er hat im Rahmen gesellschaftspolitischer Weiterbildung über Jahrzehnte hinweg mit Managern und in etlichen Gremien mit Managementtheoretikern immer wieder im Gedankenaustausch gestanden.

2) Dies geht aus verschiedenen Untersuchungen hervor, die vom Verein Deutscher Eisenhüttenleute angeregt wurden.

Was ist in dieser Situation zu tun? Genau das, was viele tun, bevor sie in ein fremdes Land reisen: sich mit Hilfe eines Reiseführers, eines "Wegweisers", einen ersten groben Überblick verschaffen. Er macht deutlich, was einem prinzipiell alles begegnen wird und gibt Hinweise darauf, wo man detaillierte Informationen über dies und jenes finden kann, soweit man daran interessiert ist.

Die folgenden Ausführungen versuchen erstens einen Überblick darüber zu geben, was in der Literatur derzeit als für Management relevantes Wissen dargestellt wird. Sie weisen zweitens am Schluß auf einige derzeit erkennbare - dem Verfasser wesentlich erscheinende - Entwicklungstrends im Bereich von Management hin. Und sie sollen drittens im Rahmen dieser Veröffentlichung auch dazu verhelfen, die Einsatzmöglichkeiten der im Hauptteil dieses Buches beschriebenen Untersuchungsverfahren besser verorten zu können.

2. Einführende Hinweise zum Gegenstandsbereich Management

Man sollte sich eingangs bewußt machen, daß man es bei der Führung eines Unternehmens bzw. Betriebes[3] teilweise mit Erscheinungen zu tun hat, die keinesfalls nur hier auftreten, sondern in vielfältigen Formen überall zu finden sind, wo Menschen in mehr oder weniger längerfristigen Interaktionen stehen. Sie kommen aber in Betrieben in besonderer Form vor. Dafür einige Beispiele:

Ein Betrieb erscheint vom Blickpunkt des Sozialwissenschaftlers als ein institutionalisiertes (d.h. dauerhaft geregeltes) Geflecht aufeinander bezogenen Handelns von Menschen, das als solches in einer "Umwelt" abgrenzbar ist, aber mit dieser durchaus in Wechselwirkung steht. Solche **Sozialsysteme** gibt es im Rahmen menschlichen Zusammenlebens in sehr verschiedenen Formen: Freundschaften, Familien, Parteien u.a.m. Der Betrieb ist als eine spezifische Erscheinungsform eines Sozialsystems dadurch charakterisiert, daß hier Menschen unter Verwendung von "Techniken" und Materialien in beruflicher Arbeitsteilung kooperieren zum Zweck tauschwertorientierter Erstellung von Gütern und/oder Dienstleistungen.

Es handelt sich beim Betrieb also zunächst einmal um ein Sozialsystem, das primär der Kooperation von Menschen dienen soll, was nicht besagt, daß in

---

3) Im folgenden soll vorwiegend von "Betrieben" gesprochen werden, gleichgültig ob es sich um "Betriebe" oder um "Unternehmungen" im wirtschaftlichen oder rechtlichen Sinne handelt.

ihm nicht auch Konflikte vielfältiger Art vorhanden sind und ausgetragen werden.

Da das Verhalten der Menschen im Betrieb mehr oder weniger formell auf die Erreichung bestimmter Zwecke hin geregelt ist, erscheint er als Sozialsystem vom Typ einer **Organisation**. Die Betriebszwecke dürfen dabei nicht mit den Zielen gleichgesetzt oder verwechselt werden, die die am Betrieb beteiligten Menschen letztlich mit ihrer Teilnahme verbinden, oder die dem Betrieb über die unmittelbaren Betriebszwecke hinaus gesetzt worden sind. Einkommens- und Gewinninteressen, Kontaktgewinnung zu anderen Menschen, Machtausübung, Prestigegewinn durch Mitarbeit in einem angesehenen Unternehmen, Bereitstellung von Arbeitsplätzen, Sicherung der Versorgung der Bevölkerung mit bestimmten Gütern wären Beispiele für solche Zielsetzungen.

Der Zweck des Betriebes, Güter und/oder Dienstleistungen zu erstellen, charakterisiert ihn gegenüber anderen Organisationen, z. B. einer Partei, einem Heer oder einer Religionsgemeinschaft, als eine **Wirtschaftsorganisation**.

Die tauschwertorientierte Erstellung von Gütern und/oder Dienstleistungen läßt ihn im Vergleich zu einer vorindustriellen Bauernfamilie, die für den eigenen Gebrauch (also gebrauchswertorientiert) produzierte, als eine **marktorientierte** Wirtschaftsorganisation erscheinen.

In einem Betrieb begegnet man vorherrschend **beruflicher** Arbeitsteilung, d. h. Menschen üben hier Tätigkeiten aus, für die sie in Ausbildungsgängen qualifiziert wurden, und die dem Erwerb von "Mitteln" (z. B. Geld) zur Sicherung des Lebensunterhalts dienen. Nichtberufliche Formen der Arbeitsteilung sind z. B. geschlechts- oder altersspezifische, wie sie in der Familie zwischen Männern und Frauen sowie Älteren und Jüngeren vorkommen.

In einem Betrieb begegnet man u.a. Erscheinungen wie Leistung, Führung und Herrschaft. Unter **Leistung** versteht man, daß Menschen zur Erreichung der Kooperationszwecke spezifische Beiträge (Ertrags- oder Outputaspekt von Leistung) bzw. spezifische Anstrengungen (Anstrengungs- oder Inputaspekt) erbringen. **Führung** bedeutet Steuerung des Verhaltens aller an einem Kooperationszusammenhang Beteiligten in Richtung der Kooperationszwecke. **Herrschaft** besagt, daß bestimmte Menschen anderen gegenüber Anordnungsbefugnis besitzen.

Was heute als Kooperation, Arbeitsteilung, Organisation, Führung, Leistung und Herrschaft bezeichnet wird, sind Erscheinungen im Rahmen menschlichen Zusammenlebens, die vermutlich so alt sind wie die Menschheit selber. Sie finden sich in der geschichtlichen Vergangenheit in vielfältigen Aktionszusammenhängen in unterschiedlicher Form. Berufliche Arbeitsteilung, marktorientierte Gütererstellung, betrieblich organisierte Produktion sind dagegen Erscheinungen, die keineswegs immer und überall zu finden waren. In Mitteleuropa entwickelten sie sich seit dem frühen Mittelalter. Im Verlauf der Industrialisierungsvorgänge seit Mitte des 18. Jahrhunderts nahmen dann die berufliche Arbeitsteilung sowie der Anteil der marktorientierten Erstellung von Gütern und Dienstleistungen im Rahmen von Wirtschaftsbetrieben erheblich zu. In Verbindung mit der technischen Entwicklung, der Ausbreitung von Massengüterproduktion, der Intensivierung des internationalen Handels u. a. m. entstanden zunehmend Großbetriebe und wurden schließlich zu einem charakteristischen Element im Wirtschaftsleben entwickelter Industriegesellschaften. In der sozialhistorischen Literatur sind diese Vorgänge im einzelnen nachgezeichnet.

Großbetriebe gibt es in entwickelten Industriegesellschaften in allen Wirtschaftsbereichen, in der Landwirtschaft, im produzierenden Gewerbe sowie im Dienstleistungssektor (Handel, Banken, Verkehr u. a. m.). Ihr Aufbau und Ablauf werden neben der Art der erstellten Güter und Dienstleistungen, der dabei verwendeten technischen Apparatur und dem Qualifikationsniveau der Arbeitskräfte von einer Fülle weiterer Faktoren geprägt. Um die komplexen Wirkungszusammenhänge, in die ein Großbetrieb eingebettet ist, im Überblick erfassen zu können, sind in der betriebswirtschaftlichen Literatur verschiedene schematische Darstellungen entworfen worden. Für Betriebstypen, wie sie in der Eisen- und Stahlindustrie vorkommen, erscheint das in **Bild 1** dargestellte Schema geeignet.

Innerhalb des Betriebs gibt es ein Zusammenspiel von Geschehnissen, die hier nach technischen Belangen (T), wirtschaftlich/kaufmännischen Belangen (W/K) sowie Personal- und Sozialbelangen (P/S) gegliedert sind. Jeder dieser Bereiche ließe sich in vielfältiger Weise weiter unterteilen. Welche Fülle von Wissen erforderlich ist, um die in diesen Bereichen anfallenden Aufgaben zu bewältigen, wird deutlich, wenn man sich vor Augen hält, aus wie vielen Berufsausbildungsgängen jene kommen, die hier arbeiten.

Die innerbetrieblichen Geschehnisse stehen in mehr oder weniger enger Wechselwirkung mit außerbetrieblichen Bereichen. In einem engeren Umfeld (spezielle Umwelt) gehören dazu vor allem die Kunden, die Konkurrenten und die Lieferanten, die Geschehnisse auf dem "Arbeitsmarkt" u.a.m. Zum weiteren Umfeld (generelle Umwelt) gehören die Gegebenheiten der politischen und der Rechtsordnung, der Wirtschaftsordnung und Wirtschaftsstruktur, des prinzipiell verfügbaren technischen Instrumentariums und der technologischen Kenntnisse, der Infrastruktur im Sinn vorhandener Verkehrsmittel und

```
                    generelle Umwelt
        soziale    spezielle  Umwelt    techn.
        Gegeben-                        Gegeben-
        heiten                          heiten

              Kun-                   Ar-
              den                    beits-
                          M          kräf-
                                     te
                        T  W/K
          wirt-          P/S           polit.
          schaftl.  Lie-      Kon-    rechtl.
          Gegeben-  feran-    kurren- Gegeben-
          heiten    ten       ten     heiten
```

M = Managementbelange   W/K = wirtschaftlich/kaufmännische Belange
T = technische Belange   P/S = Personal- und Sozialbelange

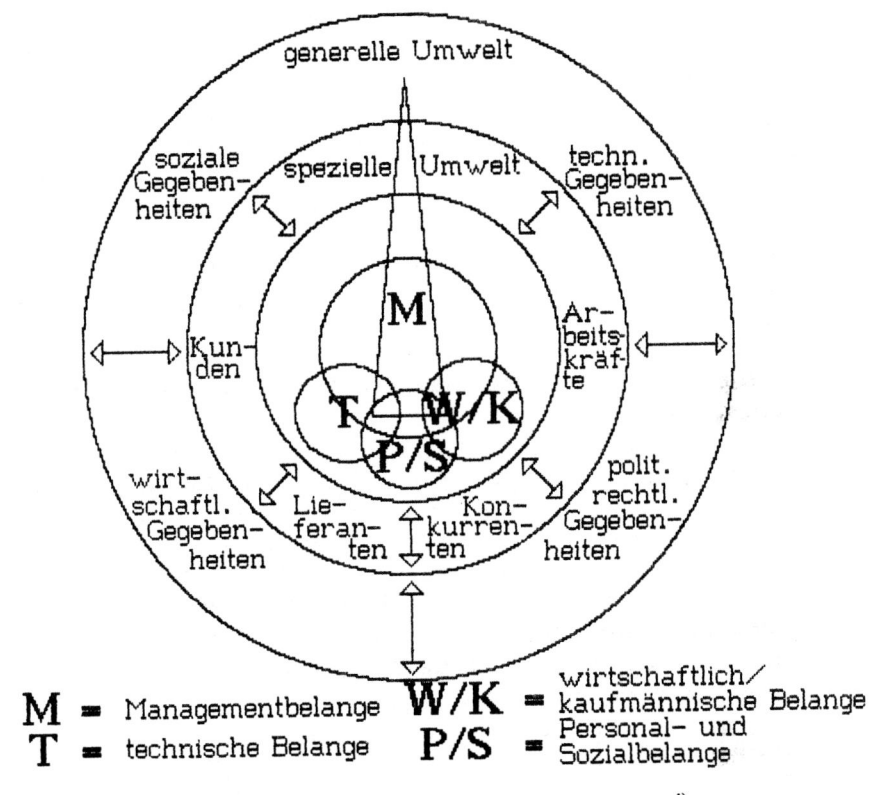

Bild 1: Strukturelemente des Betriebes und seiner Umwelt [4]

Energieversorgung sowie neben anderem mehr die Denk- und Verhaltensweisen, das Bildungsniveau usw. der Bevölkerung. Im Grunde ist hier alles zu nennen, was die gesellschaftsstrukturellen Eigenarten eines Landes ausmacht, einschließlich der internationalen Verflechtungen, soweit sie in irgendeiner Weise für das Betriebsgeschehen relevant werden.

In Bild 1 ist außer den bisher erwähnten Bereichen eine mit "M" benannte Spitze eingezeichnet. Sie übergreift teilweise die Bereiche der technischen,

---

[4] In Anlehnung an Luthans, F.: Introduction to management. A contingency approach. New York 1976, S. 50

der kaufmännisch/wirtschaftlichen sowie der Personal- und Sozialbelange im Betrieb und reicht bis in das Betriebsumfeld hinein. Das "M" steht hier für "Management".

Dieser Aktionsbereich hat sich vor allem seit Beginn dieses Jahrhunderts als ein besonders zu betrachtender und die anderen genannten Betriebsbelange übergreifender bzw. integrierender herauskristallisiert. Bis heute ist man sich aber in der betriebswissenschaftlichen Literatur nicht darüber einig, wie der Bereich Betriebsmanagement genau definiert und abgegrenzt werden sollte, und ob bzw. inwieweit er mit Unternehmens- oder Betriebsführung gleichzusetzen ist.

Wenn man sich bemüht, eine die verschiedenen Auffassungen überbrückende Vorstellung davon zu bekommen, worum es bei Management im Kern geht, dann läßt sich dies offenbar als eine integrierte Verflechtung von vier Aktionsfeldern verstehen: Diese sind

— eine alle Betriebsbereiche übergreifende und alle als relevant angesehenen Umweltfaktoren berücksichtigende **Planung** des Betriebsgeschehens in Richtung der Betriebszwecke;

— die Bestimmung der am Betriebsgeschehen beteiligten "Elemente" (Personen, Instrumente, Materialien) sowie ihrer Aufgaben und Zueinanderordnung, d. h. **Organisation** betrieblicher Strukturen und Prozesse;

— Steuerung des Verhaltens der am Betrieb beteiligten Personen in Richtung der Betriebszwecke im Rahmen der Organisationsstrukturen unter Berücksichtigung unternehmensrelevanter Umweltgegebenheiten, d.h. **Menschenführung**;

— eine alle Aktionsbereiche übergreifende **Kontrolle** des Geschehens im Hinblick auf die Erreichung der Betriebszwecke (und evtl. weiterer Zielsetzungen).

Zu diesen verschiedenen Aktionsfeldern (Funktionsbereichen) von Management liegt inzwischen ein umfangreiches Wissen vor. Eines der deutschsprachigen Standardwerke über "Management" von W. H. Staehle[5] - das sich als Einführung in die Managementlehre versteht, "wie sie im angelsächsischen Raum zur Zeit an Hochschulen und Weiterbildungsinstitutionen vermittelt wird" - umfaßt in seiner 2. Auflage von 1985 z .B. 787 Seiten, obwohl es lediglich "straff" im Überblick darstellt, worum es geht, und obwohl die ge-

---

5) Staehle, W. H. : Management. Eine verhaltenswissenschaftliche Einführung. 2. Aufl. München 1985

gebenen Informationen keineswegs ausreichen, um alle erwähnten Managementtechniken auf dieser Grundlage nachvollziehen zu können.

Um die Fülle des im Hinblick auf Management inzwischen vorliegenden Wissens verstehen und mit Lehrbüchern über Management besser umgehen zu können, sollte man sich folgendes bewußt machen:

— Wissen über Management kommt vor allem aus drei Quellen: erstens aus dem Bereich der direkten Managementpraxis, d. h. als Manager Tätige äußern sich; zweitens aus dem Bereich der verschiedenen Wissenschaftsdisziplinen, die sich mit managementrelevanten Fragen befassen; drittens von Personen, die sich mit Organisationsberatung bzw. mit der Schulung von Praktikern in Managementwissen befassen. Es handelt sich bei letzteren um wissenschaftlich und/oder praktisch ausgebildete Personen, die meist durch Spezialisierung auf bestimmte Managementbereiche oder Wirtschaftsbranchen sowie durch Kenntnisse vieler Betriebe und deren Probleme in diesen Bereichen höchst nützliches Wissen angesammelt und anzubieten haben.

— Wissen über Management setzt sich - grob gegliedert - aus zwei Wissensarten zusammen: erstens aus Grundlagenkenntnissen und zweitens aus Kenntnissen über Managementpraktiken (Managementtechniken). Managementtechniken sind spezifische Verfahrens- und Verhaltensweisen innerhalb der verschiedenen Funktionsbereiche von Management oder diese übergreifend, die darauf abzielen, in bestimmten Situationen Bestimmtes zu erreichen (also Planungstechniken, Techniken der Menschenführung, Kontrolltechniken usw.). Um solche Techniken entwickeln und richtig anwenden zu können, muß man Grundlagenkenntnisse verschiedener Art haben. So z. B. bei der Menschenführung über Denk- und Reaktionsweisen von Menschen, über Probleme menschlichen Zusammenlebens in Gruppen und vieles andere mehr. Diese Grundlagenkenntnisse kommen aus dem Bereich der Wissenschaft und haben sich im Lauf der Zeit außerordentlich stark ausgeweitet. Es ist inzwischen nicht nur im Bereich der Unternehmensführung, sondern auch in anderen Gesellschaftsbereichen und Organisationen (z. B. in der Schule, in der Kirche, in den Gewerkschaften) zu einem Problem geworden, was man Praktikern (wie z. B. Managern, Lehrern und Gewerkschaftsfunktionären) noch sinnvoll an solchem Grundlagenwissen vermitteln kann und sollte.

— Zum besseren Verständnis der über Management vorliegenden Aussagen gilt es zu erkennen, daß diese keineswegs nur dadurch zustande kommen, weil Praktiker, Wissenschaftler oder Organisationsberater immer wieder neue Erkenntnisse gewinnen und sie dann in Veröffentlichungen oder Vorträgen mitteilen. Um Karrieren zu sichern und aus anderen Gründen wird vielmehr auch längst Bekanntes immer wieder in neuem Jargon neu "verkauft", werden Teilerkenntnisse zu Einsichten von überragender Bedeutung hochstilisiert und werden Managementtechniken nicht selten mit missionarischem Eifer als die nun endlich und endgültig alle Probleme lösenden und andere Techniken erübrigende Heilsbotschaften angepriesen. Es gibt, wie auch in anderen Wissenschaftsbereichen, in der Managementlehre konkurrierende Schulen, deren Angehörige die jeweils anderen bekämpfen oder auch totschweigen. Und es gibt Zeitströmungen, die diese oder jene Techniken für eine begrenzte Dauer zu besonderer Bedeutung kommen lassen.

— Schließlich gilt es, von vornherein noch zweierlei zu begreifen - und seriöse Managementlehrbücher verweisen darauf ausdrücklich. Erstens gibt es für Management bisher keine Patentrezepte. Für die verschiedenen Aktionsfelder von Management sind vielmehr im Laufe der Zeit vielfältige hilfreiche Kenntnisse und mögliche Techniken herausgearbeitet worden, und der Praktiker steht damit vor der Frage, wie er jene findet und miteinander kombiniert, die ihm in seiner Praxissituation am besten helfen. Zweitens ist "Managementwissen" keine Garantie für erfolgreiches Managementhandeln, sondern eine teils notwendige und teils nützliche Voraussetzung dafür. Persönliche Erfahrung, Geschicklichkeit und Fähigkeit müssen hinzukommen. Für jedes Berufsfeld - und so auch für Management - gilt, daß man zu einem "wirklichen Könner" nicht allein durch das Wissen um berufsspezifische Grundlagenkenntnisse und die Beherrschung berufsspezifischer Instrumente und Techniken wird. Aber ohne solches Wissen wird man es auf keinen Fall.

3. Managementwissen im Überblick

Um eine Vorstellung von dem Wissen zu vermitteln, das im Hinblick auf Management z. Zt. vorliegt bzw. als relevant angesehen wird, soll das als Anhang abgedruckte Inhaltsverzeichnis des oben bereits erwähnten Lehrbuchs "Management" von W. H. Staehle im folgenden wie eine Art "Landkarte" benutzt werden.

3.1 Zum Begriff "Management"

Wer sich mit Hilfe der vorliegenden Literatur über Management zu informieren versucht, der wird in Hand- und Lehrbüchern meist einleitend darüber informiert, woher der Begriff Management eigentlich kommt, was man unter Management versteht, ob Management und Unternehmens- bzw. Betriebsführung das Gleiche ist oder inwieweit die Begriffe deckungsgleich sind, wie sich der Gegenstandsbereich der Betriebswirtschaftslehre zu dem der Managementlehre verhält, welche Arten wissenschaftlicher Beschäftigung mit Management es gibt usw. (Staehle, Teil I, Abschnitte B und C).

Begrifflich wird Management meist auf "manus agere" = "an der Hand führen, ein Pferd in Gangarten üben" oder auf "mansionem agere" = "das Haus für einen anderen bestellen" zurückgeführt (Staehle, S. 40). Der Begriff Management tauchte zunächst im amerikanischen Sprachgebrauch in Verbindung mit Unternehmensführung auf und ist heute auch im deutschen Sprachgebrauch verbreitet. "Management" bezeichnet sowohl die Gruppe von Personen, die Managementfunktionen ausüben, wobei im deutschen Sprachbereich oft nur an das top-management im amerikanischen Sinn gedacht wird, als auch den Komplex von Tätigkeiten, die Manager ausführen. Es gibt unterschiedliche Auffassungen darüber, welche das im einzelnen sind, und wie sich Management von Betriebs- und Unternehmensführung abgrenzt. Zunehmend kristallisiert sich aber die Auffassung heraus, daß jene Aktionsfelder (Funktionsbereiche) zum Management gehören, die oben als Planung, Organisation, Führung und Kontrolle bezeichnet wurden.

3.2 Zur historischen Entwicklung des Managementwissens

Wer sich anhand der Literatur mit Managementwissen befaßt, dem wird deutlich, daß die in Hand- und Lehrbüchern enthaltenen Erkenntnisse über Management zu ganz verschiedenen Zeiten und aus unterschiedlichen Anlässen entstanden sind (s. Staehle, Teil I, Abschnitt A).

Bestimmte Erkenntnisse kommen - wie eingangs schon erwähnt - bereits aus frühen historischen Zeiten, denn u. a. in Verbindung mit der Verfolgung militärischer, politischer, religiöser und wirtschaftlicher Ziele mußten immer wieder Planungs-, Koordinations-, Menschenführungs- und Kontrollaufgaben bewältigt werden. Die Entfaltung einer wissenschaftlich fundierten Managementlehre für Wirtschaftsunternehmen steht jedoch in enger Verbindung mit der Industrialisierung (seit dem 18. Jahrhundert) und vor allem mit der Entstehung wirtschaftlicher Großbetriebe, deren Geburtsstunde im allgemeinen um die Wende vom 19. zum 20. Jahrhundert festgelegt wird.

In der bisherigen Entwicklung der Managementlehre können verschiedene Perioden unterschieden werden, wobei einzelne Autoren eine durchaus unterschiedliche Zahl, zeitliche Terminierung und Benennung wählen.

In einer ersten Periode findet sich eine Reihe heute meist als "klassisch" bezeichneter Ansätze von Managementlehren. Als Beispiele für besonders bekannt gewordene seien die folgenden genannt:

Auf Frederick W. Taylor (1856-1915) sowie seine Mitarbeiter und Schüler geht das "scientific management" zurück. Taylors bahnbrechendes Buch "Principles of Scientific Management" erschien 1911. Angestrebt wird ein möglichst zweckrationaler Einsatz von Menschen und Maschinen. Man versucht dies zu erreichen durch

a) eine weitgehende Arbeitsteilung einschließlich der Trennung von planender Arbeitsvorbereitung und Arbeitsdurchführung,

b) die Feststellung der effektivsten Art eine bestimmte Arbeit zu tun durch Zeit- und Bewegungsstudien (es gilt "the one best way" zu finden),

c) die Einführung eines am "Bestarbeiter" orientierten Akkordsystems,

d) die detaillierte Beschreibung von Arbeitsaufgaben und Arbeitsdurchführung mit Vorgabe von Mindestzeiten sowie

e) exakte Kontrollen der Arbeitsausführung (z. T. Kontrolle verschiedener Arbeitsfunktionen durch verschiedene Kontrolleure: Funktionsmeisterprinzip).

Mit dem Namen Henry Ford (1863-1947) sind Managementstrategien zur Rationalisierung industrieller Massengüterproduktion durch hochgradige Typisierung der Produkte, weitgehende Mechanisierung der Fertigung, Fließbandproduktion (1913) und Eignungsuntersuchungen zur Auswahl passender Arbeitskräfte verbunden. Das Montageband ersetzt hierbei gleichzeitig die bisher erforderlichen Kontrolleure. Der Begriff "Fordismus" schließt zusätzlich zum oben Genannten auch noch das Prinzip Fords ein, durch hohe Löhne und niedrige Produktionspreise eine kaufkräftige Nachfrage sicherzustellen.

Henri Fayol (1841-1925) stellte als erster als typische Funktionen von Unternehmensführung (Administration) Planung, Organisation, Leitung, Koordination und Kontrolle heraus. Im Gegensatz zu Taylor vertrat er die Auffassung, daß jeder Beschäftigte nur von einer einzigen Instanz Weisungen erhalten darf. Neben diesem "Prinzip der Einheit der Auftragserteilung" formulierte Fayol 13 weitere Managementprinzipien, die für Unternehmen jeder Art gelten sollten.

Max Weber (1864-1920) konzipierte als zweckrationalste Form der Verwaltung einer Organisation sein Bürokratiemodell. Dabei ist jede Arbeitsstelle (jedes Amt) hinsichtlich Leistungspflichten, Befehlsgewalt und Sanktionsmitteln genau definiert. Die Ausführung der Arbeit erfolgt nach formell festgelegten Regeln und wird aktenmäßig dokumentiert. Es gibt einen hierarchischen Aufbau der Ämter (Amtshierarchie). Amtsinhaber sind "Beamte", d.h. Personen, die aufgrund eines fachlichen Ausleseprozesses ihr Amt erlangen, eine feste Besoldung erhalten und nach Dienstalter und/oder Leistung befördert werden. Weber hat dieses Modell im Rahmen seiner Arbeiten über Herrschaftstypen entwickelt und verstand bürokratische Herrschaft als rationalste Form legaler Herrschaft, d.h. auf anerkannten Satzungen beruhende Anordnungsbefugnis.

Hugo Münsterberg (1863-1916) gilt als ein wichtiger Vertreter der Human Factor Bewegung und vor allem der "Psychotechnik". Sie betonte die physisch-psychischen Eigenarten jedes Menschen, seine Bedürfnisse, Lernfähigkeit, Geschicklichkeit, Belastbarkeit, Ermüdungskurve u.a.m. Mit Hilfe von Auslese- und Eignungstests, Verfahren psychologischer Arbeitsgestaltung, Einübungs- und Anpassungsverfahren u.a.m. sollte eine optimale Abstimmung zwischen den Anforderungen eines Arbeitsplatzes und den physisch-psychischen Besonderheiten des Arbeitsplatzinhabers hergestellt werden.

Neben den vorstehend als Beispiele genannten und vor allem an wirtschaftlicher Effizienz ausgerichteten Managementansätzen hat es in Europa und nicht zuletzt in Deutschland auch frühe (und z. T. sogar frühere) sozialpolitisch oder sozialreformerisch orientierte Managementbestrebungen gegeben. Sie hatten u.a. zum Ziel, die von K. Marx und anderen angeprangerten Entfremdungs- und Entmenschlichungstendenzen im Rahmen von Industriearbeit [6] zu mildern oder abzubauen, sozialen Frieden zwischen Kapital und Arbeit zu stiften und die Industriearbeiter besser in die Gesellschaft zu integrieren. Hierher gehören z.B. die Einführung von Arbeiterausschüssen (seit ca. 1860), um Arbeitern die Mitwirkung an bestimmten Betriebsmaßnahmen zu ermöglichen, die Versuche mit "Gruppenfabrikation" und "Werkstattaussiedlung" in den 20er Jahren (eine Frühform automomer bzw. teilautonomer Arbeitsgruppen) sowie zahlreiche Bemühungen um Humanisierung der Arbeitswelt (sichere und "gesunde" Arbeitsplätze, Arbeitszeitverkürzung, Pausengestaltung u. a. m.) und um Maßnahmen betrieblicher Sozialpolitik (Kranken- und

---

6) Der Begriff Entfremdung verweist bei K. Marx insbesondere darauf, daß Arbeitsprodukt, Arbeitsablauf, Arbeitsinstrumente und Kooperation mit anderen beim Arbeiter nicht dessen Interessen entspringen, sondern ihm von außen aufgegeben sind (Fremdbestimmung). Durch "mechanisches Mitmüssen" am Fließband, "atomisierte Saalarbeit" u. a. m. wird er jener Möglichkeiten beraubt, die den Menschen im Vergleich mit anderen Lebewesen als Besonderheit verfügbar sind, wie Kreativität, Persönlichkeitsentfaltung, kommunikatives Handeln. Dadurch wird er unmenschlichen Arbeitsbedingungen ausgesetzt.

Altershilfe, Werksfürsorge, Kantinen u. a. m.). Individuelle und soziale Anliegen der Arbeiter, die in den USA erst in den 30er Jahren explizit zum Gegenstand von Managementforschung, -lehre und -praxis wurden, sind in Europa unter anderen politischen Gegebenheiten also schon früher als ein Anliegen von Management gesehen, praktiziert und gelehrt worden.[7]

Die oben genannten und andere frühe, an wirtschaftlicher Effizienz orientierte Managementansätze sind im Laufe der Zeit weiterentwickelt, kritisiert und modifiziert worden. Sie haben praktisch in allen Industrieländern gewirkt und je nach deren politisch-wirtschaftlicher Situation besondere nationale Ausprägungen in Praxis und Lehre erfahren. Ihre Spuren sind im heutigen Management an vielen Stellen zu erkennen, und z. T. haben sich spezifische Wissenschaftsdisziplinen aus diesen Ansätzen heraus entwickelt. So z. B. die Ergonomie bzw. Arbeitswissenschaft, welche sich mit körpergerechten Arbeitsbedingungen befaßt, die betriebswirtschaftliche Organisationslehre, die Organisationssoziologie und die Betriebs- bzw. Organisationspsychologie.

Eine **zweite** Periode der Geschichte der Managementlehre kann angesetzt werden ab dem Ende der 20er Jahre dieses Jahrhunderts. Jetzt rückte ins Blickfeld, daß es neben den formellen Regelungen im Betrieb eine Vielzahl informeller zwischenmenschlicher Beziehungen und Gruppenbildungen gibt. Als ein wichtiger Markstein am Beginn dieser Phase werden im allgemeinen die Hawthorne-Experimente (1927-1932) unter der Leitung von Elton Mayo genannt. Im Hawthorne Werk der Western Electric Company (USA) sollten die Einflüsse von Beleuchtung und Pausengestaltung auf die Arbeitsproduktivität gemessen werden. Man stieß dabei dann auf die erhebliche Bedeutung, die informelle Gruppenbildungen, die Umgangsformen von Vorgesetzten mit Untergebenen sowie andere informelle Erscheinungen für die Produktivität haben. Es entfaltete sich daraufhin eine intensive wissenschaftliche Beschäftigung mit diesen informellen Erscheinungen und die "Human-Relations-Bewegung" entstand, d.h. Vorgesetzte wurden in der Beachtung, Beeinflussung und Berücksichtigung von informellen Erscheinungen im Hinblick auf die Betriebszwecke geschult (z. B. in höflichem Umgangston mit Beschäftigten und dem Eingehen auf deren private Probleme, im Erkennen von Cliquen und ihren Wortführern, in der Berücksichtigung von Spannungen zwischen verschiedenen ethnischen Gruppen u. a. m.).

---

[7] Es sollte nicht aus dem Blick geraten, daß hier nur von sozialpolitischen oder sozialreformerisch orientierten Managementbestrebungen die Rede ist und nicht von sozialpolitischen oder sozialreformerischen Bestrebungen im ausgehenden 19. und beginnenden 20. Jahrhundert generell .

Eine **dritte** Phase der Managemententwicklung läuft seit etwa den 40er Jahren. Seit dieser Zeit rückte Management voll ins Blickfeld immer weiterer Wissenschaftsdisziplinen. Sie begannen sich intensiv mit Management zu befassen, und wissenschaftliche Ansätze, die aus ganz anderen Anlässen entwickelt worden waren, wurden versucht auf Managementprobleme anzuwenden. Seit dieser Zeit bildeten sich dann auch spezifische Managementrichtungen und -schulen heraus. Sie reichen von solchen, die Management als logischen, mathematisch darstellbaren Prozeß ansehen über jene, die den Charakter der Betriebe als soziale Systeme, bestehend aus vielfältigen formellen und informellen zwischenmenschlichen Beziehungen, betonen bis zu "humanistisch orientierten" Ansätzen, die fordern, daß es betriebliche Regelungen und Vorgehensweisen zu entwickeln gilt, welche ausdrücklich auch darauf abzielen, den Beschäftigten menschliche Entfaltungsmöglichkeiten zu verschaffen.

Welche Wissenschaften heute Hilfestellung zur Bewältigung von Managementproblemen geben und welche Vielfalt von Richtungen der Managementlehre zu erkennen sind, zeigt **Bild 2**. Auch hier ist wieder zu bedenken, daß es abweichende Abgrenzungen und Benennungen bei anderen Autoren gibt.

Auf der linken Seite (des Bildes) sind die formalwissenschaftlich-sachbezogenen und auf der rechten Seite die verhaltenswissenschaftlich-menschbezogenen Ansätze mit den jeweiligen Bezugswissenschaften dargestellt; auf der oberen Hälfte sind englischsprachige und auf der unteren Hälfte deutschsprachige Ansätze zu finden; dabei sind die historisch jüngeren Ansätze am nächsten zur Bildmitte angeordnet.

3.3 Managementrelevantes Grundlagenwissen

Wer sich mit Managementwissen anhand der Literatur befaßt, dem begegnet darin zunächst eine im Lauf der Zeit immer größer gewordene Fülle sogenannten Grundlagenwissens. Wie schon erwähnt, handelt es sich hierbei um Erkenntnisse aus verschiedenen Wissenschaftsgebieten, die als wesentlich angesehen werden für das Verständnis von Managementaufgaben sowie für die Anwendung von Managementtechniken. Häufig wird dieses Grundlagenwissen in Managementlehrbüchern in Verbindung mit der Darstellung darauf beruhender Managementtechniken dargeboten. In Staehles Lehrbuch, dessen Aufbau hier als Orientierungshilfe dient, findet sich diese Verbindung an vielen Stellen auch. Das Lehrbuch enthält aber darüber hinaus einige Teile, die sich schwergewichtig mit Grundlagenwissen befassen, was den Vorteil hat, daß man dieses als solches besser übersehen kann. Insgesamt enthalten bei

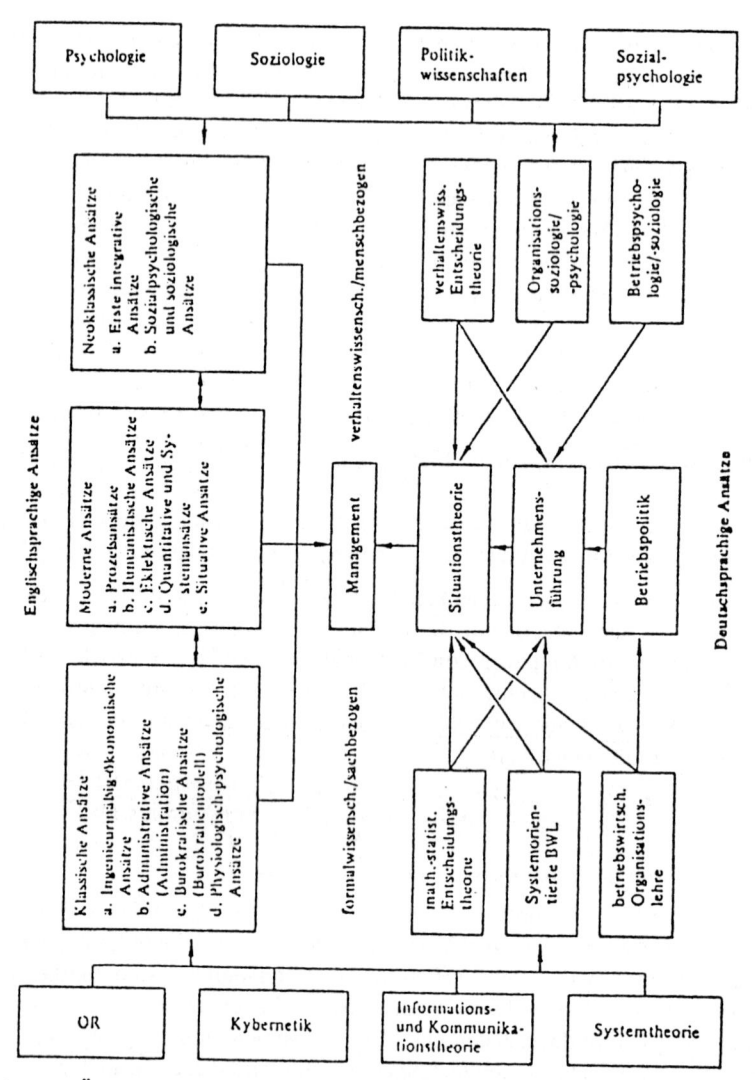

Bild 2: Überblick über Ansätze und Bezugswissenschaften des Managements [8)]

---

8) Staehle, a.a.O. S. 14

Staehle fast 300 von 710 Textseiten Grundlagenwissen. So informiert Teil 2 über Erkenntnisse, die über Organisationen generell vorliegen, also über jenen spezifischen Typ von Sozialsystemen, dem u.a. Wirtschaftsunternehmen als eine besondere Ausformung von Organisation zugehören. Teil 3 referiert Erkenntnisse über menschliches Verhalten und dessen Bestimmungsgründe sowie über Interaktion, Kommunikation und Konflikte von Menschen im Rahmen von Gruppen. In den einleitenden Abschnitten des Teils 6 wird Grundlagenwissen über Führung vermittelt, u. a. über Führungstheorien (welche Komponenten, z. B. Eigenschaften des Führers, Eigenarten der Geführten, Situation in der geführt wird u.a.m. wirken wie zusammen), über Führungsstile (z. B. despotischer, paternalistischer, pädagogischer, partizipativer) und über Typen von Führungsforschung. Am Anfang von Teil 7 findet sich Grundlagenwissen zum Gegenstand und zur Erforschung von Organisationsentwicklung, worunter der geplante Wandel einer Organisation zu verstehen ist. Aus den Formulierungen des Inhaltsverzeichnisses ist jeweils gut zu erkennen, worum es im einzelnen geht.

3.4 Wissen über Managementtechniken

Wer sich anhand der Literatur mit Managementwissen befaßt, wird verständlicherweise vor allem mit Informationen über Managementtechniken versehen. In Staehles Managementlehrbuch informieren vier der sieben Hauptteile schwergewichtig über solches Wissen. Ihre Gliederung basiert im Prinzip auf den oben genannten vier Hauptfunktionsbereichen von Management (Planung, Organisation, Führung und Kontrolle). Wegen ihrer engen Verbundenheit in der Praxis werden aber Planung und Kontrolle zusammen behandelt, was auch der amerikanischen Begriffsbildung "controlling" Rechnung trägt. Dieses Wort umfaßt nicht nur die Bedeutung von Kontrolle im deutschen Sinn, sondern bezeichnet weitreichender alle Maßnahmen zur Sicherstellung eines bestimmten Verhaltens. Der Organisationsentwicklung ist ein eigener Hauptteil gewidmet.

In Teil 4, der sich mit Planung und Kontrolle befaßt, unterscheidet Staehle zwischen umfeldbezogenen unternehmenspolitischen Strategien einerseits sowie innerorganisatorischen Planungs- bzw. Kontrolltechniken andererseits. Es werden bekannte Konzepte für die Erstellung von Unternehmensstrategien dargestellt (was ist dabei alles zu berücksichtigen und wie ist im einzelnen vorzugehen, Teil 4, A) sowie fünf verbreitete Planungs- und Kontrolltechniken erläutert (Teil 4, B). Abschließend (Teil 4, C) wird über neuere Forschungsergebnisse zum Zusammenhang zwischen verschiedenen Aspekten von Planung und Kontrolle (z.B. Planungsausmaß und Methoden) einerseits und der spezifischen Situation bzw. den jeweiligen "Umständen" (vor allem auch der Ungewißheit der Umfeldsituation), in der sich ein Unternehmen befindet, andererseits berichtet (d.h. über sogenannte situative und kontingenztheoretische Ansätze von Planung und Kontrolle).

In Teil 5, der sich mit der organisatorischen Gestaltung von Strukturen und Prozessen in Unternehmen beschäftigt, finden sich Informationen über Möglichkeiten und Praktiken bei der Gliederung und Koordination der am Betrieb beteiligten Elemente. Worum es bei diesem zentralen und "klassischen" Aktionsfeld von Management im einzelnen geht, lassen die Formulierungen des Inhaltsverzeichnisses andeutungsweise erkennen.

In Teil 6, der der Managementfunktion "Führung" gewidmet ist, werden neben dem schon erwähnten einleitenden Grundlagenwissen vor allem eine Reihe von Führungskonzepten und -modellen dargestellt und kommentiert (Teil 6, C). Abschließend werden Erkenntnisse über den Zusammenhang von Führung und Organisationsstruktur sowie über Führung und Leistung referiert (Teile 6, D und E).

Bei Führungsmodellen und -konzepten geht es im Kern immer um Anweisungen darüber, was berücksichtigt und getan werden soll, um Menschen in bestimmten Situationen zu möglichst effizienter Erledigung bestimmter Aufgaben zu veranlassen. Führungsmodelle sind in den meisten Fällen Kombinationen aus organisatorischen Regelungen und Verhaltensregeln im Hinblick auf bestimmte Teilfunktionen von Menschenführung, d.h. bezüglich von Zielsetzung, Motivation von Mitarbeitern, Information der Mitarbeiter, Förderung und Entwicklung von Mitarbeitern, Kontrolle, Anerkennung und Kritik von Mitarbeitern, Gestaltung zwischenmenschlicher Beziehungen, Auswahl und Integration neuer Mitarbeiter sowie Beurteilung von Mitarbeitern.

In Zusammenhang mit diesen Teilfunktionen von Menschenführung sind im Lauf der Zeit eine ganze Reihe spezifischer Führungstechniken entwickelt worden, die in der Managerweiterbildung eine große Bedeutung haben. Sie geben Anweisungen, was zu tun ist, um Menschen zu motivieren, um Probleme zu erkennen, zu analysieren und zu bewältigen, um Ideen zu produzieren, um Entscheidungsprozesse zu organisieren, um Konflikte zu lösen usw. Viele dieser Führungstechniken basieren auf psychologischen Forschungen und Erkenntnissen (über die Staehle in Teil 3 informiert).

Führungsmodelle und Führungstechniken sind im allgemeinen, im Vergleich zu den komplexen theoretischen Einsichten, aus denen sie abgeleitet wurden, stark vereinfachende Verhaltensregeln; nur solche haben erfahrungsgemäß eine Chance, von der Praxis angenommen zu werden.[9]

Das Inhaltsverzeichnis von Staehles Lehrbuch nennt im Teil 6, C ausdrücklich vierzehn Führungsmodelle. Im Text werden bei Staehle weitere angesprochen. Tatsächlich gibt es aber noch mehr Führungsmodelle, als Staehle überhaupt erwähnt. Er konzentriert sich lediglich auf solche, die er als besonders wissenschaftlich fundiert beurteilt. Über diese hinaus gibt es aber etliche Modelle oder Varianten der beschriebenen Modelle, die von Organisationsberatern und Managementausbildern entworfen und angeboten wurden und werden, ohne daß dafür immer eine fundierte wissenschaftliche Begründung geliefert wird.

In Teil 7 von Staehles Lehrbuch wird Organisationsentwicklung als Managementaufgabe behandelt. Hierbei geht es darum, "die Funktionsweise einer Gesamtorganisation oder Teile davon mit dem Ziel der Effizienzverbesserung zu verändern".[10] Aus dem Literaturverzeichnis ist zu erkennen, daß hierfür im Laufe der Zeit verschiedene Strategien und Techniken entwickelt worden sind, und daß es sich um Aktivitäten handelt, die alle Funktionsbereiche von Management betreffen können (Teil 7, C). Ein wichtiger Teilaspekt der Organisationsentwicklung sind u.a. Weiterbildungsmaßnahmen.

In den abschließenden Abschnitten des Teils über Organisationsentwicklung finden sich bei Staehle aufschlußreiche Hinweise auf die Rollen von Organisationsberatern und auf Interessengegensätze, die sich in Verbindung mit Organisationsentwicklung zwischen den am Unternehmen beteiligten und interessierten Gruppen ergeben können. Auch dies ist ein Aspekt, den es bei Management zu bedenken gilt.

3.5 Ergänzende Anmerkungen zu Managementtechniken und Grundlagenwissen

Es ist - wie eingangs dargelegt - das Anliegen dieses Aufsatzes, einen Überblick darüber zu verschaffen, was heute als relevantes Wissen für Management gilt. Als Grundlage dafür wurde zunächst der Inhalt eines der ausführlichsten (und weit verbreiteten) deutschsprachigen Lehrbücher über Management genommen. Ergänzend dazu erscheinen nun aber noch einige weitere Hinweise notwendig.

---

[9] Im Rahmen von Menschenführung ist in vielen Zusammenhängen das Wissen um Vorstellungen und Einstellungen von Menschen von Bedeutung, weil dadurch ihr Verhalten beeinflußt wird. Zu deren Feststellung sind u. a. jene Verfahren hilfreich einzusetzen, über die im Beitrag von J. P. Rink in dieser Veröffentlichung berichtet wird.

[10] Staehle, a.a.O. S. 634

Staehles Lehrbuch orientiert sich erklärterweise primär am wissenschaftlich fundierten Managementwissen, das z. Zt. an Hoch- und Managementschulen der USA angeboten wird. Infolgedessen wird eine Reihe von Führungsmodellen und -techniken ausgeklammert bzw. nur am Rande erwähnt, die in der Managementpraxis europäischer Unternehmen eine erhebliche Bedeutung gehabt und weiterhin haben. Staehle erwähnt als "gängige" Führungsmodelle dieser Art das Harzburger Modell (welches im Rahmen der Akademie für Führungskräfte, Bad Harzburg, im wesentlichen von R. Höhn konzipiert und zu hoher Differenzierung weiterentwickelt wurde),[11] das SIB-Modell des Schweizerischen Instituts für höhere kaufmännische Bildung,[12] das DIB/MAM Management-System (Deutsches Institut für Betriebswirtschaft, Management Akademie München)[13] und das St.Galler-Modell.[14] Staehle möchte die Verbreitung dieser Modelle nicht fördern, da er ihre wissenschaftliche Fundierung als unzulänglich bewertet. In anderen Managementlehrbüchern werden aber gerade diese Führungsmodelle wegen ihrer weiten Verbreitung im deutschsprachigen Raum sehr ausführlich behandelt.

Ähnlich kritisch ist Staehle jenen Führungstechniken gegenüber eingestellt, die als Management-by-Techniken bekannt geworden sind. Außer Management by Objectives (Führung durch spezifische Formen von Zielsetzung) werden die folgenden von Staehle lediglich genannt, aber nicht dargestellt: Management by Exception (Führung durch Setzung von Richtlinien in Sonderfällen, sonst läuft alles nach Routine ab), Management by Systems (Führung durch eine systematische Vernetzung und Abstimmung aller Führungsaktivitäten), Management by Motivation (Führung durch Erkennen der Interessen und Zielvorstellungen von Mitarbeitern und deren Nutzung für die Verwirklichung der Betriebszwecke durch entsprechenden Einsatz der Mitarbeiter), Management by Results (Führung durch Ergebnisvorgabe und deren Kontrolle), Management by Delegation (Führung durch weitgehende Übertragung von Entscheidungsbefugnis und Verantwortung auf unterstellte Mitarbeiter), Management by Direction and Control (Führung durch ständige Anweisungen und Kontrollen seitens der Vorgesetzten; autoritäre Führung), Management by Breakthrough (Führung durch Eingriffe zur Schaffung notwendig erscheinender bzw. zur Verhinderung ungünstig beurteilter Verände-

---

11) Höhn, R./Böhme, G.: Führungsbrevier der Wirtschaft. 9. Aufl. Bad Harzburg 1977

12) Hecking-Binder, E.E.: Führungsmodelle und Marketingorganisation. Wiesbaden 1977

13) Deyhle, A.: Die Konzeption des DIB-MAM-Management-Systems. In: Industrielle Organisation 1971, S. 508-514

14) Ulrich, H./Krieg, W.: Das St. Galler Management Modell, Bern 1972.

rungen) und Management by Crisis (Führung durch neue Anstöße in kritischen Situationen).

Es gibt über die von Staehle genannten Management-by-Konzepte hinaus weitere, z.b. Management by Alternatives (Führung durch Entscheidung auf der Basis vorher erarbeiteter alternativer Handlungsmöglichkeiten), Management by Rules (Führung durch den Mitarbeitern gegebene Entscheidungsregeln), Management by Innovation (Führung durch Appelle an Phantasie und Kreativität der Mitarbeiter), Management by Communication and Participation (Führung durch Informationsaustausch mit Mitarbeitern und deren Beteiligung bei Entscheidungen).[15] Staehle wertet etliche dieser Techniken als Führungssituationen unzulässig vereinfachende und daher gefährliche Patentrezepte (S.612).

Es kann nach Auffassung des Verfassers dieses Beitrags kein Zweifel daran bestehen, daß es bei Führungsmodellen und -techniken erhebliche Varianten gibt. Sie reichen von höchst komplizierten, auf vielfältigen motivations-, lern- und entscheidungstheoretischen Einsichten basierenden sowie ausgefeilte mathematisch-statistische Verfahren nutzenden Handlungsanweisungen über Anweisungen, die auf einfachen Kerngedanken beruhen und diese in spezifische Empfehlungen für Stellenbeschreibung, Gesprächsführung usw. umsetzen, sowie über Anweisungen, die (mehr oder weniger nützliche) Führungsfaustregeln formulieren bis zur "Verkündigung" (für rationales Handeln eigentlich) banaler Selbstverständlichkeiten.

Es kann aber wohl auch kein Zweifel daran bestehen, daß etliche der oben erwähnten Führungsmodelle und -techniken, die Staehle als wissenschaftlich nicht ausreichend fundiert wertet, in der Praxis in vielen Fällen von erheblichem Nutzen waren und auch weiterhin sind. Da (leider) keineswegs eindeutig und ein für alle Male feststellbar ist, wo "nützliche Einfachheit" in "gefährliche Vereinfachung" übergeht, und leider auch wissenschaftlich-theoretische Fundierung zu praxisrelevantem Unfug führen oder sich ein zu fein gewetztes Messer als nicht mehr brauchbares Instrument für das Schneiden jener "Objekte" erweisen kann, mit denen es die Praxis zu tun hat, würde der Verfasser die Grenze zwischen "Gefährlichkeit" und "Nützlichkeit" von Führungsmodellen- und techniken an anderer Stelle ziehen als Staehle. Es erschien ihm daher als notwendig, im Rahmen eines Überblicks über Managementwissen auch auf jene bei Staehle lediglich kritisierend erwähnten Modelle und Techniken ausdrücklich hinzuweisen. Man geriete sonst in die Situation eines Geschichtsschreibers, der der Nachwelt alles vorenthält, was bestimmten Be-

---

15) Siehe u. a. bei Baumgarten, E.: Führungsstile und Führungstechniken. Berlin/New York 1976

urteilungskriterien nicht entspricht, obwohl es sich dabei z. T. durchaus um Geschichtsbewegendes handelt.

Eine weitere Anmerkung erscheint im Hinblick auf das für Management als wichtig bezeichnete Grundlagenwissen notwendig. Managementlehrbücher erwähnen im allgemeinen soziologische und psychologische Erkenntnisse, die für Organisations- und Menschenführungstechniken wesentlich erscheinen. Wo in den Lehrbüchern von Unternehmensstrategie die Rede ist, wird aber erkennbar, daß Manager in einer Industriegesellschaft erheblich mehr als nur psychologisches oder soziologisches Grundlagenwissen benötigen. Sie müssen über Arbeits- und Wirtschaftsrecht, Sozial- und Arbeitsmarktpolitik, über Mechanismen des Wirtschaftslebens, über die Organisationen von Arbeitgebern und Arbeitnehmern, über aktuelle politische Strömungen und vieles andere mehr informiert sein.

Die Bedeutung solchen Wissens wird in Managementlehrbüchern zwar erwähnt, aber wirkliche Kenntnisse darüber werden nicht vermittelt. Man kann sich nicht des Eindrucks erwehren, daß diese Bücher - obwohl sie im Vorwort oft einen anderen Anspruch erheben - im Grunde für Menschen mit einer breiten wirtschafts- und sozialwissenschaftlichen Grundausbildung geschrieben sind. Diese kann aber keineswegs bei allen vorausgesetzt werden, die in Managementpositionen einrücken sollen oder sich in solchen befinden (so u. a. auch nicht bei allen Ingenieuren).

Man kann verschiedener Meinung darüber sein, was alles zum managementrelevanten Grundwissen gehört und vor allem darüber, was davon wirklich in Managementbüchern erwähnt werden muß. Je mehr gebracht wird, um so stärker nehmen diese Lehrbücher aber allmählich einen enzyklopädischen Charakter an und sind kaum mehr auf dem jeweils aktuellen Wissensstand zu halten. Dem Verfasser erscheint es daher sinnvoll, sogar manches von den heute in den Lehrbüchern enthaltenen soziologischen und psychologischen Informationen wieder herauszunehmen und statt dessen auf Spezialliteratur zu verweisen. Wesentlich ist aber auf jeden Fall, die Unabdingbarkeit der erwähnten breiten Grundlagenkenntnisse für einen Manager zu betonen.

3.6 Zum Stellenwert gesellschaftsstruktureller Kenntnisse im Rahmen von Managementwissen

Der Verfasser dieses Beitrags hat sich im Verlauf der Jahre immer wieder mit der Frage beschäftigt, was ein Manager eigentlich mindestens über die gesellschaftlichen Verhältnisse wissen sollte, in denen er und sein Unternehmen arbeiten. Hier erscheint es sinnvoll, zu dieser Frage zwei Anmerkungen zu machen.

(1) Man sollte sich vor Augen halten, daß Manager offenbar mindestens fünf Arten von Wissen benötigen:

— Spezifische Sach- und Fachkenntnisse, je nachdem, in welchem Bereich eines Unternehmens sie arbeiten (s. Bild 1),

— Kenntnisse verschiedener Art über das Unternehmen, in dem sie tätig sind,

— Kenntnisse über die "Techniken" der Menschen- und Unternehmensführung, wie sie oben skizziert wurden, einschließlich des dafür direkt relevanten betriebswirtschaftlichen, psychologischen, soziologischen, juristischen usw. Grundlagenwissens,

— Informationen über das spezielle Umfeld des Unternehmens (siehe Bild 1) und

— Kenntnisse über das generelle gesellschaftliche Umfeld (siehe Bild 1).

Wieviel ein bestimmter Manager von diesen verschiedenen Wissensarten wissen muß und was im einzelnen, hängt von dem jeweiligen Bereich ab, in dem er eingesetzt ist. Generell scheint der Anteil an benötigtem spezifischem Sach- und Fachwissen dabei mit der Höhe der Hierarchiestufe ab- und der Umfang erforderlicher gesellschaftsstruktureller Kenntnisse damit zuzunehmen.

(2) Im Hinblick auf gesellschaftsstrukturelle Kenntnisse scheint es dem Verfasser wesentlich, daß Manager mindestens über die nachstehend genannten Einsichten verfügen:

— Manager müssen wissen, daß die gesellschaftlichen Verhältnisse, in denen wir heute leben, zunächst einmal insofern von besonderer Eigenart sind, als sie sich als sehr weiträumig verflochten, hochgradig komplex und in ausgeprägtem Wandel befindlich darstellen. Daraus ergeben sich spezifische Probleme für alle, die in einer so strukturierten Gesellschaft führen sollen. Da dem Menschen ein Sinnesorgan fehlt, um weiträumige gesellschaftliche Verflechtungen und deren Entwicklung direkt erkennen zu können, bedarf es u. a. spezifischer Erkenntnismethoden (Statistik, Gesellschaftsmodelle usw.), um sie bewußt und verstehbar zu machen.

Merke: Es gilt, eine bestimmte Art von Sozio-Sensibilität, einen spezifischen "neuen Sinn" zu entwickeln, um die heutigen Gesellschaftsstrukturen begreifen zu können. Wer die Strukturen "sieht", in denen er lebt, ist als "Führender" immer jenem überlegen, der strukturblind herumtappt.

— Manager müssen darüber hinaus die für ihren Arbeitsbereich relevanten gesellschaftlichen Strukturen im einzelnen kennen. Sie müssen mindestens über die Grundelemente und Funktionsweise des politischen, des Wirtschafts-, des Rechts- und des sozialen Sicherungssystems informiert sein sowie über in dieser Hinsicht bedeutsame internationale Verflechtungen. Sie müssen auch die "Spielregeln" kennen, die in diesen Systemen gelten.

Merke: Wer ein Schiff (sein Unternehmen) zu einem bestimmten Ziel steuern will, muß nicht nur von Schiffsführung etwas verstehen und das Schiff genau kennen, sondern auch über die Eigenarten des Gewässers informiert sein, auf dem er sich befindet, über die Strömungen, Winde, Untiefen usw., d. h. hier über die gesellschaftlichen Strukturen, in die das Unternehmen eingebettet ist.

— Manager müssen informiert sein über die Trends der gesellschaftlichen Entwicklung (national und international), in denen wir uns befinden. Woher kommen wir, wo stehen wir (historischer Ort) und wohin gehen wir?

Merke: Nur wer die Vergangenheit kennt, kann die Gegenwart verstehen, und nur wer die Gegenwart versteht, kann die Zukunft gestalten (A. Bebel).

— Manager müssen nicht nur über Menschenkenntnis verfügen in dem Sinn, daß sie um typische menschliche Reaktionsweisen usw. wissen, sondern sie müssen auch die spezifisch sozio-historische Eigenart jener Menschen kennen, die sie zu führen haben. Welche Werthaltungen, Lebensgewohnheiten, Umgangsformen usw. haben sie?

Merke: Nur wer auch sozio-historische Menschenkenntnis besitzt, wird aus Mitmenschen Mitarbeiter machen können.

4. Der Zeitgeist im Managementhandeln - "Managementströmungen"

Neben Kenntnissen über managementrelevantes Grundlagenwissen und über Managementtechniken sind für einen Manager u. U. auch Kenntnisse über aktuelle "Strömungen" im Bereich des Managements wichtig. Gute Managementlehrbücher berichten im allgemeinen über historische Strömungen dieser Art sowohl im Bereich der Managementpraxis als auch der wissenschaftlichen

Beschäftigung damit. In Abschnitt 3.2 dieses Beitrages ist in diesem Zusammenhang auf den Taylorismus, die Human-Relations-Bewegung und andere "Strömungen" hingewiesen worden. Als Informationsquelle über aktuelle Strömungen bieten sich vor allem Zeitschriften und spezifische Trendberichte an, wie sie für den Managementbereich in verschiedener Form vorliegen.[16]

Seit den sechziger Jahren sind mindestens drei solcher Strömungen im Managementbereich westlicher Industrieländer zu erkennen und z. Z. hochaktuell: ein **verändertes Umgehen mit Beschäftigten** als Träger des Faktors Arbeit, eine Renaissance der Diskussionen um **Wirtschaftsethik** und die Bestrebungen zum Aufbau von **Unternehmenskultur**. Zwischen diesen Strömungen gibt es dabei charakteristische Wechselwirkungen und Zusammenhänge.

4.1 Auf dem Weg zu einem veränderten Umgang mit Beschäftigten?

Dieser Trend im Managementhandeln wird deutlich, wenn man sich vor Augen hält, daß in der bisherigen Geschichte des "Umgehens" mit Menschen im Rahmen von Management eine bestimmte Entwicklung erkennbar ist, die sich an bekannten Managementströmungen "festmachen" läßt (zu deren zeitlicher Einordnung s. in 3.2).

Beim "Bürokratiemodell" M. Webers ging es um die optimale (d. h. den Organisationszwecken dienlichste) formelle Koordination von Menschen. Beim "Taylorismus" sollte eine optimale Arbeitsteilung insgesamt und die optimale Arbeitsverrichtung jedes einzelnen sichergestellt werden. Der "Psycho-Technik" (bzw. der Human-Factor-Bewegung) kam es darauf an, für jeden Arbeitsplatz "den besten Mann" zu finden. Die "Human-Relations-Bewegung" zielt darauf ab, die zwischenmenschlichen Beziehungen im Betrieb so zu gestalten, daß die Produktivität optimal gefördert wird. Beim partizipativen Management geht es darum, das Mitdenken und die Initiative der Mitarbeiter maximal für die Verwirklichung der Betriebszwecke zu mobilisieren.

All diese Bestrebungen sind bis heute lebendig und (z. T. im modernen Gewand) in vielen Aktionsfeldern von Management erkennbar. Für sie alle erscheint charakteristisch, daß der Mensch hier primär als Mittel zur Erreichung von Betriebszwecken gesehen sowie für diese in bestimmter Weise "zurechtgemacht" und genutzt wird. Das gilt auch für jene Strategien, die betonen, daß sie u. a. menschlichen Bedürfnissen Rechnung tragen (wie z. B. nach mehr Lohn bei Taylor, nach humanen Umgangsformen bei der Human-Relations-Bewegung oder nach Mitwirkung beim partizipativen Management).

---
16) Siehe z.B. Radar für Trends. Info System. Muditas GmbH, Worpswede

Neben den oben angesprochenen, in vielen Managementbestrebungen erkennbaren Tendenzen, Menschen für Betriebszwecke "zurechtzumachen" und zu nutzen, gibt es in Europa - wie vorn schon erwähnt - seit langem Bestrebungen um Humanisierung der Arbeitswelt. Anstöße dazu kamen historisch aus Kreisen der Kirche, von seiten verschiedener Unternehmer, die sich humanen und sozialen Zielen verpflichtet fühlten sowie insbesondere aus der "Arbeiterbewegung" und den Gewerkschaften. Schwergewichtig ging es im Rahmen der Bestrebungen um Humanisierung der Arbeitswelt meist um die Schaffung von Arbeitsbedingungen, die physisch-psychischen Ansprüchen von Menschen im Hinblick auf Arbeitsplatzsicherheit, Beleuchtung, Temperatur, Arbeitsrhythmus, Länge der Arbeitszeit, körperlich-nervliche Belastung und Abwechslung sowie Interessen an Kommunikation und Mitbestimmung entgegenkamen.

Solche Humanisierungsbestrebungen liefen häufig aber eher neben dem Managementhandeln als in dieses integriert ab und Humanisierungsanliegen mußten in der Regel "von außen" gegenüber typischen Managementanliegen vorgebracht werden. Jetzt scheint sich dagegen eine Wende im Managementdenken anzudeuten. Es geht dabei um die heraufziehende Einsicht, daß man nicht nur Menschen für Betriebe, sondern auch Betriebe für Menschen "zurechtmachen" kann; ja daß man letzteres tun muß, wenn man heute jene Leistung im Bertieb mobilisieren will, die notwendig erscheint, um wirtschaftlich zu überleben.

Es wird auch in Zukunft notwendig sein, Menschen für die Verwirklichung von Betriebszwecken aus- und fortzubilden sowie sie zur Aktion und Kooperation zu bringen. Statt aber wie bisher primär zu bedenken, wie man Menschen "zurechtmachen" und nutzen kann für die Verwirklichung von Betriebszwecken, treten jetzt im Management immer klarer Überlegungen hervor, wie Organisationsstrukturen, Technik und Verhaltensweisen in der Arbeitswelt gestaltet werden können und müssen, um **über** eine systematische Berücksichtigung spezifischer menschlicher "Anliegen" letztlich eine optimale Verwirklichung von Betriebszwecken und Unternehmenszielen zu erreichen.

Charakteristische Beispiele für diesen Trend sind u. a.

— die Forderungen und Ansätze, Arbeitsbedingungen im Betrieb so zu gestalten, daß möglichst wenig Spannungen zu Verpflichtungen und Interessen der Beschäftigten außerhalb des Betriebes entstehen (z. B. durch Angebote an Arbeitsbedingungsmenüs, d. h. an Arbeitszeiten und Arbeitsbedingungen sonstiger Art, die von den Beschäftigten ihren Interessen entsprechend gewählt werden können);

— die Bestrebungen in Richtung einer "werteorientierten Personalpolitik", wie sie im Rahmen der Bayerischen Motorenwerke (BMW) formuliert wurde, und bei der es darum geht, die im Unternehmen praktizierten oder zugemuteten Verhaltensweisen, Arbeitsbedingungen und Führungsformen in Einklang zu bringen mit dem Wertespektrum der Mitarbeiter (d. h. mit deren Leitbildern für Lebensgestaltung);[17]

— die Bemühungen, Arbeitsanforderungen im Betrieb soweit wie möglich in solcher Form zu organisieren, daß die Chance entsteht, Sinnerfüllung, Erfolgs- und Bestätigungserlebnisse in der Arbeit finden zu können.[18]

Die hier angesprochene Wende im Umgang mit Beschäftigten kommt nicht durch einen um sich greifenden Edelmut von Managern zustande, sondern entsteht aus bestimmten "Anlässen". Hierzu gehören u. a.

— Entwicklungen, die sich daraus ergeben, daß in Verbindung mit steigendem Wohlstand, zunehmender Freizeit und häufig zusammentreffender Berufstätigkeit von Männern und Frauen der Stellenwert von und das Interesse an Erwerbsarbeit eine veränderte Bedeutung bekommt im Vergleich zu weiteren Lebensbereichen der Menschen (Familie, Freizeit, politische Aktivität u.a.m.);

— die Verbreitung der Erscheinung "innerer Kündigung" in den Betrieben[19] und

— Überlegungen, welche Konsequenzen aus den Ergebnissen der Beschäftigung mit den Ursachen des japanischen Wirtschaftswunders zu ziehen sind.[20]

4.2 Zur Renaissance der Diskussion um Wirtschaftsethik

Unter "Ethik" versteht man die Beschäftigung mit Werten und wertbezogenen Normen im Rahmen menschlichen Verhaltens sowie deren Begründung. Der mehrdeutige Begriff "Wert" bezieht sich hier auf Vorstellungen von etwas, das im Hinblick auf menschliche Daseinsgestaltung als gut und richtig erachtet

---

17) Siehe z. B. Wollert, A./Bihl, G.: Werteorientierte Personalpolitik. In: Personalführung. Heft 8/9/10, 1983

18) Landesregierung Baden-Württemberg (Hg.): Zukunftsperspektiven gesellschaftlicher Entwicklungen. Stuttgart 1983 (Teil IV)

19) Siehe z. B. Höhn, R.: Die innere Kündigung im Unternehmen. Ursachen, Folgen, Gegenmaßnahmen. Bad Harzburg 1983

20) Siehe dazu u. a. Bolte, K. M.: Bestimmungsgründe japanischer Wirtschaftsleistung aus westlicher Sicht. In: Geschichte und Gegenwart. Heft 2. 1986, S. 83-107. Pascale, R.T./Athos, A.G.: The art of Japanese Management. Harmondworth 1981

wird (z. B. was als Sinn des Lebens, was als wesentliche Verhaltensprinzipien wie Ehrlichkeit, Treue, Fairness usw., was als richtiges Verhalten gegenüber Mitarbeitern, Kunden usw. erachtet wird). Unter "wertbezogenen Normen" (die auch als sittliche Normen bezeichnet werden) sind Verhaltensregeln für konkrete Situationen zu verstehen, die im Hinblick auf Werte formuliert sind. (Sie müssen von technischen Verhaltensnormen, wie z. B. Anweisungen zum Gebrauch eines bestimmten Klebstoffs, unterschieden werden.)

Diskussionen um gutes und richtiges (ethisches, sittliches) Verhalten im Bereich wirtschaftlichen Geschehens reichen bis weit in die Vergangenheit zurück. Verbote von Wucherzinsen, Strafen für Täuschung beim Verkauf oder Tausch von Vieh, Regeln für den ehrbaren Kaufmann sind Beispiele dafür.

Die aktuelle Diskussion um Wirtschaftsethik steht in direktem Zusammenhang mit Wandlungsprozessen im nationalen und internationalen Bereich sowie mit dem zunehmenden Bewußtwerden bestimmter unerwünschter Verhaltensweisen im Bereich der Wirtschaft sowie deren problematische Folgen:

— Mit höherem Bildungsniveau und Informationsgrad, mit wachsendem Wohlstand und vermehrter Freizeit haben sich die Ansprüche von Beschäftigten im Hinblick auf Arbeitsbedingungen, Mitsprache, Verhalten von Führungskräften u.a.m. verändert.

— Der "Umgang" mit den Ländern der Dritten Welt und den dort lebenden Menschen hat sich gewandelt.

— Luft- und Gewässerverschmutzung, Probleme der Abfallbeseitigung, Gefahren der Atomenergie, gesundheitsgefährdende Stoffe in Lebensmitteln u.a.m als Folgen des Handelns der Akteure im Wirtschaftsleben (Produzenten und Konsumenten von Gütern und wirtschaftlich relevanten Dienstleistungen) sind in erschreckendem Ausmaß in Erscheinung getreten.

— Es ist immer klarer erkannt worden, daß wir heute in einer Situation weltweiter Abhängigkeit leben. Was wir tun berührt auch andere und umgekehrt. Das sogenannte Ozonloch und das Abholzen brasilianischer Regenwälder sind Beispiele dafür.

Im Hinblick auf solche und weitere Veränderungen sind - zunächst in den USA und dann in immer weiteren Industrieländern - intensive Diskussionen darüber entstanden, ob, inwieweit und wo bisherige wirtschaftlich relevante Verhaltensweisen korrigiert werden müssen, was im Hinblick auf heutige Lebensverhältnisse als gutes und richtiges (also ethisches) Verhalten von Akteuren im Wirtschaftsleben anzusehen ist, wie solche Einsichten gewonnen werden,

begründet und durchgesetzt werden können sowie welche Konflikte beim Bestreben um ethisches Verhalten in der Wirtschaft auftreten können.
Im Rahmen dieser Diskussionen sind Kataloge typischer ethischer Verantwortungsfelder für die verschiedenen Akteurgruppen herausgearbeitet worden. Für Großunternehmen sieht ein solcher Katalog etwa wie in Tafel 1 dargestellt aus. Eine sehr anschauliche und praxisnahe Darstellung der in Verbindung mit Diskussionen und Bemühungen um Wirtschaftsethik auftretenden Zusammenhänge gibt das Buch "Ethik und Unternehmensführung" von Tad Tuleja.[21]

4.3 Das Bemühen um den Aufbau einer Unternehmenskultur

Als drittes Beispiel für aktuelle Strömungen im Managementhandeln soll hier das Bemühen um den Aufbau einer "Unternehmenskultur" erwähnt werden. Dieses Bemühen setzte zunächst in den USA ein, wo es nicht zuletzt als Folge der Auseinandersetzung mit japanischen Managementprinzipien entstand, und strahlte dann von dort auf andere Industrieländer aus.

In Anlehnung an den Kulturbegriff der Sozialanthropologie geht es bei diesem Bestreben darum, im Unternehmen einen in sich stimmigen Komplex von Verhaltensprinzipien zu entwickeln und zu praktizieren.

Besondere Beachtung hat in diesem Zusammenhang u. a. das aus der Beschäftigung mit japanischen Managementprinzipien entwickelte 7-S-Modell der Unternehmensberatungsgesellschaft McKinsey gefunden (**Bild 3**). Es enthält diese Stimmigkeit als Grundgedanken. Bei Staehle heißt es dazu: "Das 7-S-Modell weist vor allem auf die Notwendigkeit hin, erstens alle "S" zur Erreichung der Unternehmensziele optimal zu nutzen und zweitens alle "S" aufeinander abzustimmen ("fit"). Das Modell geht dabei jedoch nicht von der Annahme aus, daß es eine für alle Organisationen gleich optimale Lösung gibt. Jedes Unternehmen hat seinen eigenen Weg herauszufinden, um in jedem "S" gut zu sein und sie zu einem "fit" zu bringen ... Die Aufgabe ist dabei nicht, kosmetische Operationen vorzunehmen und andere zu imitieren, sondern sich selbst organisch zu entwickeln. Und jedes Unternehmen hat, wie jedes Individuum, seinen eigenen Lösungsweg zu entwickeln".[22]

Ähnlich wie das Bemühen um Wirtschaftsethik ist auch das Streben nach dem Aufbau einer Unternehmenskultur nicht grundsätzlich neu. In etlichen Unter-

---

21) Tuleja,T.: Ethik und Unternehmensführung. Landsberg 1987

22) Kobi, J.-M./Wüthrich, H.A.: Unternehmenskultur: Schlüsselgröße des Erfolgs. In: OUTPUT. Nr. 5 1985. Staehle, W.H. a.a.O. S. 530ff.

Tafel 1: Felder ethischer Verantwortung vom Blickpunkt einer Unternehmung

1. Verantwortlichkeiten gegenüber anderen Menschen bzw. gesellschaftlichen Gruppen:

   nach innen
   - Verantwortlichkeiten gegenüber den Unternehmenseignern (bzw. Gesellschaftern und deren Familien)
   - Verantwortlichkeiten gegenüber den Beschäftigten (und deren Familien)
     - (Führungsethik)
     - (ethisch fundierte Personalpolitik)

   nach außen
   - Verantwortlichkeiten (national und international) gegenüber
     - Kunden (bis hin zu den Endverbrauchern)
       - Werbeethik
       - Produktethik
     - Lieferanten (einschl. aller Vorlieferanten)
     - Fremdkapitalgebern
     - Konkurrenten
     - sonstigen Betroffenen
     - staatlichen Institutionen
     - Verbänden (z. B. der Arbeitgeber bzw. der Arbeitnehmer)
     - den Verpflichtungen, die Unternehmen im Rahmen der Wirtschafts- und Gesellschaftsordnung zugewiesen sind

2. Ökologische Verantwortlichkeiten (d. h. solche gegenüber der natürlichen Umwelt, u. a. im Hinblick auf den Umgang mit Rohstoffen, Energie, Abfall- und Schadstoffen) national und international, regional und global.

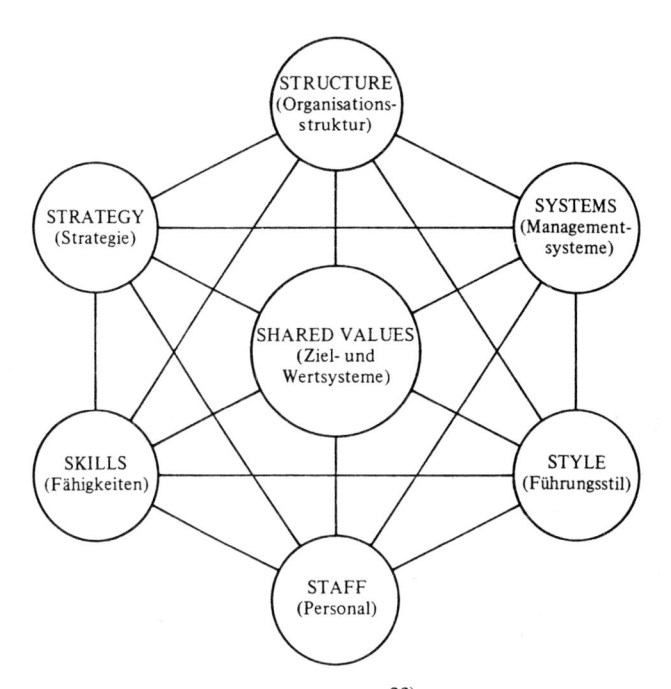

```
              ┌─────────────┐
              │  STRUCTURE  │
              │(Organisations-│
              │  struktur)  │
              └─────────────┘
   ┌──────────┐              ┌──────────┐
   │ STRATEGY │              │  SYSTEMS │
   │(Strategie)│              │(Management-│
   │          │              │ systeme) │
   └──────────┘              └──────────┘
              ┌─────────────┐
              │SHARED VALUES│
              │  (Ziel- und │
              │ Wertsysteme)│
              └─────────────┘
   ┌──────────┐              ┌──────────┐
   │  SKILLS  │              │   STYLE  │
   │(Fähigkeiten)│           │(Führungsstil)│
   └──────────┘              └──────────┘
              ┌─────────────┐
              │    STAFF    │
              │  (Personal) │
              └─────────────┘
```

Bild 3: Das 7-S-Modell von McKinsey [23]

nehmen war auch früher vom "Stil" oder "Geist unseres Hauses" die Rede, und es wurde versucht, Führungskräfte und Mitarbeiter darauf zu verpflichten. Nachdem solche Zu- und Zusammengehörigkeitsgefühle stiftenden "Prinzipien" zeitweilig in Verruf geraten und in Großunternehmen infolge deren Komplexität zerfallen waren, sind sie jetzt, nicht zuletzt als Folge der Auseinandersetzung mit den Ursachen der Wirtschaftserfolge der Japaner, wieder aktuell. Viele Unternehmen haben in den vergangenen Jahren "ihre" spezifischen Verhaltens- und Führungsprinzipien, ihre Unternehmenskultur proklamiert.

Nicht selten verschmelzen Bemühungen um einen veränderten Umgang mit Mitarbeitern, um wirtschaftliches Handeln und um den Aufbau einer Unternehmenskultur miteinander. So wird schließlich versucht, ein bestimmtes Unternehmensbild herauszustilisieren und es den Mitarbeitern und der gesellschaftlichen Umwelt als "Image" zu vermitteln, das das "Tun" des Unterneh-

---

[23] Entnommen aus Staehle, W. H. a.a.O. S. 616 (Copyright McKinsey and Company, Inc.)

mens als gesellschaftlich nützlich und ethisch fundiert darstellt. Man erhofft von solchen Aktivitäten eine Förderung der Akzeptanz des Unternehmens in der Gesellschaft, der Identifikation der Mitarbeiter mit dem Unternehmen und somit letztlich des Wirtschaftserfolgs des Unternehmens.

5. Anmerkungen zur Literatur und zum Umgang mit ihr

Wie die vorstehenden Ausführungen deutlich gemacht haben, besteht Managementwissen also aus einem außerordentlich umfangreichen Komplex von sogenannten managementrelevanten Grundlagenkenntnissen sowie von Kenntnissen über Managementtechniken und über aktuelle Managementströmungen. Wer dieses Wissen als solches aufgenommen und verarbeitet hat, ist aber mit Sicherheit deswegen noch kein guter Manager, denn erfolgreiches Managementhandeln setzt umfangreiche praktische Erfahrungen voraus, und man muß mit dem Wissen selbstverständlich auch umgehen können. Es kann aber überhaupt in Frage gestellt werden, ob eine intensive Beschäftigung mit allem oben erwähnten Managementwissen für jeden Manager wirklich notwendig und sinnvoll ist. Jeder sollte einen Überblick darüber haben, um zu wissen, was es überhaupt zu wissen gibt. Aber darüber hinaus erscheint es sicher zweckmäßig, im Rahmen von Manager-Aus- und -Weiterbildung jeweils nur das für bestimmte Unternehmenstypen spezifisch als wesentlich erachtete Managementwissen zu vermitteln. Hier liegt ein wichtiges Aufgabenfeld praxisnaher und praxisbezogener Schulung und Beratung einschließlich der begleitenden Beobachtung und Beratung bei der Anwendung bestimmter Verfahren (Organisationsberater als "change agents").

Managementforscher, -ausbilder und -berater werden sich selbstverständlich mit der Literatur über Management in ihrer ganzen Breite befassen müssen. Für die sich weiterbildenden Praktiker erscheint dies dem Verfasser dieses Beitrags jedoch nicht sinnvoll. Sie sollten sich von "Kennern" darüber beraten lassen, was für ihre Zwecke empfehlenswert erscheint. Um eine Vorstellung darüber zu vermitteln, was im Bereich der Literatur dabei auf einen prinzipiell zukommen kann, einige Hinweise auf charakteristische Typen von Managementliteratur.

Es gibt **erstens** das wissenschaftlich orientierte Lehrbuch über Management als solches, z. B.

Bleicher, K. / Meyer,E.: Führung in der Unternehmung. Formen und Modelle. Reinbek 1976,

Staehle, W. H.: Management. 2. Aufl. München 1985.

Es gibt **zweitens** Lehrbücher über Management, die sich spezifisch an Praktiker wenden. Dabei lassen sich solche Veröffentlichungen, die wissenschaftlich-systematisch vorgehen, aber in ihrer Sprache und Darstellungsweise auf die spezifischen Interessen von Praktikern Rücksicht nehmen, z. B.

Giese, G.: Führungslehre. Vorbereitung zur Übernahme von Führungsverantwortung im Betrieb. Frankfurt/M. 1985,

von jenen unterscheiden, die nur eine aufgrund eigener Erfahrungen der Verfasser als besonders nützlich angesehene Auswahl über Managementwissen bringen, z. B.

Boerger, M: Moderne Führung von Mitarbeitern in Wirtschaft und Verwaltung. Ein Leitfaden für die Praxis der Personalführung. Frankfurt/M. 1979.

Es gibt **drittens** Veröffentlichungen, die bestimmte Grundregeln für Führung oder Management generell proklamieren. Sie reichen von informativen und um wissenschaftliche oder praktische Fundierung bemühten, wie z. B.

Bennis, W./Nanus, B.: Führungskräfte: die vier Schlüsselstrategien erfolgreichen Führens. Frankfurt/M. 1985.

Fiedler, F. E./Chemers, M. M./Mahar, L.: Der Weg zum Führungserfolg. Stuttgart 1979, bis zu solchen, die (willkürlich ausgewählt erscheinende) Führungsfaustregeln proklamieren. Die nicht wenigen Beispiele dafür sollen hier ungenannt bleiben.

Es gibt **viertens** (und zwar außerordentlich zahlreiche) Veröffentlichungen, die sich mit Teilaspekten von Management befassen, Planung, Motivation von Menschen, Organisationsentwicklung usw, z. B.

Baumgarten, R.: Führungsstile und Führungstechniken. Berlin/New York 1976,

Berg, C.: Organisationsgestaltung. Stuttgart 1981,

Rosenstiel, L. v.: Betriebsklima geht jeden an. (Hg. Bayerisches Staatsministerium für Arbeit und Sozialordnung). 2.Aufl. München 1985,

Rosenstiel, L. v.: Motivation im Betrieb. München 1974.

Es gibt **fünftens** Veröffentlichungen, die sich mit "Organisationen" vom Blickpunkt bestimmter Wissenschaften befassen und dabei Managementaspekte mehr oder weniger ausführlich behandeln; z. B.

Rosenstiel, L. v./Molt, W./Rüttinger, B.: Organisationspsychologie. 5.Aufl. Stuttgart 1983,

Weinert, A.: Lehrbuch der Organisationspsychologie. Menschliches Verhalten in Organisationen. München 1981,

Wöhe, G.: Einführung in die allgemeine Betriebswirtschaftslehre. 15.Aufl. München 1984.

Es gibt **sechstens** Veröffentlichungen, in denen von ihren "Schöpfern" oder Verfechtern bestimmte Managementtechniken (Führungsmodelle, Führungsstile usw.) oder dazu gehörige "Teiltechniken" (z. B. Stellenbeschreibung) dargestellt werden. Sie reichen von solchen, die sehr systematisch vorgehen und durch theoretische Überlegungen und praktische Erfahrungen fundiert sind, z. B. die in Abschnitt 3.5 erwähnten Veröffentlichungen, bis zu solchen, die banale Begründungen für bestimmte Management-by-Techniken formulieren.

Es gibt **siebtens** Literatur, die für Manager bestimmter Branchen oder Berufsfelder gedacht ist, z. B.

Knebel, H./Zander, E.: Führungslehre für Ingenieure und Techniker. Heidelberg 1986,

Oberhofer, A. F.: Organisation und Kommunikation in Unternehmen und Betrieb. Bd. 4 der Reihe "Wirtschaftspraxis für Ingenieure". Düsseldorf 1986.

Es gibt **achtens** Veröffentlichungen, in denen die Führungsprinzipien bekannter Unternehmen und/oder Manager dargestellt werden, z.B.

Peters, Th./Waterman jun., R.: Auf der Suche nach Spitzenleistungen. Was man von den bestgeführten US-Unternehmen lernen kann. 8. Aufl. Landsberg 1984,

Töpfer, A./Zander, E. (Hg.): Führungsgrundsätze und Führungsinstrumente. Frankfurt/M. 1982.

Es gibt **neuntens** Veröffentlichungen, die für Management als wesentlich angesehene Informationen aus Teilbereichen des gesellschaftlichen Geschehens enthalten (z.B. über Rechtsfragen), oder die über für Management als wichtig erachtete Entwicklungstrends verschiedener Art informieren, z. B.

Tuleja, T.: Ethik und Unternehmensführung. Landsberg 1987,

Schmidt, W.: Führungsethik als Grundlage betrieblichen Managements. Heidelberg 1986,

Zürn, P.: Vom Geist und Stil des Hauses - Unternehmenskultur in Deutschland. Düsseldorf 1985,

Neuberger, O. / Kompa, A.: Wir, die Firma. Der Kult um die Unternehmenskultur. Weinheim 1987,

Radar für Trends. InfoSystem, (Muditas GmbH, 2862 Worpswede).

Es gibt **zehntens** Veröffentlichungen verschiedener Art, die für Manager nützliches Wissen über gesellschaftliche Strukturzusammenhänge und Entwicklungen enthalten, z. B.

Bolte, K. M. / Voß, G. G.: Veränderungen im Verhältnis von Arbeit und Leben. Anmerkungen zur Diskussion um den Wandel von Arbeitswerten. In: *Reyer, L. / Kühl, J.* (Hg.) Resonanzen - Arbeitsmarkt und Beruf / Forschung und Politik. Festschrift für Dieter Mertens. Beiträge zur Arbeitsmarkt - und Berufsforschung der B A. Nürnberg 1988. S. 72 - 94,

Claessens, D./Klönne, A./Tschoeppe, A.: Sozialkunde der Bundesrepublik Deutschland. Reinbek 1985,

Landesregierung Baden-Württemberg (Hg.): Zukunftsperspektiven gesellschaftlicher Entwicklungen (Bericht einer Kommission von 21 Wissenschaftlern). Stuttgart 1983,

Schäfers, B.: Sozialstruktur und Wandel in der Bundesrepublik Deutschland. Stuttgart 1985,

Toffler, A.: Die dritte Welle. Zukunftschance. München 1980.

Es gibt darüber hinaus schließlich eine große Fülle von Literatur, die sich mit unterschiedlichen Teilaspekten von Management, meist in Form von Zeitschriftenartikeln, auseinandersetzt (u. a. in den Zeitschriften Personalführung, Manager Magazin, Management Wissen).

Wer sich mit Managementliteratur befaßt - und das gilt in gewisser Weise auch für den Umgang mit Menschen, die einem als Managementausbilder und -berater begegnen - sollte schließlich auch noch folgendes wissen:

Es gibt - wie schon gesagt - immer noch kein Patentrezept für Management, auch wenn manches noch so überzeugend als solches angeboten wird.

Managementliteratur sowie -ausbilder und -berater gibt es in großer Zahl. Es ist nicht immer leicht, hier die Spreu vom Weizen zu trennen, denn auch dafür gibt es kein Patentrezept. Es könnte aber hilfreich sein, folgendes zu bedenken:

— Eine jargonreiche Sprache ist kein Beweis für die wissenschaftliche Fundierung einer Aussage.

— Wer das meiste Führungswissen hat, muß nicht der beste Manager, Managementausbilder oder -berater sein, dazu gehören auch andere Qualitäten.

— Man darf von der äußeren Aufmachung der Literatur (und auch dem noblen Rahmen eines Seminars) nicht auf den gebotenen Inhalt schließen.

— Es gibt wie in anderen Bereichen, so auch im Feld der Managementlehre, "nichtssagende" Vielschreiber und Vielredner. Man sollte aus der Häufigkeit, mit der man auf einen Namen trifft, nicht ohne weiteres auf die fachliche Bedeutsamkeit des Trägers schließen, denn auch hier wie anderswo begegnen einem die geschäftigen, aber letztlich wenig bewirkenden "Überalls".

Anhang 1

Abdruck des Inhaltsverzeichnisses aus Staehle, W.H. Management. 2. Aufl. München 1985

Vorwort V

Teil 1
Management als Objekt von Forschung und Lehre

A. Geschichtliche Entwicklung des Managements 2
  I. Ökonomisch-gesellschaftlicher Hintergrund 2
    1. Die industrielle Revolution als Geburtsstunde des industriellen Managements 3
      a. Industrialisierung in England 3
      b. Industrialisierung in Deutschland 4
      c. Industrialisierung in Nordamerika 5
    2. Der Wandel der Produktionsformen 6
    3. Konsequenzen der Industrialisierung für das Management 8
    4. Konsequenzen der Industrialisierung für die Arbeiter 10
  II. Entwicklungstendenzen des Managements 12
    1. Klassische Ansätze 15
      a. Ingenieurmäßig-ökonomische Ansätze (Scientific Management) 15
      b. Administrative Ansätze (Administration) 18
      c. Bürokratische Ansätze (Bürokratiemodell) 19
      d. Physiologisch-psychologische Ansätze (Psychotechnik) 21
      e. Taylorrezeption und Strategien der Arbeiterbefriedung im Deutschen Reich 22
    2. Neoklassische Ansätze 28
      a. Brückenschlag zwischen Klassik und Neoklassik 28
      b. Sozialpsychologische und soziologische Ansätze 29
      c. Neoklassische Ansätze in Deutschland 31
    3. Moderne Ansätze 34
      a. Prozeßansätze 34
      b. Humanistische Ansätze 34
      c. Quantitative und System-Ansätze 35
      d. Eklektische Ansätze 36
      e. Situative Ansätze 38

B. Definition des Objektbereichs von Management 40
  I. Management im englischen Sprachraum 40
    1. Management als Funktion 40
    2. Management als Institution 44
  II. Management im deutschen Sprachraum 48
    1. Management und Unternehmensführung 48
    2. Management als Funktion 51
    3. Management als Institution 53

C. Wissenschaftliche Aussagen über Management 56
  I. Management – Kunst oder Wissenschaft? 56
  II. Managementlehre gleich Betriebswirtschaftslehre? 58
    1. Phase der Abgrenzung 58
    2. Phase der Öffnung 62
    3. Unterschiede in den Bildungssystemen zwischen den USA und der Bundesrepublik Deutschland 67
  III. Universalität der Aussagen 70
  IV. Relativität der Aussagen 76
    1. Zur Methodologie situativer Ansätze 76
    2. Zur Praxeologie situativer Ansätze 79
  V. Zur Entwicklung situativer Ansätze in der Managementlehre 82
    1. Entstehungsgeschichte 82
    2. Entwicklung in den USA 86
      a. Von der Generalisierung (Systemtheorie) zur Relativierung 86
      b. Situatives Denken im Spiegel der neueren Literatur 88
    3. Entwicklung in Deutschland 92
    4. Kritik an klassischen situativen Ansätzen 99
    5. Verhaltenswissenschaftliche situative Ansätze 101

Teil 2
Organisation als Institution: Der Rahmen des Managements

A. Arten von Organisationen 109
  I. Definitionsmerkmale 109
  II. Klassifikation von Organisationen 110

B. Mitglieder der Organisation 115
  I. Probleme der Grenzziehung ‚Organisation – Umwelt' 115
  II. Organisation als Koalition (Beitritts- und Beitragsentscheidungen) 118

C. Ziele der Organisation 124
  I. Funktion von Zielen in Organisationen 124
  II. Zielbildung als Prozeß 127

D. Struktur der Organisation 134
  I. Strukturalistische Ansätze 134
  II. Systemtheoretische Ansätze 142

E. Effizienz der Organisation 146
  I. Ziel-Ansatz 146
  II. System-Ansatz 147
  III. Management Audit-Ansatz 150
  IV. Interaktions-Ansatz 152

Teil 3
Verhalten von Individuen und Gruppen: Der Gegenstand des Managements

A. Verhalten in Organisationen als Gegenstand verhaltenswissenschaftlicher Forschung 160

B. Verhalten von Individuen 170
  I. Elemente 170
    1. Instinkte/Triebe 171
    2. Bedürfnisse/Motive 173
      a. Ansätze zur Klassifikation und Hierarchisierung 174
      b. Unterschiedliche Beweggründe des Handelns 180
      c. Frustration bei fehlender Bedürfnisbefriedigung 181
      d. Gleichgewicht und kognitive Dissonanz 183
    3. Werte/Einstellungen 186
      a. Werte/Einstellungen als grundlegende sozialwissenschaftliche Konzepte 186
      b. Wertsysteme und Wertwandel 188
      c. Einstellungsbildung und Einstellungsänderung 193
    4. Anspruchsniveau/Erwartungen 196
    5. Qualifikationen 199
      a. Analyse von Qualifikationsanforderungen 199
      b. Handlungstheoretische Neuorientierung 203
    6. Persönlichkeit/Menschenbild 205
      a. Typologien der Person 205
      b. Persönlichkeitstheorien 208
      c. Funktion der Menschenbilder in Theorien 210
      d. Organisatorische Folgen unterschiedlicher Menschenbilder . 213
  II. Prozesse 218
    1. Wahrnehmung 218
      a. Stufen und Einflußfaktoren der Wahrnehmung 218
      b. Verzerrungen bei der Wahrnehmung 222
    2. Lernen 225
      a. Stimulus-Response-Theorien 226
      b. Kognitive Lerntheorien und Informationsverarbeitungsansatz 230
      c. Lerntypen 232
      d. Modellernen und Sozialisation 234
      e. Der psychologische Vertrag zwischen Individuum und Organisation ... 238
    3. Motivation 240
      a. Motivation als wissenschaftliches Erkenntnisobjekt 240
        aa. Motivation in erkenntnistheoretischer und pragmatischer Absicht .. 240
        ab. Messung der Motivation 242
      b. Motivationstheoretische Ansätze 245
        ba. Inhaltstheorien 245
          (1) *Maslow/McGregor* 245
          (2) *Herzberg* 248
          (3) *McClelland/Atkinson* 250
        bb. Prozeßtheorien 254
          (1) *Vroom* 255
          (2) *Porter/Lawler* 260
          (3) *Smith/Cranny* 261
      c. Motivationsaktivierung (Motivation als Managementfunktion) 262
        ca. Motivationspolitische Ansatzpunkte 263
        cb. Zusammenhänge zwischen Leistung und Zufriedenheit .. 266

C. Verhalten in Gruppen 268
  I. Elemente 268
     1. Positionen und Rollen 268
        a. Zum Status von Stellen in der Organisation 268
        b. Rollenbeschreibung und Rollenzuweisung 270
        c. Rollenkonflikt 273
     2. Gruppe 275
        a. Gruppen als Gegenstand der Forschung 275
        b. Begriff und Arten von Gruppen 276
        c. Einflußfaktoren der Gruppenleistung 281
        d. Gruppenkohäsion und Konformität mit Gruppennormen 288
        e. Risikobereitschaft von Gruppen 292
  II. Prozesse 295
     1. Interaktion 295
        a. Theoretische und empirische Basis der Aussagen über Folgen der Interaktion 295
        b. Methoden zur Analyse von Interaktionen 300
           (1) Interaktions-Prozeß-Analyse 300
           (2) *Johari*-Fenster 302
           (3) Soziometrischer Test 304
     2. Kommunikation 308
        a. Verbale und nichtverbale Kommunikation 308
        b. Kommunikationssysteme und Kommunikationsbarrieren 312
     3. Intergruppen-Beziehungen 315
     4. Konflikt 317
        a. Ursachen und Folgen von Konflikten 318
        b. Ziele und Formen der Konflikthandhabung 320
     5. Macht 324
     6. Problemlösen und Entscheiden 327
        a. Problemlösen als multipersonaler Prozeß 327
        b. Entscheidungsobjekt, Entscheidungssubjekt und Entscheidungsprozeß . 332

Teil 4
Planung und Kontrolle als Managementfunktionen: Die Strategien der Organisation

A. Strategien zur Verknüpfung von Organisation und Umwelt 340
  I. Das klassische Konzept der Unternehmungsstrategie 341
  II. Grundschema strategischer Vorgehensweise 344
  III. Arten von Strategien 350
  IV. Die Entwicklung zum strategischen Management 354
  V. Beachtung der gesellschaftlichen Verantwortung der Unternehmung bei der Strategieentwicklung 358
     1. Gesellschaftliche Ansprüche und Forderungen 358
     2. Ansatzpunkte zur Berücksichtigung gesellschaftlicher Verantwortung ... 361
        a. Verhaltenskodizes 361
        b. Institutionalisierte Verantwortung 362
     3. Pluralistische Unternehmensverfassung als Voraussetzung für eine gesellschaftsbezogene Strategieentwicklung 366

B. Controlling als interne Planung und Kontrolle ... 371

   I. Controlling als Managementfunktion ... 371
   II. Grundschema des Controllingprozesses ... 372
   III. Methoden und Techniken der Planung und Kontrolle ... 375
      1. Planungslücke ... 377
      2. Produktlebenszyklus ... 377
      3. Erfahrungskurve ... 378
      4. PIMS-Programm ... 379
      5. Portfoliomethode ... 380

C. Situative Planung und Kontrolle ... 384

   I. Ergebnisse kontingenztheoretischer Forschung ... 384
   II. Zur Anwendung kontingenztheoretischer Forschungsergebnisse ... 391

Teil 5
Organisation als Managementfunktion: Die Gestaltung von Strukturen und Prozessen

A. Organisation als Funktion ... 396

B. Differenzierung ... 400

   I. Verteilung von Aufgaben (Aufgabenstruktur) ... 400
      1. Spezialisierung ... 400
      2. Kriterien der Aufgabengliederung ... 402
      3. Stellenbildung ... 405
   II. Verteilung von Informationen (Kommunikationsstruktur) ... 408
      1. Funktion von Information und Kommunikation ... 408
      2. Folgen unterschiedlicher Kommunikationsstrukturen ... 413
   III. Verteilung von Macht (Autoritätsstruktur) ... 415
      1. Machtgrundlagen ... 415
      2. Leitungsgliederung (Konfiguration) ... 418
   IV. Abteilungsbildung ... 421
      1. Darstellung der Grundmodelle ... 421
         a. Verrichtungsmodell ... 422
         b. Objektmodell ... 423
         c. Regionalmodell ... 425
      2. Internationale Entwicklungslinien der Unternehmungsorganisation ... 426

C. Integration ... 432

   I. Grundkonzepte der Integration ... 432
   II. Koordination durch Regeln und Programme ... 436
   III. Koordination durch Hierarchie ... 441
      1. Einliniensystem ... 441
      2. Mehrliniensystem ... 442
      3. Stab-Linien-Organisation ... 444
      4. Matrix-Organisation ... 446
   IV. Koordination durch Planung ... 454
   V. Koordination durch Selbstabstimmung (Team-Organisation) ... 459
      1. Gremien-Organisation ... 461

2. Projekt-Team 462
3. Partizipationsmodell 465
4. Kollegialmodell 469
5. Teilautonome Arbeitsgruppen 470

D. Situative Arbeits- und Organisationsstrukturierung 474

I. Kontextfaktor ‚Umwelt' 475
    1. Umwelt und Organisationsstruktur 475
    2. Umwelttypologien und organisatorische Anpassung 482
II. Kontextfaktor ‚Aufgabe' 485
    1. Aufgabe und Organisationsstruktur 486
    2. Humanisierung der Arbeit durch Neue Formen der Arbeitsorganisation... 489
    3. Folgen von Arbeitsstrukturierungsmaßnahmen 496
III. Kontextfaktor ‚Technologie' 502
    1. Technologie und Organisationsstruktur 502
    2. Technologie und Arbeitsstruktur 507

E. Organisationsklima 514

I. Konzeptionelle Überlegungen 514
II. Empirische Untersuchungen 522
III. Arbeitszufriedenheit und Organisationskultur als verwandte Konzepte..... 529

Teil 6
Führung als Managementfunktion: Die Steuerung von Verhalten

A. Führung als wissenschaftliches Erkenntnisobjekt 534

I. Wandel in den Auffassungen von Führung 534
II. Theorien der Führung 536

B. Ansätze und Ergebnisse der Führungsforschung 541

I. Methoden 541
II. Typologien (Führungsstile) 542
III. Experimente (Iowa-Studien) 547
IV. Feldstudien 549
    1. Ohio State Studien 550
    2. Michigan Studien 553
    3. Group Dynamics Studien 555

C. Führungskonzepte und -modelle 557

I. Führungskonzepte auf der Grundlage der Ohio State Forschung 557
    1. Das Verhaltensgitter von *Blake/Mouton* 557
    2. Das 3-D-Programm von *Reddin* 559
    3. Die situative Führungstheorie von *Hersey/Blanchard* 562
II. Führungskonzept auf der Grundlage der Michigan Forschung (System 1 – System 4 von *Likert*) 566

III. Führungskonzepte auf motivationstheoretischer Grundlage 569
   1. Die Führung durch Zielvereinbarung (MbO) 569
   2. Die Weg-Ziel Theorie der Führung von *Evans* und *House* 571
IV. Situative Führungskonzepte 577
   1. Das Kontigenzmodell von *Fiedler* 578
   2. Das normative Entscheidungsmodell von *Vroom/Yetton* 583
   3. Das Führungsdyaden-Modell von *Graen* 589
   4. Die interaktionistische Führungstheorie von *Luthans* 593
V. Führungskonzepte auf attributionstheoretischer Grundlage 595
   1. Grundlagen der Attributionstheorie 595
   2. Attributionen in Führungsprozessen 598
   3. Die eigenschaftsorientierte Attributionstheorie der Führung von *Calder*. . 600
   4. Die verhaltensorientierte Attributionstheorie der Führung von *Mitchell*. . 602
VI. Führungsmodelle 610
   1. Führungsgrundsätze und Führungstechniken 611
   2. Führungsmodelle als Antwort auf die japanische Herausforderung 613
     a. Die Theorie Z von *Ouchi* 613
     b. Das 7-S Modell von *McKinsey* 615

D. Führung im organisationalen Kontext: Konzepte zur Verbindung von Führung und Organisation 618

  I. Substitute der Führung 619
 II. Theorie der Führungsdeterminanten 624

:. Zusammenhänge zwischen Führung und Leistung 626

Teil 7
Organisationsentwicklung: Der geplante organisatorische Wandel

ı. Anspruch und Ziele der Organisationsentwicklung 634

  I. Organisationsentwicklung: Eine Begriffsabgrenzung 634
 II. Annahmen und Ziele der Organisationsentwicklung 637

,. Anlässe für organisatorischen Wandel 640

  I. Externe Anlässe 641
   1. Mittelbare Faktoren 641
   2. Unmittelbare Faktoren 643
  I. Interne Anlässe 644
   1. Entwicklungsphasen wirtschaftlicher Organisationen nach *Lievegoed* . . . 645
   2. Entwicklung von Organisationstypen nach *Filley* 647
   3. Stufen organisatorischer Entwickung nach *Scott* 648
   4. Kritische Phasen im Leben einer wachsenden Organisation nach *Greiner* . 649
   5. Empirische Untersuchungen 650

. Ansätze zur Beschreibung, Erklärung und Beeinflussung des Wandels 653

  I. Grundmodelle des Wandels 653
   1. Das Gleichgewichtsmodell von *Lewin* und darauf aufbauende Konzepte . 653
   2. Das *Leavitt*-Modell 656

II. Strategien des Wandels 658
   1. Die Typologie von *Bennis* 658
   2. Die Typologie von *Chin/Benne* 659
   3. Die Typologie von *Greiner* 660
   4. Typologien von *Porter/Lawler/Hackman* 662
III. Techniken der Organisationsentwicklung 663
   1. Typologien von Interventionstechniken 663
   2. Techniken auf der Ebene der Organisation 667
      a. Kontingenzansatz 667
      b. Survey Feedback 668
      c. Konfrontationssitzung 669
      d. Grid Organisationsentwicklung 670
      e. System 4 Ansatz 672
      f. NPI-Modell 673
      g. Management by Objectives 674
   3. Techniken auf der Ebene der Gruppe 675
      a. Arbeitsstrukturierung 675
      b. Prozeßberatung 679
      c. Drittparteien-Intervention 679
      d. Teamentwicklung 681
      e. Intergruppen-Intervention 682
   4. Techniken auf der Ebene des Individuums 683
      a. Sensitivity Training 683
      b. Encounter Gruppen 687
      c. Transaktionsanalyse 687
IV. Aktoren des Wandels 690
   1. Typologien von Change Agents 690
   2. Berufsethos der Aktoren 693
V. Widerstände gegen Wandel 694
   1. Ursachen von Widerständen 694
   2. Umgang mit Widerständen 697

D. Interessen an der Organisation und ihrer Entwicklung ... 701

I. Interessen an der Organisation 701
II. Konflikte zwischen Individualinteressen 703
   1. Betroffene 703
   2. Manager 704
   3. OE-Berater 705
III. Konflikte zwischen Interessengruppen 705
IV. Konflikte zwischen Praxis und Theorie der Organisationsentwicklung 708

Abkürzungsverzeichnis 711
Literaturverzeichnis 713
Personenverzeichnis 767
Stichwortverzeichnis 781

II. Das Handwerkszeug des Vorgesetzten

Jürgen Rink

1. Urteilen und Entscheiden

Die Arbeit des Ingenieurs im Unternehmen ist in weitaus geringerem Maße bestimmt durch den Einsatz seines wissenschaftlichen Know-hows, als gemeinhin angenommen wird. Das bedeutet keineswegs, daß man etwa auf das ingenieurwissenschaftliche Fachstudium ganz oder teilweise verzichten könnte. Im Gegenteil, das breit angelegte Fachwissen ist eine wesentliche Grundlage für die Sicherheit bei betrieblichen Entscheidungen.

Und dennoch: Mit dem Aufstieg in der Hierarchie tritt die Notwendigkeit, natur- und ingenieurwissenschaftliche Kenntnisse vorzuhalten, immer mehr zurück hinter den erforderlichen nicht-technischen, genauer gesagt nichtfachlichen Kenntnissen (**Bild 1**). Das gilt nicht etwa nur relativ bei zu nehmendem Gesamtwissen durch Betriebserfahrung und Weiterbildung, sondern auch absolut.

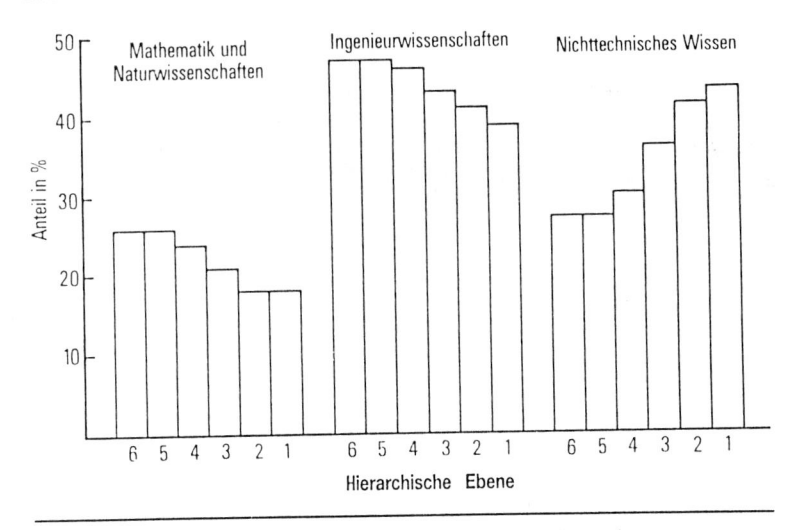

Mittlere Anteile der für erforderlich gehaltenen Kenntnisse in den verschiedenen Ebenen 1985

Bild 1: Veränderung in der Kenntniszusammensetzung

Der Grund für diese nicht nur für Ingenieure typische Entwicklung ist leicht einzusehen. Mit dem Aufstieg in der Hierarchie verändern sich die Anteile von fachlichen und Vorgesetzten-Aufgaben (**Bild 2**). Dies ist nicht nur eine Folge notwendiger Delegation, sondern auch bedingt durch die wachsende Zahl der Mitarbeiter, die man lenken und leiten muß. Typische Ausnahme von der Regel: der allein arbeitende Forscher im wissenschaftlichen Institut; er benötigt weiterhin einen hohen Anteil von Fachwissen auf neuestem Stand.

Letztlich kann man den Grund für die sich verändernden Anforderungen an den Ingenieur reduzieren auf die zunehmende Bedeutung der typischen Vorgesetztenaufgaben: Urteilen und Entscheiden.

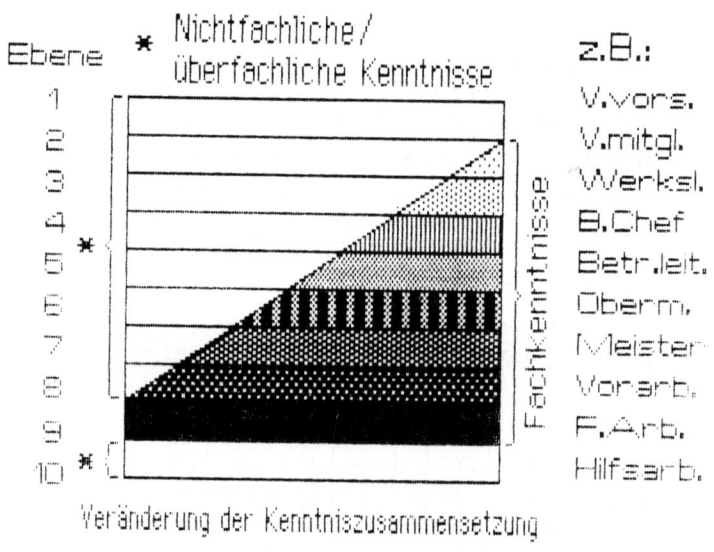

Bild 2: Veränderung der Anteile von Vorgesetztenaufgaben

1.1 Wann ist das Vorgesetztenurteil unverzichtbar?

Im betrieblichen Alltag sind insbesondere vier Situationen denkbar und typisch, in denen das Urteil des Vorgesetzten verlangt wird, mehr noch: in denen der Vorgesetzte nicht "mauern" und ein Urteil verweigern kann:

a) beim Einstellen von Mitarbeitern,

b) beim Einsetzen von Mitarbeitern,

c) beim Entwickeln von Mitarbeitern,

d) beim Entlassen von Mitarbeitern,

Der Einfachheit und Einprägsamkeit wegen nennen wir diese Vorgesetztenaufgaben in bestimmten Situationen die vier E-Funktionen des Vorgesetzten.

Beim **Einstellen** muß er beurteilen und beurteilen können, ob der Bewerber für den vorgesehenen Aufgabenbereich als Fachmann und Persönlichkeit geeignet ist.

Beim **Einsetzen** muß in Abhängigkeit vom Schwierigkeitsgrad der jeweils gestellten Aufgabe entschieden werden, ob der Mitarbeiter (schon) die erforderlichen Kenntnisse und Erfahrungen mitbringt, die zur Lösung erforderlich sind.

Beim **Entwickeln** von Mitarbeitern im Sinne der Personalentwicklung von fachlicher, finanzieller und persönlicher Förderung müssen Bewährung, Eignung und Erfolgsaussichten berücksichtigt werden.

Bei der **Entlassung** schließlich muß ein Urteil über die erbrachten Leistungen, wieder in Abhängigkeit von den gestellten Aufgaben im Gesamtzusammenhang der Tätigkeitsbereiche, im Zeitablauf abgegeben werden.

1.2 Wie kommen Urteile zustande?

Bevor wir uns dieser Frage im besonderen zuwenden, müssen wir einen kleinen soziologischen oder auch sozialpsychologischen Exkurs machen.

Urteile und Entscheidungen hängen ab von Vorstellungen und Einstellungen. Diesen zwingenden Zusammenhang werden wir an anderer Stelle noch eingehend bei der Beschreibung und der Anwendung eines relativ neuen sozialpsychologischen Analyse-Instrumentes klarmachen. Zunächst einmal wollen wir den Zusammenhang zurückführen auf das soziale Handeln des einzelnen gegenüber anderen Individuen bzw. als Teil von Gruppen und Gemeinschaften.

Was ist soziales Handeln? Es ist eine Verhaltensweise, die aus der Erwartung resultiert, welche Erwartung an das Verhalten gestellt wird. Einfacher ausgedrückt: Ich verhalte mich so, wie ich erwarte, daß andere erwarten, wie ich mich verhalte. Da dies auch für die anderen mir gegenüber gilt, kann man diese Wechselwirkung auch als "doppelt-duales Resonanzsystem" bezeichnen, ein Fachausdruck, der erst jetzt also hiermit in die wissenschaftliche Fachliteratur eingeführt wird.

Wie ist es aber möglich, eine Erwartung (ein Erwartungsmuster) an einer Erwartungshaltung auszurichten? Hier gibt es wichtige Einflußgrößen und Abhängigkeiten, die wir sehr behutsam einbringen wollen, ohne allzuviel wissenschaftliche Theorie aufzuarbeiten.

Erste Einflußgröße: In allen Gesellschaften gibt es bestimmte Grundverhaltensweisen, die man grob in fünf Gruppen einteilen und zu einem für bestimmte Gesellschaften in Art (Inhalt) und Umfang typischen Spektrum, dem "Spektrum der Gesellschaftsordnung", zusammenfügen kann:

1. Unumstößliche Selbstverständlichkeiten (Beispiel 1 = Bekleidung im Alltag westlicher Industriegesellschaften unverzichtbar; Beispiel 2 = Gott "hört" unsere Gebete, im Himalaya "sieht" er die dort selbstverständlichen Gebetsfahnen).

2. Sitten und Gebräuche (Beispiel = kulturabhängige Begrüßungsformen vom Handschlag bis zur Verbeugung).

3. Moden (Beispiel = Kleidermode und Sprachgewohnheiten; der Alte Fritz parlierte französisch, der Ingenieur von heute wählt Englisch als Konferenzsprache).

4. Individuelles Verhalten (Beispiel = man schreibt (noch) mit Tinte oder mit dem Computer).

5. Tabuiertes (krankhaftes oder verbrecherisches) Verhalten (Beispiel = Kleptomanie, Einbruchdiebstahl).

Daß dieses Spektrum der Gesellschaftsordnung im Vergleich von verschiedenen Gesellschaften und im Wandel der Zeit in Inhalt und Bandbreite unterschiedliche Ausformungen hat, leuchtet uns sofort ein, wenn wir nur an bestimmte Strafparagraphen (175, 218) denken, die in den letzten Jahrzehnten durch gesetzliche Entscheidungen aufgehoben oder in ihrem Inhalt verändert wurden, ganz zu schweigen von Selbstverständlichkeiten im sogenannten "Dritten Reich", die heute für uns fast unvorstellbare Straftaten sind (**Bild 3**).

Die tatsächlichen Bandbreiten sind übrigens sehr verschieden von der Vorstellung, die wir darüber haben. Der Umfang der "Befolgungen" ist nach Untersuchungen darüber ebenfalls unterschiedlich, je nachdem, ob es sich um unumstößliche Selbstverständlichkeiten, Sitten und Gebräuche oder Moden handelt (**Bild 4**).

Wie fließend die Grenzen zwischen den fünf Bereichen des Spektrums der Gesellschaftsordnung sind, zeigt alljährlich ein für Bayern, Ostfriesen, Österreicher und Oberhessen merkwürdiges Ereignis im rheinischen Karneval. Am

Spektrum der Gesellschaftsordnung

Unumstöss-	Sitten	Moden	Indiv.	Tabuiertes
liche	und		Verhalten	Verhalten
Selbstver-	Gebräuche		Indiv.	a) krankh
ständlich-	(Konventi-		Freizügig-	b) ver-
keiten	onen)		keit	bre-
				cherisch

Gesellschaft 1 - z.B. mitteleuropäisches Land:

Gesellschaft 2 - z.B. südeuropäisches Land:

Gesellschaft 3 - z.B. Diktatur:

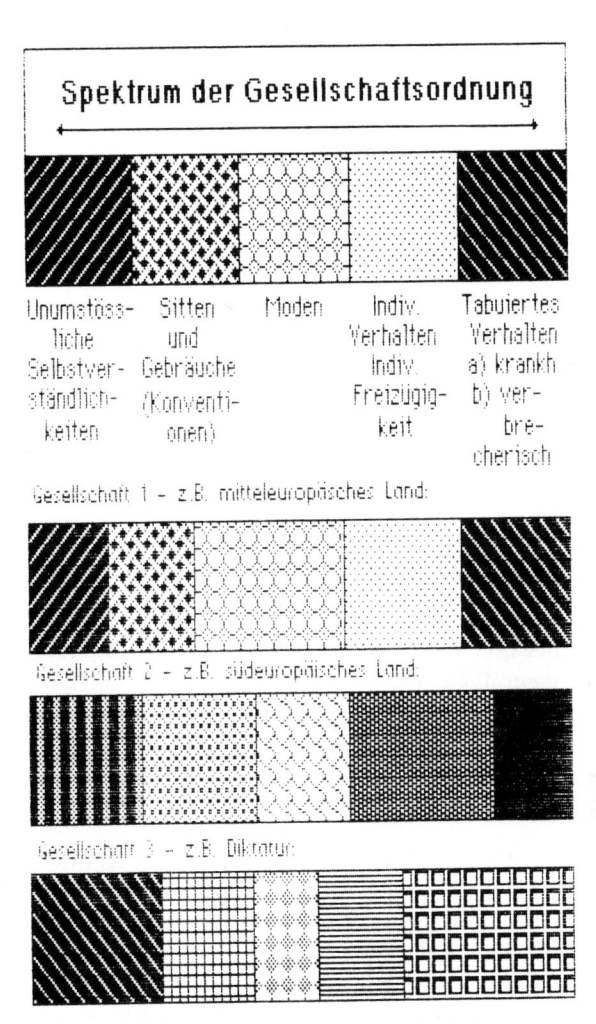

Von Gesellschaft zu Gesellschaft sind die Teilbereiche in Art und Umfang unterschiedlich. Auf diese Weise können die bestehenden Unterschiede zwischen verschiedenen Gesellschaften anhand der jeweiligen Spektren verdeutlicht und Vergleiche angestellt werden.

Bild 3: Spektrum der Gesellschaftsordnung

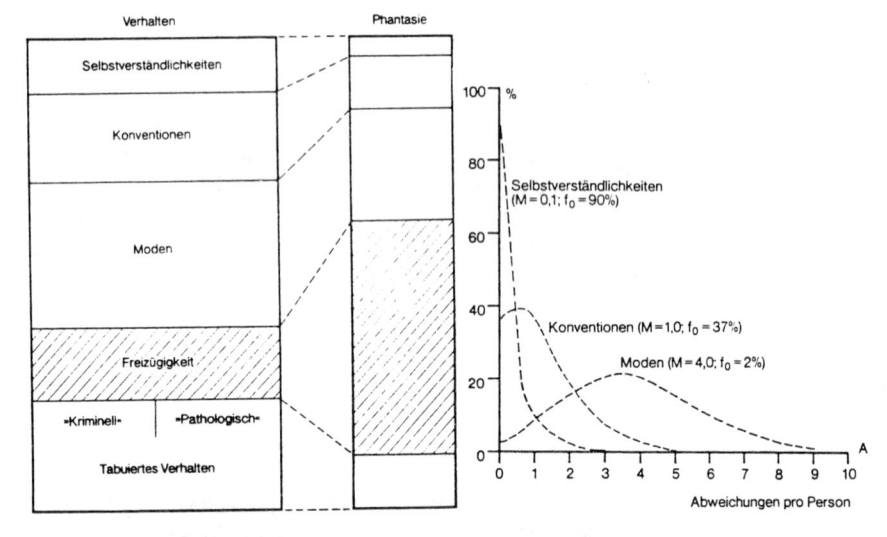

Bild 4: Phantasie und Realität - Grad der Befolgung
(Entnommen aus Hofstätter, Individuum und Gesellschaft)

Weiberfastnachtstag ("Wiwerfastelovend"), dem Donnerstag vor Karneval, ist es für manche unumstößlich selbstverständlich,

    " "   Sitte und Brauch,

    " "   Mode,

    " "   individuelles Verhalten,

daß Frauen in ausgelassener Stimmung den Männern die Krawatten abschneiden. Rheinische Männer sind gewappnet und tragen an diesem Tag nur billige Krawatten. Die oben erwähnten Bayern und Oberhessen hingegen sind bestürzt, wenn die teure Seidenkrawatte der Weiberschere zum Opfer fällt. Dieser Brauch ist keine ersatzpflichtige Sachbeschädigung. Am Tag davor oder danach hingegen ist dieser Vorgang tabuiertes, sprich ungesetzliches Verhalten.

Dieses für jede Gesellschaft typische Spektrum der Handlungsweisen ist Grundlage unserer Erwartungshaltung, unserer Handlungserwartung, und bestimmt die Generalrichtung unseres sozialen Handelns.

Zweite Einflußgröße: Aus dem Spektrum der Gesellschaftsordnung abgeleitet sind die Verhaltensnormen, die in jeder Gesellschaft von der Gesellschaft überwacht werden. Wir nennen diese Überwachung des einzelnen durch die

Gruppe oder der Gruppe durch einzelne oder andere Gruppen "Soziale Kontrolle". Die Normen können geschriebene oder ungeschriebene Gesetze sein. Sie reichen von zwingenden Verhaltensregeln bis hin zu "üblichen" Umgangsformen. Sie können die Form von Geboten und Verboten, Empfehlungen und Richtlinien annehmen, also die ganze Spielbreite des Verhaltens in der Gesellschaft und des Umgangs mit anderen Menschen in jeder nur erdenklichen Situation öffentlich und privat, außerhalb und innerhalb der eigenen Gruppe, im Intimbereich und vor aller Augen erfassen.

Diese Normen sind wie das ihnen zugrundeliegende Spektrum der Gesellschaftsordnung von Gesellschaft zu Gesellschaft unterschiedlich und ebenso wie diese einem Wandel in der Zeit unterworfen. Wir "lernen" sie von Kind auf und folgen ihnen auch abhängig von der jeweiligen Altersgruppe, der Gruppenzugehörigkeit überhaupt, der Schichtzugehörigkeit, dem Bildungsgrad, dem Beruf, der persönlichen ("individuellen") Einstellung, der Erfahrung und auch abhängig von der Fähigkeit, Sanktionen zu ertragen, mehr oder weniger widerspruchslos. Der Grad der Überwachung und der Möglichkeit, Sanktionen durchzusetzen, spielt eine nicht unwichtige Rolle dabei.

Wie schon angedeutet, wird das Verhalten von verschiedenen persönlichen Bedingungen bestimmt. Die Überwachung, der Grad der sozialen Kontrolle, ist von bestimmten Merkmalen des einzelnen abhängig. Zu diesen Abhängigkeiten gehören Position (Stellung in der Gesellschaft, z. B. als leitender Angestellter, und im Betrieb, z. B. als Hochofenchef), Rolle (z. B. Fachmann oder Vorgesetzter) und Status (z. B. Ansehen auf Grund fachlicher Qualifikation oder von Ämtern in bestimmten Gremien = Vorsitzender des Hochofenausschusses). Position, Rolle und Status verschieben Grad und Feld der sozialen Kontrolle, sie kann stärker und schwächer sein und wirken. Wir kommen noch einmal darauf zurück, wenn es um die Definition der Schwierigkeit einer Führungssituation geht, die einen entscheidenden Einfluß auf die Wahl des Führungsstiles haben kann.

Diese Einpassung in ein Netzwerk von Verhaltensnormen auf dem Hintergrund der vorherrschenden "Grundwerte" einer Gesellschaft[1] führt nicht nur zu bestimmten, üblichen Verhaltensmustern, sondern sie prägt auch unsere Urteile und Vorurteile. Zumeist machen wir uns nicht bewußt, wie sehr unsere Urteile und Vorurteile von den genannten Einflußgrößen und Abhängigkeiten vorherbestimmt sind.

---

[1] Nach Richard Löwenthal sind dies für die westliche Welt z. B. die Bejahung der Ratio im Gegensatz zur Magie, der positive Wert des einzigartigen Individuums, die Entwicklung von freiwilligen, nicht durch Blutsbande vorgegebenen Gemeinschaften und die Bejahung der aktiven Umgestaltung der diesseitigen Welt durch Arbeit.

Wir wollen im folgenden an einigen Beispielen zeigen, wie wir ganz selbstverständlich den in unserer Gesellschaft vorherrschenden Kategorien folgen, wenn wir unser Urteil bilden.

1. Beispiel

Während des Zweiten Weltkrieges machten die Amerikaner eine Umfrage über die Einschätzung des Russen. Das Ergebnis war ziemlich positiv und kennzeichnete den Verbündeten als tapfer. Fünf Jahre später ergab eine ähnliche Umfrage ein wesentlich negativeres Bild. Der Russe hinter dem eisernen Vorhang erschien jetzt eher brutal.

Damals waren Umfragen über die Einschätzung der Angehörigen verschiedener Nationen gang und gäbe. Auch heute ist man aus vielerlei Gründen daran interessiert, derartige Fremdbilder zu ermitteln. Im "Spiegel" konnte man lesen, daß die Kenntnis des Namens Gorbatschow als dem ersten Mann des Kremls in den USA vor dem ersten Gipfel bei 24 % der Amerikaner lag. Andererseits wußten 44 % der Befragten nicht, daß die USA und die Sowjetunion im Zweiten Weltkrieg Seite an Seite gekämpft haben, und 28 % nannten die Sowjetunion sogar als Gegner der USA.

In den fünfziger Jahren wurden deutsche Schüler von Volksschulen, Realschulen, Gymnasien und Berufsschulen aufgefordert, die Angehörigen verschiedener Länder zu beschreiben. Das Ziel der Untersuchung lag auf der Hand: Man wollte einfach einmal wissen, wie die deutsche Jugend nach dem Kriege die Menschen anderer Länder sah. Für jedes Land wurde auf diese Weise eine große Menge von Adjektiva, also schmückender Eigenschaftswörter, gesammelt und nach der Häufigkeit in eine Reihung gebracht: An die Spitze wurde das am häufigsten gewählte Wort gesetzt, gefolgt vom zweithäufigsten usw.

Ich habe die Ergebnisse für einige Länder zusammengestellt, von fünf Ländern als Auswahl der wichtigsten Eigenschaften, von weiteren zweien als vollständige Liste. Lesen Sie die verschiedenen Listen einmal durch und halten Sie an, wenn Sie erkannt haben, wer gemeint ist.

Konservativ - zurückhaltend - kühl - steif - traditionsgebunden - höflich - gute Geschäftsleute - stolz - eingebildet - stur - korrekt - altmodisch - freundlich - fair - ruhig - Gentleman (Der Engländer).

Faul - temperamentvoll - arbeitsscheu - fröhlich - freundlich - lebhaft - schmutzig - musikalisch - leichtlebig - unehrlich - gastfreundlich - kinderlieb - schlaue Händler - lebensfroh - feige - gesprächig (Der Italiener).

Machen Sie mal das Gedankenexperiment und stellen sich vor, der erste wäre der Italiener und der zweite der Engländer! Sie merken schon, das geht nicht!

Jetzt ein besonders schwieriger Fall:

Arbeitsam - fleißig - strebsam - ehrgeizig - genau - stur - leicht beeinflußbar - sauber - intelligent - ehrlich - nazistisch - zielstrebig - sparsam - gründlich - ordnungsliebend - tapfer (jawohl: Der Deutsche).

Hilfsbereit - großzügig - freundlich - modern - geschäftstüchtig - gutmütig - selbstbewußt - offen - lässig - aufgeschlossen - freiheitsliebend - freigebig - bequem - technisch begabt - kinderlieb - frei (Der Amerikaner).

Vielen fällt es schwer, hier gleich den Amerikaner zu erkennen. Gerade das Bild des Amerikaners hat sich bei uns - insbesondere auch in der jüngeren Generation - gegenüber den 50er Jahren stark verändert. Damals war es der Carepaket-Amerikaner. Und heute? Eine Umfrage bei Führungskräften und Studenten ergab übereinstimmend folgende Reihenfolge: Überheblich und anmaßend - geschäftstüchtig - nett, freundlich, sauber - unkompliziert und lässig - freiheitsliebend - nationalbewußt - erfinderisch und intelligent - strebsam und zielstrebig - abenteuerlustig - religiös, träumerisch - kulturlos, geschichtslos.

Den Italiener hatten wir schon! Im Folgenden ist er also nicht gemeint:

Faul - lebenslustig - freundlich - temperamentvoll - charmant - lebhaft - unbekümmert - nationalistisch - nationalbewußt - gut essen und leben - schmutzig - bequem - gastfreundlich - Interesse für Mode - elegant - intelligent (Der Franzose).

Wenn es der Italiener nicht ist, muß es wohl der Franzose sein...

Und nun noch die beiden vollständigen Listen:

Sauber - fleißig - freundlich - ehrlich - arbeitsam - anständig - bescheiden - ordentlich (Der Niederländer).

Am Niederrhein erkennt man ihn meist so nicht - man tippt eher auf den Schweizer. Warum wohl!?

Freundlich - ehrlich - kameradschaftlich - kühn - rauh (Der Norweger).

Die Himmelsrichtung erkennt man sogleich. (siehe auch Anhang 17)

Was haben wir eigentlich getan? Haben wir unsere Vorurteile geäußert, oder beruhen unsere Äußerungen auf persönlichen oder veröffentlichten Erfahrungen? (Bedenken Sie, es sind statistische Einordnungen. Statistik gilt nie für den Einzelfall. 99,999...% der Italiener sind ehrliche Menschen, dennoch haben wir alle schon von aufgebrochenen Autos und entrissenen Handtaschen gehört, und auch die Tarife der Diebstahlsversicherungen für Italien und andere Länder sind unterschiedlich. Zufall?) Wir wollen das nicht näher untersuchen und einmal nur hinnehmen, daß wir diese Vorstellungen im Hinterkopf haben. Die Vorstellungen sichtbar zu machen, ist nicht nur interessant, sondern z. B. für den ganzen Bereich der Werbung wichtig und nützlich. Seit Ende der fünfziger Jahre gibt es ein Instrument, mit dem wir Vorstellungen ermitteln können. Wir werden darauf noch ausführlich zurückkommen.

2. Beispiel

Betrachten Sie einmal die nachstehende Galerie unterschiedlicher Gesichter (**Bild 5**). Dem einen oder anderen könnten Sie sicher schon einmal begegnet sein - wenigstens dem Typ nach. Einem frisch aus dem Fernen Osten eingeflogenen Japaner würden kaum Unterschiede auffallen, bei einer Bildfolge japanischer Gesichter würde es uns umgekehrt kaum anders ergehen.

Bild 5: Gesichter - unterschiedliche Typen.
(Entnommen aus Hennenhofer und Jaensch, Psycho-Knigge)

Nun wieder unsere Testaufgaben: Welche der dargestellten Personen ist wohl der "typische Polizeibeamte"? Wenn Sie auf Nr. 6 tippen, liegen Sie im Trend einer Bevölkerungsumfrage im Raum der Stadt Düsseldorf. Wie sieht sich aber der Polizeibeamte selbst? Jawohl, Nr. 15. Das war auch das Ergebnis einer Umfrage bei Polizeibeamten, die mit Genehmigung des Innenministers von Nordrhein-Westfalen durchgeführt wurde. Da etwa 50 Prozent der Polizeibeamten unter 25 Jahre alt sind, darf das Ergebnis nicht verwundern. Aber auch so ist dieser Unterschied in der Betrachtung interessant: Wir sind noch dem Bild des gestrengen Herrn Schutzmanns verhaftet, der heutige Polizeibeamte

sieht sich jedoch zwar auch als Ordnungshüter, aber ebenso sehr auch als Freund und Helfer, wie es die Imagewerbung vorschreibt und die Polizeischule lehrt.

Nehmen Sie einmal an, Sie wären ein Freier, also ein freier Mann oder eine freie Frau. Mit wem würden Sie wohl am liebsten in Urlaub fahren? Wenn Sie Nr. 5, 10, 12 oder 15 tippen, können Sie gleich eine Gemeinschaftsreise buchen. Die Männer bevorzugen insbesondere die Dame Nr. 5, die Frauen eher Nr.15. Wen wundert das, wenn wir wissen, daß Nr.5 im Unterbewußtsein mit der Vorstellung Urlaub verbunden wird, wie wir bei der angekündigten Vorstellung eines neuen Analyse-Instrumentes noch sehen werden.

Wer ist denn der typische Busfahrer? Wenn Sie Nr. 4 gewählt haben, wissen Sie auch, warum es die öffentlichen Verkehrsmittel so schwer haben. Nr. 4 verkörpert den Begriff Sturheit.

Halten Sie die Dame Nr. 16 eher für verschwiegen oder geschwätzig, die Dame Nr. 5 eher für intelligent oder nicht intelligent, den Herrn Nr. 6 eher für gründlich oder für oberflächlich und die Dame 12 eher für gesellig oder ungesellig? Seien Sie versichert, Ihre Meinung ist Volkes Meinung oder Volkes Vorurteil. Jedenfalls urteilen wir alle mehr oder minder gleich, und das muß wohl daran liegen, daß wir "wissen", wie man ist, wenn man so oder so aussieht, oder wie man aussieht, wenn man so oder so ist. Der Zeichner jedenfalls wußte es, sonst hätte er seinen Auftrag nicht ausführen können.

Wenn wir aber wissen, wie man ist, wenn man so oder so aussieht, dann werden wir uns wohl auch nach diesem "Muster" richten und uns so oder so kleiden und geben, wenn wir so oder so gesehen, angesehen und akzeptiert werden wollen oder auch natürlich so sein können[2]. Bei der Vorstellung als Bewerber für den Posten eines Abteilungsleiters werden Sie sich wohl anders kleiden (gedeckt, Krawatte!), als wenn Sie sich, vielleicht sogar am selben Tag, um die Aufnahme im örtlichen Judoclub bewerben (sportlich, Pullover).

Das wiederum muß ein Vorgesetzter beim Einstellungsgespräch wissen. Wer exakt aussieht, will exakt sein, muß es aber nicht unbedingt in Wirklichkeit sein oder bleiben; wer gleich unordentlich aussieht, na, wenn er es tatsächlich sonst nicht sein sollte, dann ist er auf jeden Fall dumm oder außerhalb der Norm - und da kommt es wieder darauf an, was Sie von dem neuen Stelleninhaber erwarten: Konservative Grundhaltung, williger Mitarbeiter oder Kreativität.

Die Bilder erscheinen trivial - aber das Leben ist eben so!

---

[2] Wahrscheinlich gilt das auch für die Angehörigen verschiedener Länder: Der Engländer will steif und korrekt und Gentleman sein, der Italiener ungezwungen und der Deutsche ...

3. Beispiel

Hier sollen Sie wieder selbst aktiv werden. Zunächst die diesem Anwendungsbeispiel zugrundeliegende

Theorie:

Wir geben und benehmen uns so, wie wir uns sehen und wie wir gesehen werden wollen (und wie wir möglicherweise auch sind), und wir setzen im allgemeinen alles daran, daß wir tatsächlich auch so gesehen, so eingeschätzt werden. Mit zunehmendem Alter, zunehmender (Berufs-)Erfahrung und zunehmendem Aufstieg in der betrieblichen Hierarchie gelingt uns das meist immer besser. Machen wir die Probe aufs Exempel. Hier ist das Beispiel aus der

Praxis:

1. Ziel ist es, mit dem Schema von 20 Eigenschaftspaaren (**Bild 6**) sich und andere zu beurteilen und dann das jeweilige Selbstbild mit dem Fremdbild zu vergleichen. Ein Testblatt finden Sie im Anhang.

2. Schreiben Sie zunächst über die linke Seite des Schemas "Ich" und kreuzen Sie in **jeder** Zeile **eine** der Zahlen zwischen 1 und 6 an, je nachdem, ob eher die linke oder die rechte Eigenschaft der Eigenschaftspaare auf Sie mehr zutrifft, und zwar unter der Überlegung "So **sehe** ich mich". Je kleiner die Zahl ist, die sie angekreuzt haben, desto eher gilt die linke Eigenschaft, je größer die Zahl ist, desto eher gilt die rechte Eigenschaft. Wenn Sie also meinen, Sie seien ganz besonders ausgeglichen, kreuzen Sie die 1 an, wenn Sie meinen, Sie seien ein ganz besonders "nervöses Hemd", kreuzen Sie die 6 an oder je nach Ihrer Selbsteinordnung einen dazwischenliegenden Wert. So verfahren Sie bitte anschließend Zeile für Zeile mit allen Eigenschaftspaaren.

3. Dasselbe Vorgehen empfehlen Sie einem Partner.

4. Anschließend schreiben Sie über die rechte Seite den Namen Ihres Partners und füllen das zweite Schema nun unter der Überlegung aus "So **sehe** ich den .../die ...".

5. Nunmehr tauschen Sie die beiden Fremdbilder aus, und beide Beteiligten vergleichen das jeweilige Fremdbild mit dem Selbstbild, indem Sie Zeile für Zeile die kleinere angekreuzte Zahl von der größeren abziehen, also die absolute Differenz bilden. Wenn z. B. bei Ihrem Selbstbild in der ersten Zeile 2 angekreuzt ist und bei dem Sie betreffenden Fremdbild eine 4, dann beträgt die Differenz 2. Verfahren Sie genauso bei allen Zahlen. Anschlie-

Bild 6:
Selbstbild - Fremdbild
(Entnommen aus Hennenhofer und Jaensch, a. a. O.)

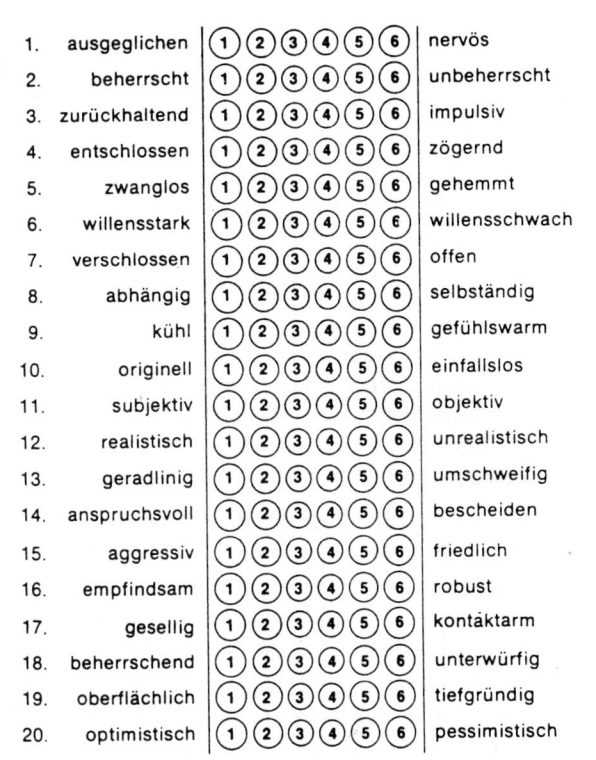

1.	ausgeglichen	①	②	③	④	⑤	⑥	nervös
2.	beherrscht	①	②	③	④	⑤	⑥	unbeherrscht
3.	zurückhaltend	①	②	③	④	⑤	⑥	impulsiv
4.	entschlossen	①	②	③	④	⑤	⑥	zögernd
5.	zwanglos	①	②	③	④	⑤	⑥	gehemmt
6.	willensstark	①	②	③	④	⑤	⑥	willensschwach
7.	verschlossen	①	②	③	④	⑤	⑥	offen
8.	abhängig	①	②	③	④	⑤	⑥	selbständig
9.	kühl	①	②	③	④	⑤	⑥	gefühlswarm
10.	originell	①	②	③	④	⑤	⑥	einfallslos
11.	subjektiv	①	②	③	④	⑤	⑥	objektiv
12.	realistisch	①	②	③	④	⑤	⑥	unrealistisch
13.	geradlinig	①	②	③	④	⑤	⑥	umschweifig
14.	anspruchsvoll	①	②	③	④	⑤	⑥	bescheiden
15.	aggressiv	①	②	③	④	⑤	⑥	friedlich
16.	empfindsam	①	②	③	④	⑤	⑥	robust
17.	gesellig	①	②	③	④	⑤	⑥	kontaktarm
18.	beherrschend	①	②	③	④	⑤	⑥	unterwürfig
19.	oberflächlich	①	②	③	④	⑤	⑥	tiefgründig
20.	optimistisch	①	②	③	④	⑤	⑥	pessimistisch

ßend quadrieren Sie die einzelnen Werte (um die Unterschiede deutlicher zu machen), wobei 0 und 1 sich nicht verändern, und adieren Sie dann die quadrierten Differenzen.

6. Wenn Sie in allen Zeilen die Differenz 0 stehen haben, wird die Summe auch 0 sein. Das bedeutet vollständige Übereinstimmung. Wenn Sie in allen Zeilen die Zahl $5^2 = 25$ stehen haben, erhalten Sie die Summe 500 = vollständige Gegensätzlichkeit. Für die Zwischenwerte gilt folgende Skala:

1	—	20	= außerordentlich hohe Übereinstimmung
21	—	40	= sehr hohe Übereinstimmung
41	—	60	= hohe Übereinstimmung
61	—	80	= noch Übereinstimmung
81	—	100	= geringe Übereinstimmung

Auswertung: Im allgemeinen liegen die Punktwerte zwischen 1 und 80, im Mittel bei 30 - 40. Dies ist nicht etwa die Folge der Tendenz, beim Ankreuzen mehr auf die Mitte zu gehen. Wenn Sie mit der später noch zu beschreibenden Korrelationsrechnung die Zahlenreihen vergleichen, werden Sie auch dann einen ähnlichen Grad der Übereinstimmung ermitteln, selbst wenn nur 3 oder 4 angekreuzt wurde. Es kommt mehr auf die Richtung der Einordnung als auf die Stärke der "Ausschläge" an. Wenn Sie diesen Test mit einer Gruppe von Personen machen, die jeweils einen anderen so beurteilen, ergibt sich eine nach links verschobene Verteilungskurve, also keine Normalverteilung, was auf einen nicht zufälligen Einfluß hindeutet.

Tatsächlich resultiert die im allgemeinen hohe Übereinstimmung aus der eingangs beschriebenen Erkenntnis, daß sich jeder bemüht, sich so zu geben, wie er sich sieht bzw. wie er gern sein will oder auch tatsächlich ist. Dabei ist es kein Zufall, daß er von anderen auch so gesehen wird, je mehr er das gesteckte Ziel erreicht.

Eigentlich verhalten wir uns dabei häufig nicht anders als ein Schauspieler, der eine bestimmte Rolle spielen soll. Je besser der Schauspieler, um so mehr identifiziert er sich (und wir ihn) mit der (häufig) nur gespielten (vorgegebenen) Person. Das schließt nicht aus, daß man "sich selber spielt", wie das auch von manch einem Schauspieler gesagt wird, denken Sie mal an Heinz Rühmann oder Hans Joachim Kulenkampff.

Damit schließt sich der Kreis: Weil wir für unsere Gesellschaft wissen, wie jemand aussieht und wie jemand handelt, der bestimmte Eigenschaften verkörpert, folgen wir mit unserem Verhalten bestimmten Mustern, die als bestimmte Muster erkannt und in eine bestimmte Einschätzung umgesetzt werden.

Wie in allen anderen Fällen verweisen wir auf weiterführende Literatur am Schluß des Buches.

1.3 Vorstellungen - Urteile - Handlungen, eine zwangsläufige Kette im Unterbewußtsein

Daß Urteile und Vorurteile bestimmten Verhaltensmustern in unserer Gesellschaft folgen, haben wir im vorausgehenden Kapitel festgestellt. Die Erklärung ist logisch und in sich geschlossen. Dennoch reicht sie so noch nicht aus, wenn wir Urteile und Handlungen voraussagen, kontrollieren und gegebenenfalls beeinflussen wollen. Wir müssen gleichsam noch einen weiteren Schritt zurück gehen: Was spielt sich bei Urteilen und Handlungen im Unterbewußtsein ab? Hier helfen uns Erkenntnisse der zwanziger Jahre, die Ende der fünfziger Jahre von dem Amerikaner C. E. Osgood und dem in Deutschland lebenden Österreicher Peter R. Hofstätter in ein Analyseverfahren umgesetzt wurden. Dieses Verfahren verfolgt das gleiche Ziel wie die tiefenpsychologisch arbeitende Motivforschung, ist aber wesentlich schneller, praktikabler, einfacher und daher in der Praxis effektiver einsetzbar.

Zunächst die "Erkenntnisse" der zwanziger Jahre:

1. Wenn wir über etwas nachdenken, tun wir das nicht etwa in abstrakten Bildern, Tönen oder Farben. Ausnahme: Babies. Wir benutzen, auch ohne tatsächlich zu sprechen, Wörter unserer Sprache. Dies können Sie selbst an sich ausprobieren, wenn Sie z. b. über die gerade jetzt aufgestellte Behauptung nachdenken und möglicherweise "Blödsinn" sagen oder wenn Sie im Straßenverkehr Autofahrer beobachten, die hinter den geschlossenen Fenstern ihre Lippen bewegen und die üblichen Injurien wie "Armleuchter", "Idiot", "Anfänger" und "Dummkuh" formulieren.

2. Wenn wir beim Nachdenken unsere Sprache "benutzen", verwenden wir zumeist ganz einfache und besonders häufig vorkommende Wörter wie groß, klein, laut, leise, schön, häßlich, kalt, warm, gut, schlecht.

3. Wir verwenden diese Wörter im allgemeinen nicht absolut, sondern wägen zwischen jeweils gegensätzlichen Eigenschaftspaaren ab: "nicht ganz so gut" oder "eher schlecht".

4. Wir machen nicht nur eine Skala zwischen zwei gegensätzlichen Eigenschaftswörtern auf, sondern begutachten ein und dieselbe Sache sozusagen von verschiedenen Seiten - ähnlich wie man Röntgenaufnahmen aus verschiedenen Perspektiven macht - und verwenden mehrere solcher Skalen, aus denen sich gleichsam ein Profil für eine bestimmte Sache ergibt.

Beispiel:

Wenn wir an Urlaub denken, entwickelt sich ein solches Profil u. a. aus "stark" und "schön" und "warm" und "gut"

5. Die so im Kopf "formulierten" Vorstellungen führen zu Einstellungen positiver oder negativer oder auch neutraler Art.

6. Und diese Einstellungen wiederum bestimmen je nach ihrer Stärke und unserer Betroffenheit gleich oder später unsere Handlungen. Beispiel: Wenn wir uns ein blitzblank gespültes Pilsglas vorstellen, das unter einen

Zapfhahn gehalten, mit goldgelber Flüssigkeit gefüllt und mit einer herrlichen Schaumkrone versehen wird, könnte es leicht passieren, daß wir am liebsten gleich ein Pils bestellen. Das geht analog mit Mädchen, Sahnetorte, Autos, Plattenspielern, politischen Parteien, Zigaretten, harten Männern Duftwässern und Urlaubsreisen genauso.

Dieser Ablauf, genauer, diese Ablaufkette Vorstellungen - Einstellungen - Urteile - Handlungen, spielt sich zunächst im Unbewußten oder Unterbewußtsein ab und wird sicher von den in dem voraufgegangenen Kapitel untersuchten gesellschaftsspezifischen Verhaltensmustern mitbestimmt. Aber es sind häufig auch sehr individuelle Abläufe, die zu erkennen wichtige Schlüsse auf zu erwartende Handlungen ermöglichen werden.

Bevor wir das eingangs zitierte Analyse-Instrument näher beschreiben, wollen wir uns mit drei Vorgängen anhand von Beispielen auseinandersetzen, die uns zu den durch Anwendung unseres Analyse-Instrumentes ermöglichten Schlüssen leichter hinführen.

1. Beispiel:

Der Vorgesetzte begutachtet einen Bewerber. Zeugnisse einwandfrei - Kopien schlampig gemacht; Anzug angemessen - aber Hose nicht gebügelt; sauber gewaschen - aber Mundgeruch; dunkles Sakko - aber Schuppen auf dem Kragen; Händedruck weich und feucht; leise Stimme und unruhiger Blick... Mehr brauchen wir nicht aufzuschreiben; das Ergebnis des Einstellungsgespräches ist offenkundig und vorprogrammiert. Die tatsächliche fachliche Qualifikation tritt gänzlich in den Hintergrund.

2. Beispiel:

In einem Erdkundebuch hat man als Ergebnis einer Umfrage bei 202 Personen eine Beurteilung von zwei bayrischen Seen abgedruckt. Das nachstehende Schema (**Bild 7**) spricht für sich selbst.

Stellen wir uns doch einmal vor, wir wären der Kurdirektor von Herrsching am Ammersee bzw. der Kurdirektor von Starnberg. Welche Zielgruppe müssen wir mit unserer Werbung ansprechen, um eine optimale Ausnutzung unserer Hotelbettenkapazität zu erreichen? Wie wird die Werbung vom Ammersee und die vom Starnberger See aussehen, wenn wir die vorherrschenden Meinungen mit unserer Werbung verstärken und die so Angesprochenen zum Urlaubsentschluß bringen wollte?

Bild 7: Vergleich zweier Seen in Oberbayern (n=202)

```
                Ammersee          Starnberger See
              60  40  20   0   20  40  60
einfach
ländlich
billig
ruhig
nicht überfüllt
rückständig
langweilig
bieder
spießig
abwechslungsreich
laut
elegant
überfüllt
vornehm
teuer
exklusiv
fortschrittlich
Schlösser
International
König Ludwig
              60  40  20   0   20  40  60
```

3. Beispiel:

Ende der fünfziger Jahre wurde in Deutschland eine mehrstufige Untersuchung über die Einstellung zum Automobil durchgeführt. In der ersten Phase wurden die Beteiligten aufgefordert, anzugeben, wie sie ihr Idealauto sehen, welche Vorstellungen sie damit verbinden. Es kamen vielfältige Vorstellungen zutage: groß, klein, langlebig, schnell, bequem, billig, exklusiv, rot, schnittig, solide undsoweiter.

In einer zweiten Phase wurde untersucht, welche Vorstellungen mit den auf dem Markt befindlichen Automarken und Autotypen verbunden wurden. Da hatte selbstverständlich der Mercedes 180 ein anderes Image als der VW Käfer oder der Opel Rekord und der Ford Taunus ein anderes als Porsche und Borgward Isabella.

In der dritten Phase wurde dann überprüft, ob dann, wenn Idealvorstellungen und Vorstellungen über bestimmte Autotypen zur Deckung kamen, also sich entsprachen, tatsächlich auch Kaufhandlungen folgten. Das war bis zu einem gewissen Grad der Fall.

Am Ende der dritten Phase entdeckte man, daß nicht alle Idealvorstellungen durch die auf dem Markt befindlichen Automobile abgedeckt wurden. Es blieb eine durchaus ansehnliche Marktlücke (auch Marktnische genannt). In diese Marktnische wurde nach den Vorstellungen der Befragten ein Auto gebaut und - das ist die Probe aufs Exempel - auch tatsächlich verkauft. Sie können dies selbst nachvollziehen: Es war der BMW 1500. Der Entdecker dieser Marktnische ist damit berühmt geworden.

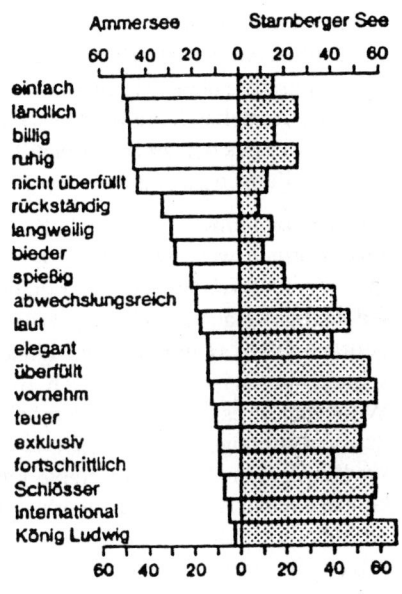

Gerade dieses letzte Beispiel führt uns schon folgerichtig zu unserem Analyse-Instrument, denn dieses wurde damals in ersten Ansätzen benutzt und hat damit seine Feuerprobe bestanden. Heute ist es sowohl in der Markt- und Meinungsforschung (hier zur Konzipierung und Überprüfung von Markt- und Werbungsstrategien) wie in einem völlig anderen Gebiet, nämlich der Psychiatrie, der Behandlung von Geisteskranken (hier zur Verfolgung des Gesundungsprozesses bei der Heilbehandlung), ein wichtiges Werkzeug, unbewußte Vorstellungen zu ermitteln: der Semantiktest.

Noch einmal müssen wir innehalten. Wir müssen für alle folgenden Ausführungen einen wesentlichen Vorbehalt machen. Vorstellungen können von vielen geteilt werden und damit einheitliche Einstellungen auslösen. Sie sind jedoch häufig auch aus der spezifischen Situation des einzelnen individuell geprägt. Dabei spielt unter Umständen eine wie auch immer ausgelöste Täuschung mit. Es ist also gefährlich, das individuelle Urteil zu verallgemeinern. Wohl aber ist es legitim, von dem individuellen Urteil auf die dahinterliegenden Vorstellungen zu schließen: der Fakir auf dem Nagelbrett, der Geisteskranke, der als Napoleon Befehle gibt, der verliebte Bräutigam, der die Hakennase seiner Angebeteten überhaupt nicht zur Kenntnis nimmt oder sie sogar bezaubernd findet. Das individuelle Urteil kann also einer Selbsttäuschung folgen ohne irgendwelchen realen ("objektiven") Hintergrund haben; aus der daraus folgenden Handlung können wir keine logische Begründung, sondern lediglich die Antriebselemente im Kopf vorhandener Vorstellungen ableiten.

Auch dies wollen wir an einem praktischen Beispiel deutlich machen. Sehen Sie sich doch bitte einmal die nachstehenden Zeichnungen an (**Bilder 8 und 9**).

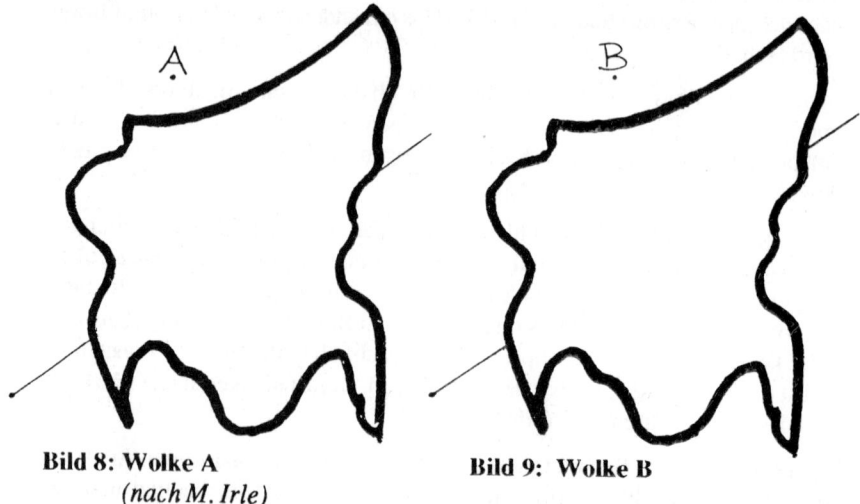

Bild 8: Wolke A
(nach M. Irle)

Bild 9: Wolke B

Beide Bilder zeigen ein merkwürdiges Wolkengebilde, jeweils mit hinzugefügten Linien. Frage: Handelt es sich um versetzte Linien oder um eine Gerade, die hinter dem Wolkengebilde verläuft und dann auf der anderen Seite weitergeht? Wie ist das beim Bild 8? Wie ist das beim Bild 9?

Hinter dieser simplen Darstellung liegt eine über hundert Jahre alte Erkenntnis, die Erkenntnis nämlich einer optischen Täuschung, entdeckt von Johann Christian Poggendorff und daher Poggendorffsche Täuschung genannt.

Diese Täuschung ist im Jahr 1965 einer Menge von Menschen zum Schicksal geworden, wie M. Irle berichtet. Am 4.12.1965 befanden sich eine Boeing 707 im Anflug auf den Kennedy Airport und eine Lockheed 10496 auf den Newark Airport. Beide Maschinen hielten die ihnen zugewiesenen Höhe ein, die Boeing flog in 11000 Fuß Höhe, die Lockheed in 10000 Fuß Höhe. Das Land war von Wolken bedeckt, die von Süden nach Norden anstiegen. Plötzlich sahen die Piloten vor sich das jeweils andere Flugzeug. Sie reagierten blitzschnell, die Boeing wendete erst nach rechts, dann nach links, die Lockheed stieg an. Die Flugzeuge kollidierten auf knapp 11000 Fuß Höhe. Die Lockheed konnte notlanden, 4 Tote, 49 Verletzte. Die Boeing explodierte in der Luft. Überlebende gab es hier nicht.

Was war geschehen? Beide Piloten waren ihrem klaren Blick und ihrer langjährigen Erfahrung gefolgt und vertrauten nicht dem Höhenmesser. "Wenn ein Flugzeug so und so vor einem auftaucht, dann muß es einfach auf der gleichen Höhe fliegen." Beide hatten eine subjektive Vorstellung ohne realen Hintergrund. Die Wolkengebilde vor ihnen gaukelten ihnen einen nicht realen Tatbestand vor. Sie oblagen der hundert Jahre lang bekannten Poggendorffschen Täuschung. Was noch schlimmer ist, sie mißtrauten ihren Instrumenten oder beachteten sie gar nicht erst.

Zweierlei können wir daraus entnehmen: Erstens die Feststellung erhärtet sich, daß individuelle Urteile und Entscheidungen nicht unbedingt auf Realitäten basieren und daher zunächst nur Schlußfolgerungen auf individuelle Vorstellungen zulassen. Zweitens, daß wir im allgemeinen für Urteile und Entscheidungen Hilfsmittel oder Instrumente benötigen. Das ist im betrieblichen Alltag selbstverständlich: Ohne genaue Untersuchungen und Berechnungen werden technische Prozesse nicht in Gang gesetzt oder verändert.

Ist es wirklich im betrieblichen Alltag selbstverständlich? Wenn der Ingenieur die Rolle des Fachmannes gegen die des Vorgesetzten vertauscht, was ständig und immer wieder erfolgt, fehlen ihm plötzlich adäquate Instrumente, und er verläßt sich häufig, wenn nicht gar immer, wenn er Menschen, genauer: seine Mitarbeiter, beurteilt, auf seinen "gesunden Menschenverstand" und seine "langjährige Erfahrung" im Umgang mit Kollegen und Mitarbeitern.

Den Piloten in unserem Flugzeugdrama können wir einen Vorwurf machen, den Vorgesetzten im Betrieb eigentlich nur dann, wenn sie wider besseres Wissen falsche Urteile über Mitarbeiter bilden. Wider besseres Wissen heißt aber, sie müssen Instrumente, Hilfswerkzeuge kennen, und sie dennoch nicht benutzen.

Das ist der Punkt, an den wir nun das immer wieder angekündigte Instrument einbringen und damit ein für alle Male mit der Entschuldigung aufräumen: ich habe das eben so oder so gesehen.

Der Semantiktest

Wenn Sie einige Seiten zurückblättern, lesen Sie die wirklich nicht gar so "umwälzende" Erkenntnis der zwanziger Jahre von den im Kopf mit den Worten unserer Sprache formulierten Vorstellungen. Wie können wir diese Vorstellungen ermitteln und gleichsam sezieren? Eigentlich wohl am besten dadurch, daß wir eine Art Netz oder Sieb aufstellen und die Einzelbestandteile der so blitzschnell formierten Profile auffangen, zusammensetzen und durch Vergleiche mit anderen Profilen einordnen, erklären und in ihrem tatsächlichen Gehalt bestimmen.

Dunkel ist der Rede Sinn. Zur Erhellung wie immer in diesem Buch das praktische Beispiel. Zunächst noch einmal die

Theorie:

Unsere Vorstellungen sind nicht nebulöse Gebilde, sondern in den einfachen Worten unserer Sprache bewußt oder unbewußt formulierte Profile von Begriffen, Sachen und Menschen. Gefühl und Verstand verbinden sich dabei im Unterbewußtsein.

1. Aus den am häufigsten in unserer Sprache zur Beurteilung von Eigenschaften benutzten Adjektiven hat Hofstätter ein Schema von 24 Begriffspaaren (**Bild 10**) entwickelt. (Wir nennen dieses Schema "Semantisches Differential", weil es die sprachlich formulierten Differenzierungen für eine bestimmte Vorstellung wiedergibt. Ausgefüllt ergibt sich daraus ein "Polaritätenprofil".) Selbstverständlich ist auch eine völlig andere Liste denkbar. Lediglich ein fachspezifisch aufgebautes Schema mit Wörtern, die für einen bestimmten Bereich adäquat zu sein scheinen und nur dort vorkommen, ist wenig nützlich, da, wie Sie selbst gleich sehen werden, damit Vergleiche über die engen Grenzen eines Fachbereichs hinaus nur schwer möglich sind. Hinzu kommt, daß wir im allgemeinen auch im fachspezifischen Bereich mit einfachen Wörtern unserer Sprache hantieren; das können Sie jederzeit in

Bild 10: Das semantische Differential oder Polaritätenprofil ⟶

1	hoch	1	2	3	4	5	6	7	tief
2	schwach	1	2	3	4	5	6	7	stark
3	rauh	1	2	3	4	5	6	7	glatt
4	aktiv	1	2	3	4	5	6	7	passiv
5	leer	1	2	3	4	5	6	7	voll
6	klein	1	2	3	4	5	6	7	groß
7	kalt	1	2	3	4	5	6	7	warm
8	klar	1	2	3	4	5	6	7	verschwommen
9	jung	1	2	3	4	5	6	7	alt
10	sanft	1	2	3	4	5	6	7	wild
11	krank	1	2	3	4	5	6	7	gesund
12	eckig	1	2	3	4	5	6	7	rund
13	gespannt	1	2	3	4	5	6	7	gelöst
14	traurig	1	2	3	4	5	6	7	froh
15	leise	1	2	3	4	5	6	7	laut
16	feucht	1	2	3	4	5	6	7	trocken
17	schön	1	2	3	4	5	6	7	häßlich
18	frisch	1	2	3	4	5	6	7	abgestanden
19	feige	1	2	3	4	5	6	7	mutig
20	nahe	1	2	3	4	5	6	7	entfernt
21	veränderlich	1	2	3	4	5	6	7	stetig
22	liberal	1	2	3	4	5	6	7	konservativ
23	seicht	1	2	3	4	5	6	7	tief
24	gut	1	2	3	4	5	6	7	schlecht

Fachveröffentlichungen vieler Wissensgebiete nachvollziehen: Da spricht man von Gestelldurchmesser eines Hochofens, der mit 14 Metern besonders **groß** ist und **doppelt so groß** wie ein Ofen vor 20 Jahren; da wird eine Schmelze **tiefer** Temperaturen auf ihre thermodynamischen Abläufe hin untersucht, die **schnell** oder **langsam** vor sich gehen undsoweiter. Kurz, unser Schema ist nicht einmalig, aber praktisch und in gewissem Sinne - weil schon häufig benutzt - optimal.

2. Dieses Schema füllen wir aus, indem wir uns einen bestimmten Begriff, einen Vorgang, einen Gegenstand, einen Menschen oder eine Gruppe von Menschen vorstellen und Zeile für Zeile danach einordnen, was eher gilt, das linke oder das rechte Adjektiv oder Werte dazwischen. Im Grunde tun wir hier nichts anderes als bei der Bearbeitung des Schemas der gegenseitigen Beurteilung im vorigen Kapitel.

Machen wir die Probe aufs Exempel: Schreiben Sie einmal das Wort Urlaub über das Schema und füllen Sie es aus, indem Sie in jeder Zeile die zutreffende Zahl einkreisen. Dabei sollten Sie ganz locker rein gefühlsmäßig vorgehen und jeweils fragen, ist Urlaub für mich "hoch" oder "tief", also z. B. mit hohen Gefühlen versehen, "schwach" oder "stark", "kalt" oder "warm" undsoweiter.

Gelegentlich erscheint Ihnen ein Begriffspaar vielleicht nicht ganz "passend"; Sie sollten es dennoch nicht auslassen und prüfen, was **eher** gilt, das linke oder das rechte Eigenschaftswort. Nur wenn Sie sich gar nicht entscheiden können, wählen Sie einfach die Mitte.

3. Wenn Sie nun die eingekreisten Zahlen Zeile für Zeile verbinden, erhalten Sie ein Profil, nämlich das Profil Urlaub, das - jedenfalls in unserer Gesellschaft im 20.Jahrhundert - etwa wie folgt aussieht (**Bild 11**).

Die Übereinstimmung mit Ihrem eigenen Profil Urlaub ist nicht zufällig. Wir verbinden bei uns heute allesamt fast ähnliche Vorstellungen mit dem Begriff Urlaub, was der Bürgermeister von Augsburg im Jahre 1678 und der Chinese in der Volksrepublik China 1982 nicht vermocht hätten. Beide kannten Feiertage, aber keinen Urlaub (Wandel!).

4. Absolut genommen können wir mit diesem Profil wenig anfangen. Wir müssen, wie üblicherweise bei anderen wissenschaftlichen Überlegungen und Experimenten auch, Vergleiche anstellen, um daraus wiederum Schlüsse ziehen zu können. Vergleichen wir also unser Profil Urlaub mit dem Profil Spaß (**Bild 12**). Die Übereinstimmung leuchtet ein. Vergleichen wir die Profile Spaß und Urlaub mit dem Profil Liebe (**Bild 13**), sehen wir erneut Übereinstimmungen, die daraus zu erklären sein könnten, daß das eine wie das andere Spaß macht und zeitlich häufig zusammenfällt.

Ein weiteres Profil, das Profil für Langeweile (**Bild 14**), erweist sich aufgrund seiner gegensätzlichen Verläufe nahezu als exaktes Spiegelbild des Profiles Urlaub. Das wird uns kaum verwundern, denn mit Urlaub wird man ganz sicher nicht üblicherweise die Vorstellung Langeweile verbinden, sondern eben eher das Gegenteil; Ausnahmen mißlungener Urlaubstage bestätigen die Regel.

Was wir bisher getan haben, ist mehr oder weniger ein Direktvergleich, wie wir ihn auch im alltäglichen Leben häufig vornehmen: Da sprechen wir von einem Urlaub voller Abenteuer, vom Weihnachtsfest voller Harmonie, von der Schwiegermutter als wahrem Hausdrachen, vom Chef als einer miesen Type. Wir vergleichen Menschen mit Menschen ("der ist wie ..."), wir vergleichen Produkte mit Gefühlen ("XY verbreitet Wohlbehagen"), wir vergleichen Begriffe mit Assoziationen dazu ("Krieg heißt Zerstörung").

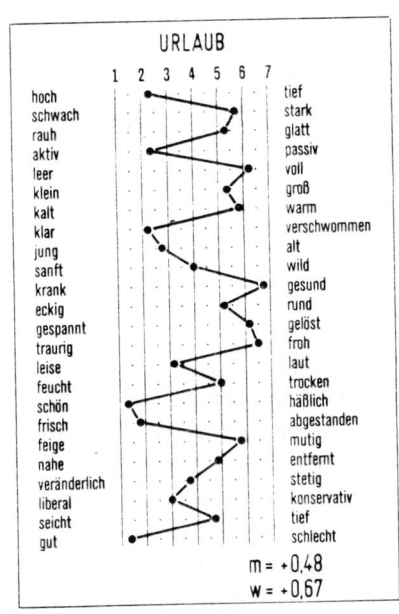

Bild 11: Profil Urlaub

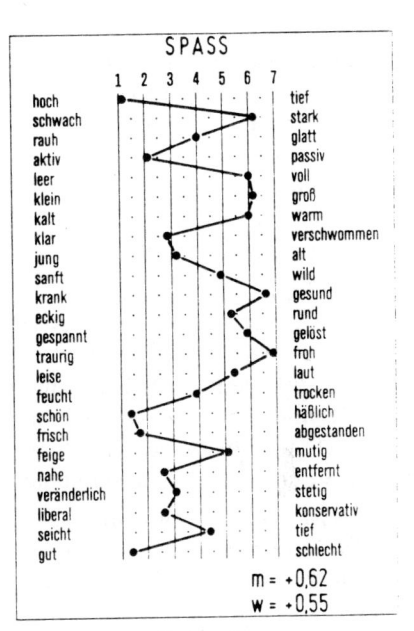

m = +0,48
w = +0,67

Bild 12: Profil Spaß

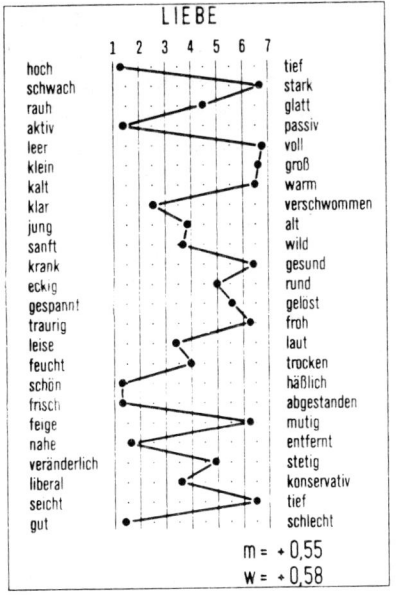

m = +0,62
w = +0,55

Bild 13: Profil Liebe

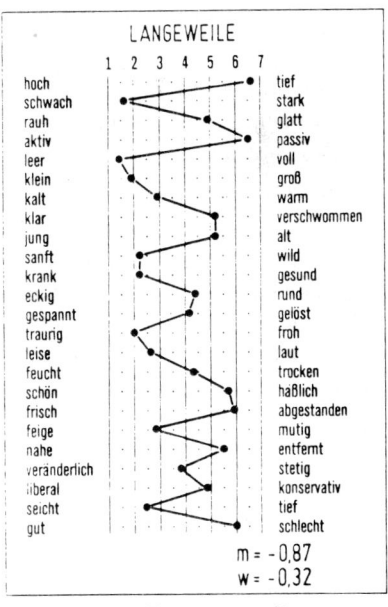

m = +0,55
w = +0,58

Bild 14: Profil Langeweile

m = -0,87
w = -0,32

Diesen Direktvergleich hat auch die Werbung immer schon genutzt und ihn uns suggeriert, solange es moderne Werbung gibt. Das also ist alles nichts Neues. Warum also der Semantiktest? Die Begründung, daß man Profile genauer miteinander vergleichen kann und die Profil-Kurven mit Hilfe der Korrelationsrechnung[3] mathematisch genau auf ihre Ähnlichkeit hin untersuchen und berechnen kann, genügt allein wohl nicht, zumal man jedes Profil mit einer Unmenge von Profilen korrelieren müßte, um genau angeben zu können, "wenn ich an Urlaub denke, denke ich an ...".

Übrigens, hier können wir ein Beispiel nachtragen, das uns noch einmal zurückführt zu der Bildfolge im zweiten Kapitel: Das Bild der Dame Nr. 5, mit der so viele gerne in Urlaub fahren würden, ergibt semantisch getestet ein Profil (**Bild 15**), das hochgradig mit dem Profil Urlaub übereinstimmt, mathematisch ausgedrückt: stark positiv korreliert. Das Testergebnis für Bild 4: Sturheit; Sie erinnern sich: die öffentlichen Verkehrsmittel ...

Was also bietet der Semantiktest, genauer der Test mit den Polaritätsprofilen, mehr? Die Väter des Testes sahen von Anfang an eine Schwierigkeit im Multi-Profil-Vergleich; nicht nur die damals mangels moderner Computer noch langwierigen Rechenoperationen standen den notwendigen vielen Vergleichen hinderlich im Wege, sondern auch die Notwendigkeit, viele Vergleichsprofile zu entwickeln, die man in langwierigen Rechenprozessen auf Übereinstimmungen durchchecken mußte.

Ein Geistesblitz führte auf zwei Wegen zu einer phänomenalen Lösung, die den Semantiktest auf einen Schlag zu einem vielfältig einsetzbaren Analyse-Instrument machte:

Erster Weg: Man überlegte, ob es in unserer Welt allgemeingültige, überall fast gleich verstandene Begriffe gäbe, die man als Vergleichsmaßstäbe einsetzen könne wie Metermaß und Waage. Anders ausgedrückt: Wenn Sie wissen wollen, ob Sie größer oder kleiner sind als z. B. Ihr Vater oder der derzeitige Bundeskanzler, müssen Sie sich keinesfalls Rücken an Rücken stellen, also einen direkten Vergleich anstellen - was im letzteren Fall schon einigermaßen schwierig wäre. Und wenn Sie wissen wollen, ob Sie mehr oder weniger wiegen als Ihr Kollege Schmitz oder der Staatssekretär Timmermann, ist der Einsatz einer Wippschaukel ein höchst ungebräuchliches und kaum realisierbares Unterfangen.

---

3) Zum besseren Verständnis der folgenden Ausführungen empfiehlt es sich, zunächst das Kapitel 5.3, S. 105 ff., zu lesen. Dort ist die Korrelationsrechnung so beschrieben, daß Sie ihre Möglichkeiten verstehen und den Rechenvorgang nachvollziehen und selbst vornehmen können.

Bild 5

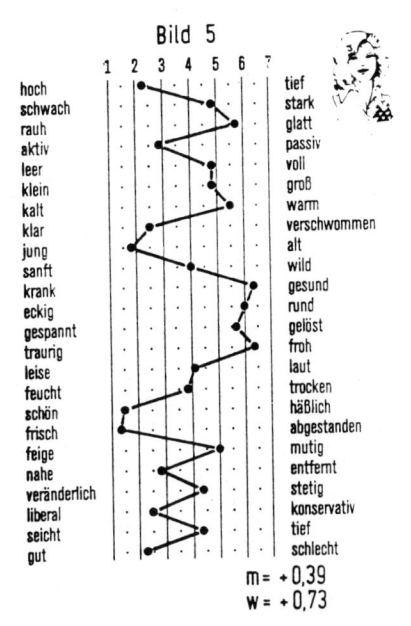

	1	2	3	4	5	6	7	
hoch								tief
schwach								stark
rauh								glatt
aktiv								passiv
leer								voll
klein								groß
kalt								warm
klar								verschwommen
jung								alt
sanft								wild
krank								gesund
eckig								rund
gespannt								gelöst
traurig								froh
leise								laut
feucht								trocken
schön								häßlich
frisch								abgestanden
feige								mutig
nahe								entfernt
veränderlich								stetig
liberal								konservativ
seicht								tief
gut								schlecht

$m = +0{,}39$
$w = +0{,}73$

Bild 15: Profil "Bild 5"

Ausgehend von diesen Überlegungen suchte man nach Begriffen, deren Profile als Vergleichsmaßstab zu verwenden sind. Man fand sie in den Begriffen "männlich" und "weiblich", die in unserer westlichen Gesellschaft mehr oder weniger von allen Menschen mit denselben Vorstellungen belegt sind und zudem noch den Vorteil aufweisen, miteinander verglichen weder übereinstimmend noch gegensätzlich zu sein, sondern indifferent.

Diese letztere Tatsache brachte die enorme Möglichkeit, die beiden Profile als Koordinaten in einem Meßfeld einzusetzen. Man vergleicht zunächst ein Testprofil mit dem Profil "männlich" und trägt den errechneten Korrelationswert auf einem Meßstrahl ab, der, wie bei der Korrelationsrechnung vorgegeben, von +1,0 über + 0,0 bis -1,0 reicht. Das Profil Urlaub würden wir auf diesem Meßstrahl etwa bei +0,50 abtragen (**Bild 16**).

Sodann würden wir denselben Rechenvorgang mit dem Profil "weiblich" anstellen und auch hier den errechneten Korrelationswert auf dem von +1,0 bis -1,0 reichenden Meßstrahl abtragen, etwa bei +0,60.

Da die Profile "männlich" und "weiblich" indifferent, also etwa bei + 0,0 miteinander korrelieren, können wir den Meßstrahl "männlich" und den Meß-

	männlich										URLAUB								männlich
	1	2	3	4	5	6	7			1	2	3	4	5	6	7		
hoch								tief	hoch								tief	+1,0
schwach								stark	schwach								stark	
rauh								glatt	rauh								glatt	
aktiv								passiv	aktiv								passiv	
leer								voll	leer								voll	
klein								groß	klein								groß	
kalt								warm	kalt								warm	
klar								verschwommen	klar								verschwommen	
jung								alt	jung								alt	
sanft								wild	sanft								wild	
krank								gesund	krank								gesund	
eckig								rund	eckig								rund	0
gespannt								gelöst	gespannt								gelöst	
traurig								froh	traurig								froh	
leise								laut	leise								laut	
feucht								trocken	feucht								trocken	
schön								häßlich	schön								häßlich	
frisch								abgestanden	frisch								abgestanden	
feige								mutig	feige								mutig	
nahe								entfernt	nahe								entfernt	
veränderlich								stetig	veränderlich								stetig	
liberal								konservativ	liberal								konservativ	
seicht								tief	seicht								tief	
gut								schlecht	gut								schlecht	−1,0

m = +0,48
w = +0,67

Bild 16: Verortung mit Meßstrahlen

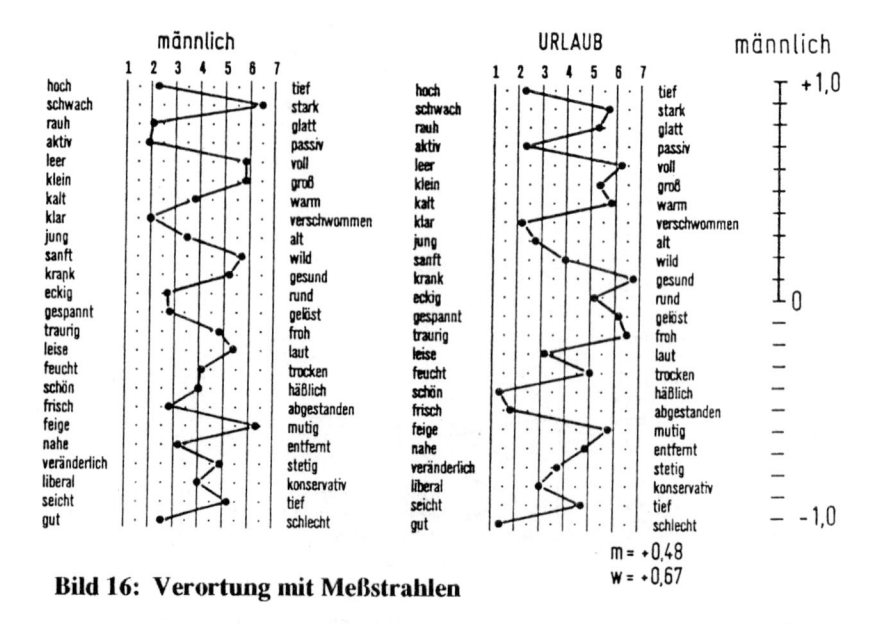

strahl "weiblich" um 90 Grad gegeneinander gedreht aufzeichnen, sich also im Null-Punkt kreuzen lassen (**Bild 17**). Wir erhalten auf diese Weise ein Koordinatenkreuz, in dem der Meßstrahl "männlich" die y-Achse, also die Ordinate, und der Meßstrahl "weiblich" die x-Achse, also die Abszisse darstellt. Dort, wo sich unsere Hilfslinien für ein bestimmtes Profil, also hier "Urlaub", kreuzen, liegt der Koordinatenpunkt "Urlaub" in unserem zweidimensionalen Meßfeld "Semantischer Raum".

Natürlich können wir uns auch noch eine dritte und sogar unendlich viele weitere Dimensionen denken, die die Lage des Punktes "Urlaub" noch genauer bestimmen bzw. eingrenzen würden. In der Praxis ist aber das zweidimensionale Meßfeld schon recht aussagefähig; die dritte oder gar weitere Dimensionen bringen nur noch tendenziell mehr Informationen, wie genaue mathematische Untersuchungen ergeben haben.

Um welche Information geht es überhaupt? Wie für das Profil "Urlaub" können wir für viele andere Begriffe und Vorstellungen solche Koordinatenpunkte im Semantischen Raum errechnen und aus ihrer Lage, aus Nähe und Ferne zu anderen Begriffen Schlüsse ziehen, ohne den direkten Profilvergleich anstellen zu müssen. Der "Semantische Raum" (**Bild 18**) stellt sich dabei als Kreis dar, denn er ist mathematisch vorgegeben als Kreisbogen begrenzt, weil

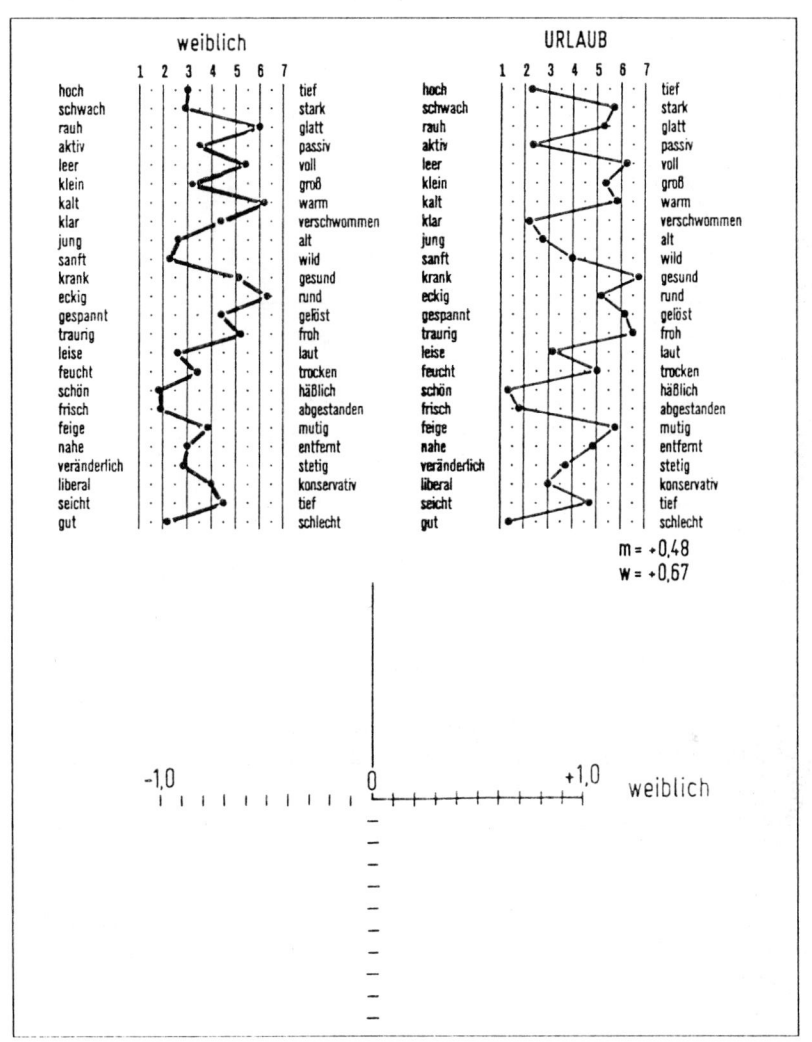

	weiblich								URLAUB							
	1	2	3	4	5	6	7		1	2	3	4	5	6	7	
hoch								tief	hoch							tief
schwach								stark	schwach							stark
rauh								glatt	rauh							glatt
aktiv								passiv	aktiv							passiv
leer								voll	leer							voll
klein								groß	klein							groß
kalt								warm	kalt							warm
klar								verschwommen	klar							verschwommen
jung								alt	jung							alt
sanft								wild	sanft							wild
krank								gesund	krank							gesund
eckig								rund	eckig							rund
gespannt								gelöst	gespannt							gelöst
traurig								froh	traurig							froh
leise								laut	leise							laut
feucht								trocken	feucht							trocken
schön								häßlich	schön							häßlich
frisch								abgestanden	frisch							abgestanden
feige								mutig	feige							mutig
nahe								entfernt	nahe							entfernt
veränderlich								stetig	veränderlich							stetig
liberal								konservativ	liberal							konservativ
seicht								tief	seicht							tief
gut								schlecht	gut							schlecht

m = +0,48
w = +0,67

−1,0   0   +1,0   weiblich

Bild 17: Koordinatenkreuz

logischerweise eine vollständige Übereinstimmung (oder Nichtübereinstimmung) mit zwei miteinander indifferenten Meßstrahlen unmöglich ist - genauso wie eine Größe nicht gleichzeitig mit zwei untereinander verschiedenen Größen übereinstimmen kann. "Urlaub" kann nicht gleichzeitig zu +1,0 mit dem Profil "männlich" und dem Profil "weiblich" korrelieren, nur so könnte der semantische Raum quadratische Form annehmen.

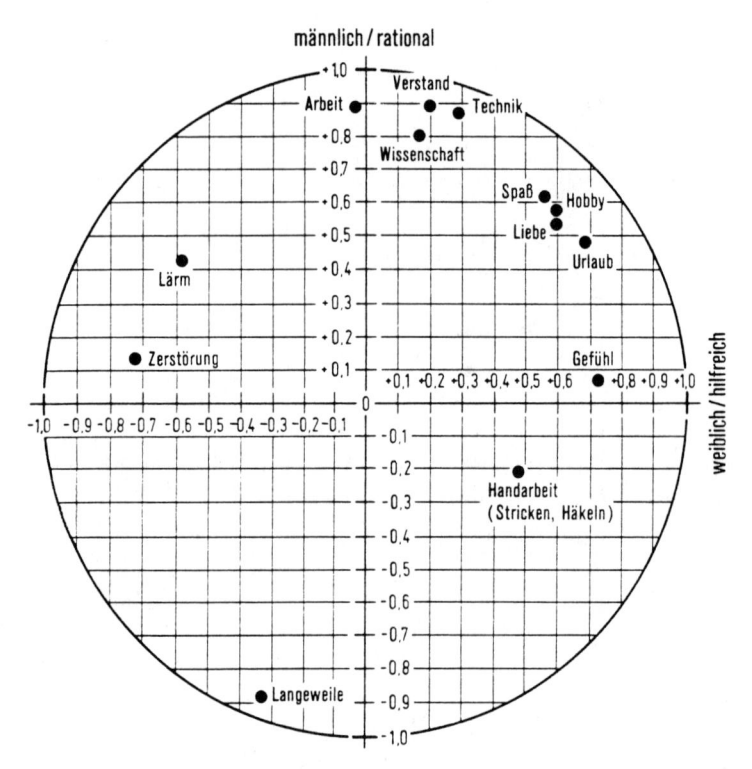

Bild 18: Der "Semantische Raum"

Eine dritte Dimension auf Grund eines weiteren Begriffsprofiles ist schon deswegen so schwer zu definieren, weil man ein Profil finden müßte, das nicht nur ebenfalls durch den Null-Punkt der Meßstrahlen von "männlich" und "weiblich" geht, sondern auch noch einen rechten Winkel zu beiden bildet.

Zweiter Weg: Mit Hilfe der Faktorenanalyse, einer Methode der mathematischen Statistik, hat man dadurch, daß man nach einem aufwendigen, aus vielen Einzelschritten und Umrechnungen bestehenden Verfahren viele Achsenpaare (Meßstrahlen) rotieren läßt, ein ideales Achsenpaar ermittelt, das zu allen anderen Achsen besonders günstig liegt und wie in eben beschriebener Weise "aufeinandersteht", also indifferent korreliert und als Koordinatenkreuz verwendbar ist. Die so gefundenen Koordinaten F2 und F1 sind "zufällig" (?) deckungsgleich mit den logisch gefundenen Koordinaten "männlich" und "weiblich". Mit der Faktorenanalyse können weitere Faktoren gefunden werden.

Wir wollen und müssen uns hier versagen, die sehr komplizierte und aufwendige mathematische Ableitung darzustellen. Den Interessierten verweisen wir auf die einschlägige Literatur.

Wir wollen jedoch wenigstens verbal Zielsetzung und Vorgehensweise der Faktorenanalyse beschreiben: Die Faktorenanalyse versucht auf rechnerischem Weg herauszufinden, ob Gemeinsamkeiten zwischen den in einer Untersuchung ermittelten Merkmalen bestehen. Werden große Gemeinsamkeiten festgestellt, ergeben sich also hohe Korrelationen zwischen den verschiedenen Merkmalen, liegt die Vermutung nahe, daß in den verglichenen Merkmalen entweder eine allen gemeinsame Einflußgröße, ein gemeinsamer Faktor wirksam ist oder zumindest ein gemeinsames, auf "Verwandtschaft" deutendes Kennzeichen vorhanden ist. Dieser so herausgelöste, eliminierte Faktor könnte wiederum stellvertretend für alle von ihm beeinflußten oder sie nur kennzeichnenden Merkmale als Maßstab oder Indikator benutzt werden.

Lloyd Warner hat bei seinen Untersuchungen von Schichten in der amerikanischen Gesellschaft die verschiedenen Bestimmungsgründe für eine Schichtzugehörigkeit untersucht: Beruf, Schulbildung, ethnische Zugehörigkeit usw. Dabei fand er ein Merkmal, einen Indikator, der die jeweilige Schichtzugehörigkeit schon allein kennzeichnete, ohne daß es noch notwendig war, aus der Summe und den Kombinationen der vielen verschiedenen Bestimmungsgründe auf Schichtzugehörigkeit zu schließen. Dieser aussagekräftige Indikator, der sich fast zu einer zwingenden, sozialer Kontrolle unterliegenden Norm entwickelt hat, ist, zumindest für die amerikanische Gesellschaft, die **Wohnung**, d. h. die Wohnlage und die Wohnausstattung. Die Reduzierung auf einen Faktor oder in unserem Fall des Semantiktests auf zwei Faktoren (männlich, weiblich) machen Untersuchungsergebnisse übersichtlicher, leichter darstellbar und leichter interpretierbar.

Auch bei den jüngsten Überlegungen der Anpassung von Studienrichtungen und Wissensanforderungen bestimmter Tätigkeitsbereiche, dem Versuch, Studienfächer-Bündelungen zu finden, die eine optimale Anforderungsbreite abdecken, werden kennzeichnende Gemeinsamkeiten verschiedener Studienrichtungen ermittelt (siehe Literaturverzeichnis: Hesselmann bzw. Rosenstock). Ein letztes Beispiel hierzu: Wenn Ihre Tochter heiraten will, reduzieren Sie vielleicht auch wie viele andere Väter (oder Mütter) die Grundlage der Einschätzung des zukünftigen Schwiegersohnes auf die Frage "Was macht er beruflich?" oder ebenso häufig in früheren Zeiten: "Was ist der Vater?"

Im Folgenden werden wir jedoch nicht mehr von den Koordinaten "männlich" oder "weiblich" sprechen, sondern wertneutraler von den Koordinaten F2 und

F1, sehr wohl wissend, daß in der Tat dennoch die Vorstellungen "männlich" und "weiblich" dahinterstehen.

Wegen der unterschiedlichen Ausprägungen der beiden Koordinaten ergeben sich je nach ihrem "Anteil" in verschiedenen "Mischungen" unterschiedliche Aspekte für die Lage im semantischen Raum. Wenn z. B. ein Profil mit der Koordinate F2 besonders stark positiv korreliert, mit der Koordinate F1 jedoch eher schwach negativ, bedeutet diese Mischung eine Vorstellung, die "strenger" ist als etwa eine Mischung der Korrelationswerte +0,50 (F2) und +0,60 (F1), wie dies für das Profil "Urlaub" gilt.

In der nachfolgenden Darstellung haben wir einmal versucht, die Ausprägungen der verschiedenen Richtungen zu definieren, um auf diese Weise unabhängig von konkreten Vorstellungen für bestimmte Begriffsprofile die Lage im semantischen Raum beschreiben zu können (**Bild 19**).

Sie erinnern sich an unseren Vorbehalt, daß wir mit dem Polaritätenprofil subjektive Vorstellungen erfassen. Damit ist eigentlich dem Vorgesetzten wenig geholfen, wenn er z.B. mit dem semantischen Differential Mitarbeiter beurteilt. Er macht sich damit bestenfalls klar, welche Vorstellungen ihn zu einem

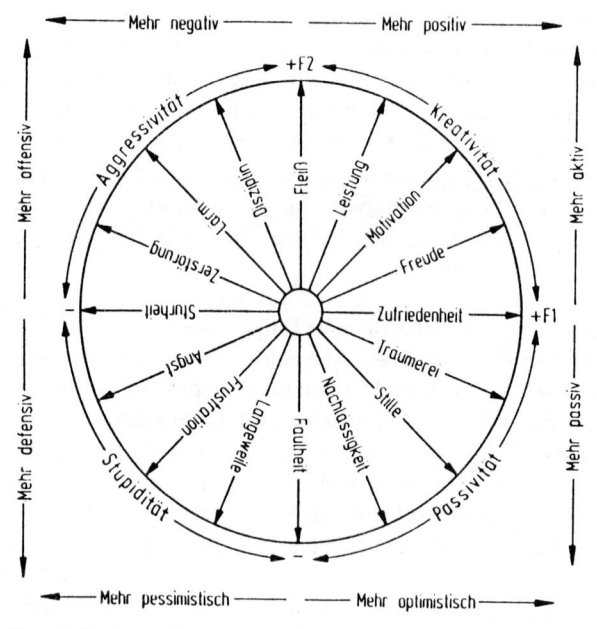

Bild 19: Vereinfachtes Schema des "Semantischen Raums"

bestimmten Urteil geführt haben, was allerdings auch schon etwas wäre, wenn die Überlegung folgen würde, warum habe ich eigentlich so und nicht anders gedacht. Unsere Fragestellung geht aber weiter: Wie kann ich das subjektive Urteil objektivieren. Hier greifen wir erneut einem späteren Kapitel vor, in dem wir die Überlegenheit von Gruppen gegenüber dem einzelnen bei Aufgaben des Suchens und Findens darstellen.

Sie haben es sicher längst bemerkt, dieses Buch will nicht nur das komplexe System der Mitarbeiterbeurteilung und Mitarbeiterführung Schritt für Schritt abarbeiten, sondern auch dort, wo es geboten scheint, die Verflechtungen deutlich machen. Dies wollen wir dadurch erreichen, daß wir immer wieder vor- und zurückgreifen und auf Ausführungen an anderer Stelle verweisen. Das zum Methodischen, zur Didaktik dieses Buches, das nicht den Anspruch gehobener Wissenschaftlichkeit, wohl aber den Anspruch praktischer Verwendbarkeit erhebt.

Wenn Sie in der soeben beschriebenen Weise unter Benutzung des semantischen Differentials einen Begriff, einen Menschen oder einen Vorgang gleichzeitig von mehreren Personen beurteilen lassen, können sich, abhängig von dem erzielten Ergebnis folgende Schlußfolgerungen ergeben:

1. Das Profil ist ausgeprägt. Die Punkte im Semantischen Raum liegen nahe beieinander. Der Durchschnitt tendiert gegen den Rand: Es liegen in der befragten Gruppe einheitliche Vorstellungen vor. Das Urteil ist nicht nur zufällig das Ergebnis subjektiver Vorstellungen eines einzelnen.
2. Das Profil ist wenig ausgeprägt. Die Punkte im semantischen Raum liegen weit gestreut. Der Durchschnitt tendiert gegen die Mitte: Die befragten Personen haben unterschiedliche Meinungen. Das Urteil ist uneinheitlich oder unsicher.
3. Das Profil ist wenig ausgeprägt. Die Punkte im semantischen Raum konzentrieren sich auf zwei oder mehrere Bereiche. Der Durchschnitt liegt zwischen diesen Gruppierungen. Hinter dem Urteil der befragten Personen stehen unterschiedliche Meinungen von Untergruppen, die sich im Durchschnitt ausgleichen.

Die Fälle 1 und 3 lassen durchaus wichtige und plausible Schlüsse zu, die sich aus der Nähe von Punkten häufig getesteter Standardprofile wie z. B. Disziplin, Arbeit, Verstand, Spaß, Motivation, Gefühl, Faulheit, Langeweile, Mißerfolg und Angst ergeben. Im Fall 2 ist lediglich die Aussage möglich, daß ein sicheres Urteil nicht abzugeben ist.

In allen drei Fällen haben wir das Urteil von zufälligen subjektiven Vorstellungen eines einzelnen gelöst und damit zumindest im Bereich einer Personengruppe "objektiviert". Je größer die Zahl der befragten Personen, um so kleiner wird übrigens der mögliche Zufallsbereich des Punktes im Semantischen Raum, anders ausgedrückt: Wenn Sie 100 oder gar 1000 Personen gleicher "Art" befragen, liegt der Durchschnitt innerhalb des Zufallsbereichs von 10 bzw. 100 Personen, weil sich die Treffsicherheit der größeren Zahl in einem kleineren Streubereich ausdrückt. Das Ergebnis wird immer "genauer".

Das erklärt sich ganz einfach dadurch, daß zufällige "Fehler" und "Ausrutscher" des einzelnen streuen, die "richtigen" Angaben jedoch kumulieren. Auf diese Weise verstärkt sich der gefühlsmäßige Eindruck des einzelnen zu einem der Realität nahekommenden "richtigen Wert".

Wir werden, wie gesagt, an anderer Stelle auf diesen Effekt der Gruppenarbeit noch ausführlicher zu sprechen kommen. Hier nur noch soviel zur Erklärung: Der größeren Treffsicherheit der Gruppe liegt die einfache Erklärung zugrunde, daß viele Augen mehr sehen als nur zwei und extreme Abweichungen neutralisiert werden, so wie auch z. B. beim Kunstturnen, Eislaufen und Skispringen die Punktrichter ein gerechteres Gemeinschaftsurteil abgeben, bei dem sogar bewußt die extremen Abweichungen unterdrückt werden, um vorsätzliche oder unbewußte Überzeichnungen auszuschalten. (Tatsächlich kann die langjährige Erfahrung in der Beurteilung von Menschen bei einzelnen Vorgesetzten den Vorteil der "Objektivität" des Gruppenurteils ausgleichen. Dennoch: seine Treffsicherheit ist eben nur bedingt zu erwarten und keineswegs immer gegeben und vorauszusagen.)

Wann kann der Semantiktest eingesetzt werden, wo eignet er sich zum Einsatz im Betrieb? Der Autor hat in seinem eigenen beruflichen Umfeld eine Fülle praktischer Anwendungen erprobt, die inzwischen im betrieblichen Alltag zu allgemein anerkannter Routine geworden sind.

1. Beispiel:

Die Teilnehmer von Weiterbildungsveranstaltungen der Eisen- und Stahlindustrie wurden über Jahre hinweg immer wieder aufgefordert, einzelne Referenten, Seminarteile und ganze Seminare nicht nur konventionell mit Hilfe eines standardisierten Frageschemas zu beurteilen, sondern auch das Semantische Differential auszufüllen: "So sehe ich Professor X", "So war der Seminarteil Y", "So war das Seminar bisher".

Ganz davon abgesehen, daß Abweichungen zu der konventionellen Beurteilung nicht auftraten, hatte der Semantiktest den Vorteil der schnelleren Auswertbarkeit. Auf diese Weise konnte und kann die Auswertung als Meinungsbild bereits in die Schlußdiskussion (z.B. beim dreiwöchigen Aufbaustudium für Führungskräfte) eingebracht werden und ermöglicht hier und später einen wichtigen Vergleich mit den Testergebnissen der voraufgegangenen Veranstaltungen bzw. zwischen den unterschiedlichen Teilnehmergruppen (Ingenieure und Kaufleute) und neuerdings auch den Erwartungen zu Beginn.

Die folgenden Bilder zeigen untereinander die Beurteilungen durch Ingenieure (**Bild 20**), Kaufleute (**Bild 21**) und durch beide Gruppen gemeinsam (**Bild 22**), jeweils untereinander in Form des Polaritätenprofils und des Semantischen Raums.

Danach folgen dann in gleicher Reihenfolge die Semantikauswertungen eines anderen (späteren) Aufbaustudiums (**Bilder 23, 24, 25**). Auffällig ist, daß die Lage des Durchschnittswertes kaum wandert (sie liegt bei Vorstellungen wie Liberalismus, Leistung, Motivation, erfolgreiche Arbeitsgruppe), daß aber bei der späteren Veranstaltung die Profile noch ausgeprägter und die Streuung im semantischen Raum geringer ist, was auf eine noch bessere Ausrichtung des Aufbaustudiums auf Bedarf und Erwartungen der Teilnehmer zurückgeführt

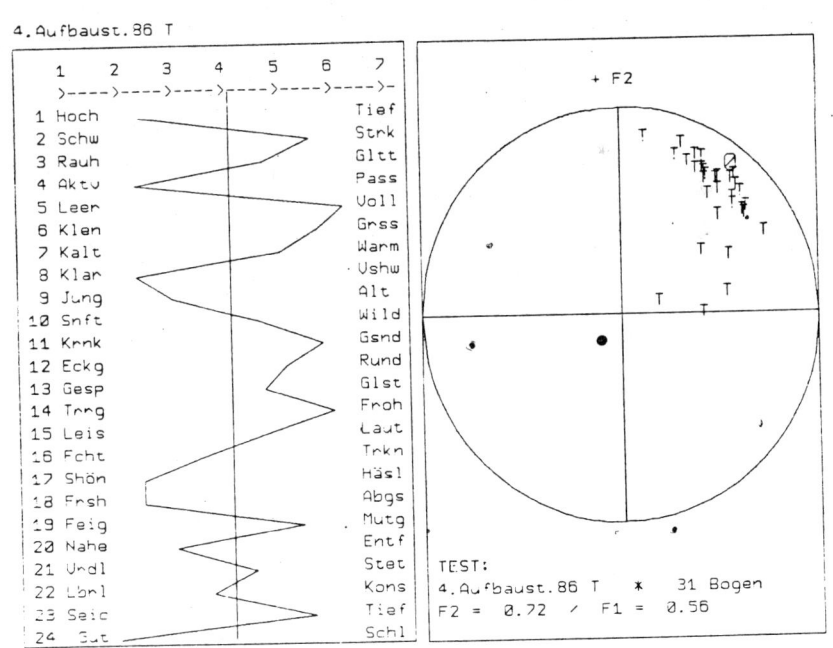

Bild 20: Profil und Lage im Raum - Beurteilung durch Ingenieure

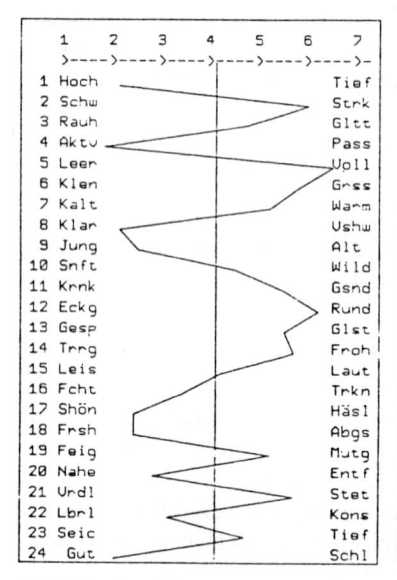

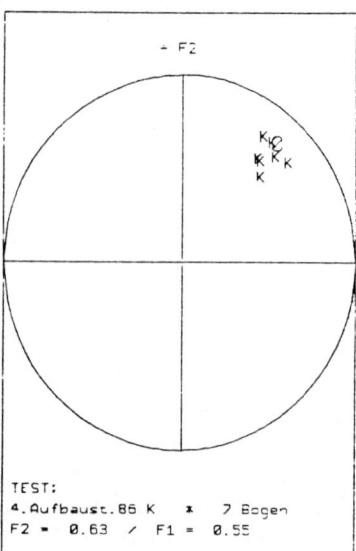

Bild 21: Profil und Lage im Raum - Beurteilung durch Nichtingenieure

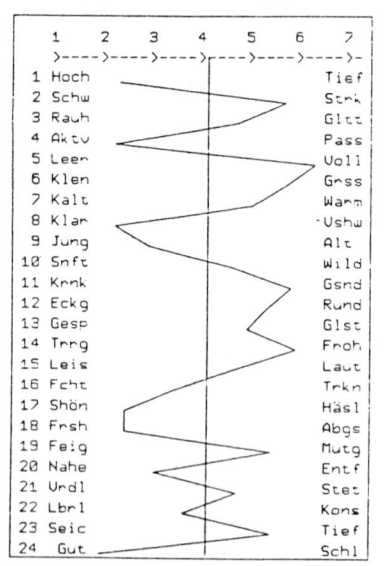

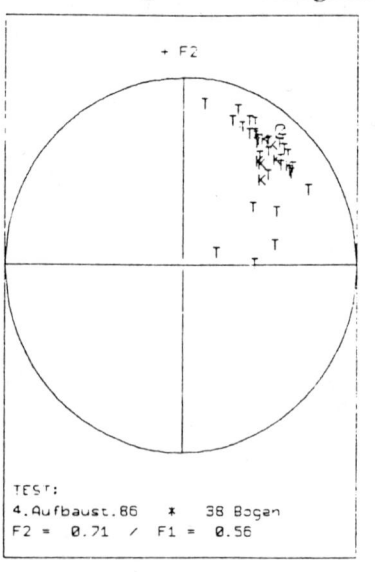

Bild 22: Profil und Lage im Raum - Beurteilung durch beide Teilnehmergruppen

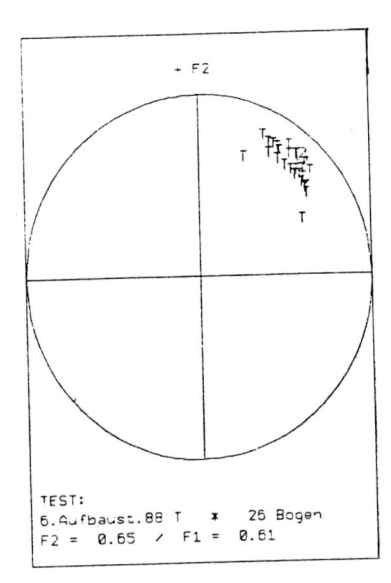

Bild 23:
Beurteilung zwei Jahre später -
Ingenieure

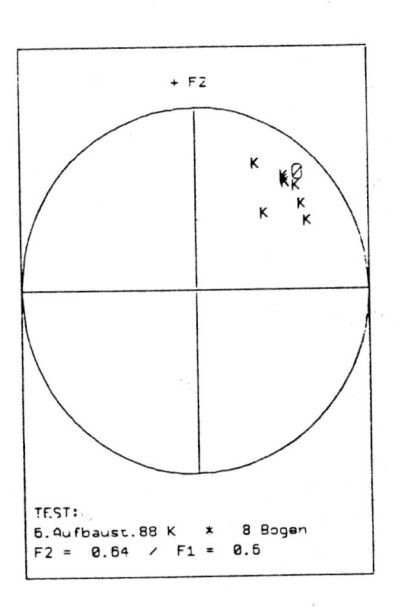

Bild 24:
Beurteilung zwei Jahre später -
Nichtingenieure

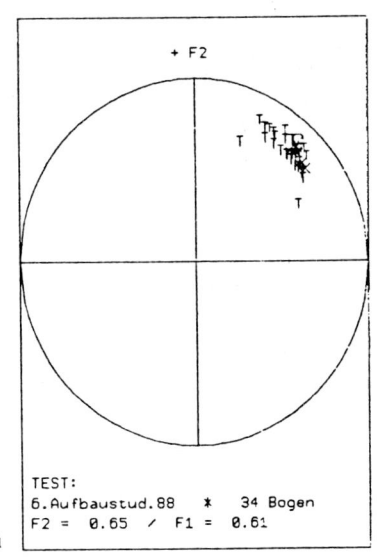

Bild 25:
Beurteilung zwei Jahre später -
beide Teilnehmergruppen

wird. Diese Interpretation wurde durch die Schlußdiskussion und die Auswertung des konventionellen Fragebogens erhärtet.

Die Seminarauswertung mit dem Semantiktest läßt, abgesehen von dem dadurch schnell zu erreichenden Gesamturteil, erkennen, ob Thematik und Darstellung einheitlich positiv/negativ aufgenommen oder von verschiedenen Teilnehmergruppen unterschiedlich beurteilt werden. Sie läßt erkennen, warum einzelne Teilnehmer vom Gesamtbild abweichen oder warum alle Teilnehmer sehr stark in ihrer Meinung streuen. Schließlich hilft sie, das Urteil zu interpretieren (zu anstrengend, sehr wissenschaftlich, gewinn- und erfolgreich, wichtig, die Arbeit in Gruppen fördernd, motivierend, gutes Seminarklima, nicht ernsthaft genug, wenig interessant, langweilig, schlecht organisiert, stur, unangenehm ...).

Diese Interpretation zusammen mit der konventionellen Auswertung hilft, bei Wiederholungen Themenauswahl, Seminarablauf und Referenteneinsatz zu verbessern. Ein erneuter Semantiktest läßt feststellen, ob und in welchem Umfang dies dann auch wirklich gelungen ist.

2. Beispiel:

Bewerber für eine bestimmte Stelle können, von mehreren Gutachtern getestet, sehr sicher eingeordnet werden: leistungsfähig und zielsicher, fröhlicher Kollege, "unsicherer Kantonist" usw. Große Übereinstimmung der einzelnen Gutachter deckt sich zumeist mit dem genauen Studium der Papierform, starke Streuung läßt auf Unsicherheit in der Beurteilung des Bewerbers schließen und erneute Beschäftigung mit ihm oder Ablehnung angezeigt sein.

Die Hofstätterschen Einordnungen in "Ekelhafter Könner", "Sympathischer Taugenichts" und "Guter Vorgesetzter" sind zwar extreme Typisierungen, aber die dadurch angedeutete Richtung möglicher Einschätzung spiegelt sich auch im Semantischen Raum wieder. Wir kommen auf die Hofstättersche Einordnung bei der Besprechung des personen- und leistungsbezogenen Führungsstils noch zurück.

Natürlich ersetzt der Semantiktest nicht die konventionelle Personenbeurteilung, aber er kann sie wirkungsvoll unterstützen.

3. Beispiel:

Die Bewerber für ein Studienstipendium werden seit Jahren nicht nur in einem Bewerbergespräch von zwei Gutachtern unter Berücksichtigung aller für die Einordnung nach Leistung, Würdigkeit und Bedürftigkeit wichtigen Daten und Fakten auf "Herz und Nieren" geprüft, sondern zum Schluß in einer Form Gesamturteil auch semantisch getestet: So sehe ich Bewerber X. Dabei wird die Einschätzung nach Leistung (hat was geleistet oder wird etwas leisten), Würdigkeit (möchten wir später als Kollegen haben oder nicht haben) und Bedürftigkeit (armer Kerl) unmittelbar erkennbar, häufig in der extremen Übereinstimmung der beiden Gutachter.

Der Vorteil: Während früher in der anschließenden Entscheidungssitzung mit allen Gutachtern die Beurteilungen der verschiedenen Bewerber durch die Gutachterteams häufig sehr zeitraubend geschildert werden mußten, ohne wirklich einen Vergleich zu anderen Bewerbern ziehen zu können, ermöglicht die Auswertung des Semantiktestes eine Darstellung der Beurteilung gleichsam durch eine Momentaufnahme, die für alle auf einen Blick verständlich und mit den Bildern der eigenen Kandidaten vergleichbar ist.

Eine eingehende Erörterung ist in zwei Fällen dennoch erforderlich: 1. Wenn konventionelle Beurteilung und Semantiktest nicht übereinstimmen, was selten und eigentlich unwahrscheinlich ist, und 2. wenn die semantischen Beurteilungen der beiden Gutachter voneinander abweichen, was ebenfalls selten vorkommt. Vorteile des Vorgehens mit dem Semantiktest: Größere Sicherheit bei der Entscheidung und Zeitgewinn durch Vermeidung langwieriger Einzeldarstellungen.

Im Folgenden zeigen wir in einem Semantikbild die Einordnung der Stipendienbewerber im Semantischen Raum (**Bild 26**), wie sie auch den Gutachtern

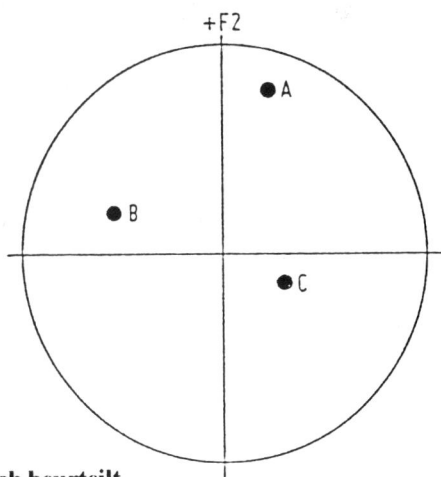

Bild 26:
Stipendienbewerber - semantisch beurteilt

des Stipendienausschusses als Entscheidungshilfe vorgelegt worden ist. Sie können sicher auf Anhieb angeben, wer gefördert wird, wer nicht und wer zurückgestellt wurde. Die abgedruckten Richtlinien (**Anhang 1**) sind das Ergebnis von Erfahrungen mit unserem Testverfahren bei Bewerberbeurteilungen. Daß heute alle Gutachter auf den Semantiktest nicht verzichten wollen, zeigt, wie sehr sich das Verfahren bewährt hat. Aber auch hier gilt: Der Semantiktest ersetzt nicht die konventionelle Begutachtung; er unterstützt sie aber, indem er sie "durchschaubar" macht.

4. Beispiel:

Selbstverständlich sind auch Sachbeurteilungen durch den Semantiktest möglich und nützlich. Die Gestaltung einer Werbeschrift oder die Namensgebung für eine Informationsbroschüre wird dadurch erleichtert, daß die semantische Beurteilung von Alternativen zu optimalen Entscheidungen führt (**Bild 27**).

5. Beispiel:

Bei einer Berufsinformationsveranstaltung "Diplom-Ingenieur des Hüttenwesens" im Berufsinformationszentrum Duisburg wurden am Schluß der Veranstaltung die Teilnehmer aufgefordert, mit Hilfe des Semantik-Schemas anzugeben, wie sie jetzt den Beruf des Ingenieurs des Hüttenwesens sahen. Das ausgeprägte Profil zeigt die erzielte einheitliche Meinung, die Lage im semantischen Raum das positive Echo. Auf einen Eingangstest wurde hier verzichtet. Entsprechende Versuche an Berliner Oberschulen zeigten aber bereits, daß tatsächlich Bewußtseinsänderungen möglich sind, also Vorstellungen erzeugt oder verändert werden können (**Bilder 28, 29**).

Noch einmal zu der generellen Anwendung des Semantiktests. Hauptfeld ist die Markt- und Meinungsforschung: Gestaltung von Werbung, Formulierung von Werbeparolen, Wirkung der Werbung. Gerade hier zeigt sich, daß zielgerechte Werbung um so eher möglich und erfolgreich ist, wenn man weiß, wie Vorstellungen am besten erzeugt werden, wobei auch die Farbe eine wichtige Rolle spielt. Hierzu ein paar von uns getestete Werbeanzeigen aus Stern, Spiegel und Bella - jeweils mit Angabe der semantisch ermittelten, von diesen Anzeigen erzeugten Vorstellungen (**Bilder 30 - 42**).

In dem anderen Anwendungsgebiet, der Psychiatrie, geht man gleichsam umgekehrt vor. Hier werden laufend die Vorstellungen der Patienten mit dem semantischen Differential ermittelt, um festzustellen, ob der auf Grund der psychiatrischen Behandlung erwartete Prozeß der Gesundung tatsächlich auch in Gang kommt und die (im semantischen Raum) "verrückten" Vorstellungen

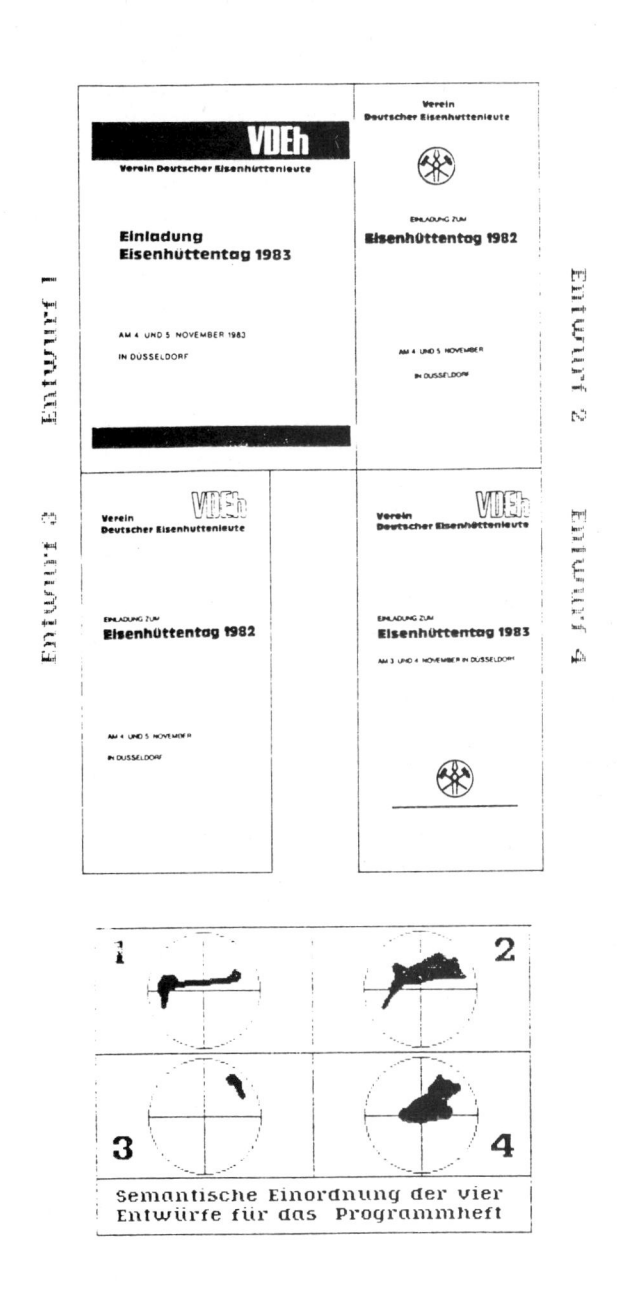

Bild 27: Programmheft - semantisch beurteilt und ausgewählt

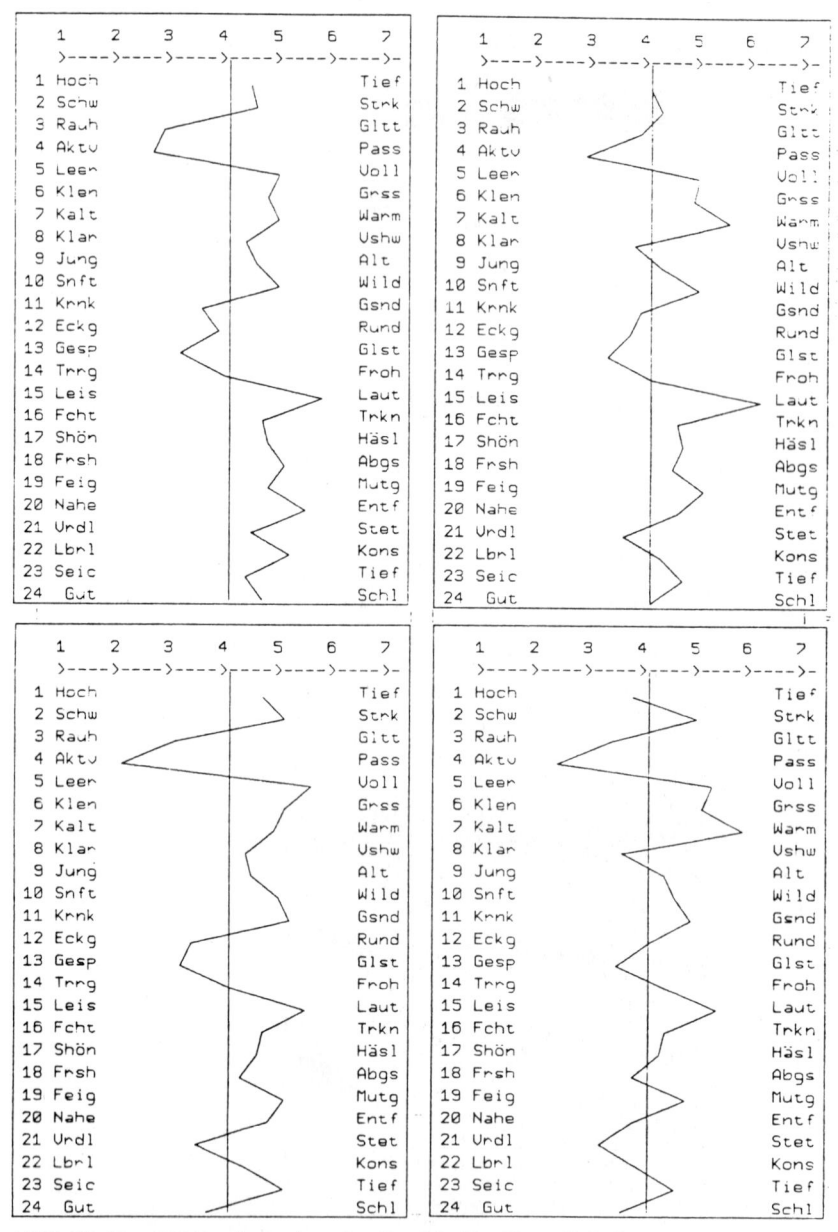

Bild 28: Der Hütteningenieur im Profil - Berliner Schüler beurteilen vor (links) und nach (rechts) einem Informationsvortrag

82

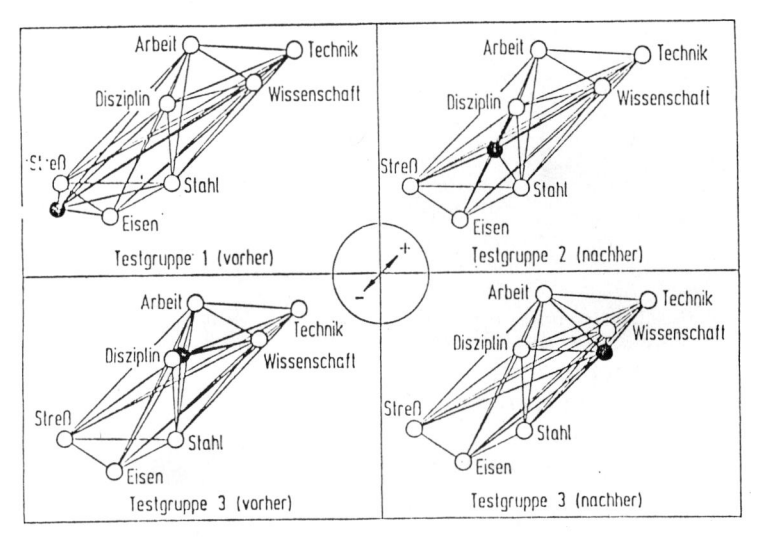

Bild 29: Einstellungswanderungen im semantischen Kontext

Bild 30: Vorstellung = Männlichkeit

83

Bild 31: Vorstellung = Fortschritt

Bild 32: Vorstellung = Persönlichkeit, Kameradschaft, Männer

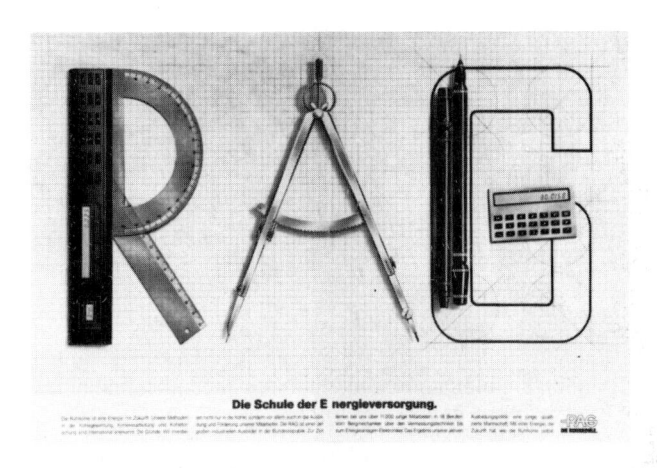

Bild 33: Vorstellung = Wissenschaft

Bild 34: Vorstellung = Erfolg

Bild 35: Vorstellung = Ansehen, Exklusivität

Bild 36: Vorstellung = Spaß

Bild 37: Vorstellung = Du darfst: Gesundheit

Bild 38: Vorstellung = Freundlichkeit, Urlaub

Bild 39: Vorstellung = Geborgenheit, Zufriedenheit

Bild 40: Vorstellung = Freundlichkeit, Geborgenheit

Bild 41: Vorstellung = Gefühl

Bild 42:
Vorstellung = Weiblichkeit

(z.B. Mutter = Zerstörung) an die "richtige" (Mutter = Gefühl und Geborgenheit), in unserem Sinne normale Stelle wandern[4)].

Damit sind wir bei unserem nächsten, relativ kurz abzuhandelnden Kapitel.

1.4 Gilt die Kette "Vorstellungen führen zu Handlungen" auch umgekehrt?

Also kann man den Weg Vorstellungen - Einstellungen - Urteile - Entscheidungen - Handlungen zurückverfolgen? Warum heiratete A Frau B, warum wurde C eingestellt und nicht D? Warum verhält sich E so und F so? Auch hier soll uns ein praktisches Beispiel einen leichteren Eingang verschaffen:

In einer wissenschaftlichen Untersuchung über die Anwendbarkeit des Semantiktestes wurde eine Produktforschung durchgeführt. Ein Industriefußbodenbelag wird aus firmeninternen Gründen in zwei verschiedenen Bereichen jeweils unter einem anderen Namen vertrieben, und zwar mit unterschiedlichem Erfolg. Mit Hilfe des semantischen Differentials wurde u.a. getestet, ob die beiden Produktnamen unterschiedliche Assoziationen, also unterschiedliche Vorstellungen hervorriefen, die die Kaufentscheidung beeinflussen konnten. Tatsächlich wurde dasselbe Produkt abhängig vom gewählten Namen anders gesehen.

In der Eisen- und Stahlindustrie wurde vor Jahren ebenfalls eine große Imagestudie durchgeführt. Dabei hat sich herausgestellt, daß die Töchter eines Konzerns positiver gesehen wurden als die Muttergesellschaft. Eine der Konsequenzen: Das Firmenzeichen eines Tochterunternehmens trat an die Stelle des bisherigen Konzernemblems.

In einer großen Untersuchung des VDEh bei seinen persönlichen Mitgliedern über den qualitativen und quantitativen Bedarf an Ingenieuren in den 90er Jahren wurde die Chefebene aufgefordert, die zukünftige Entwicklung des eigenen Arbeitsbereichs semantisch zu testen (**Bild 43**). Das Ergebnis: Eine beträchtliche Zahl der Führungskräfte ist negativ motiviert, eine Einstellung, die, wie Untersuchungen von Arbeitsgruppen in Österreich mit demselben Verfahren gezeigt haben, wie ein Bazillus wirkt und leistungsmindernd ist (**Bild 44**).

[4)] Eine tragische persönliche Erfahrung. Vor Jahren fiel mir bei einem Studenten auf, daß er das Semantische Differential extrem anders als seine Kommilitonen, also sehr eigenwillig ausfüllte, obgleich er sonst einen durchaus intelligenten Eindruck machte und die Vorgehensweise offensichtlich verstanden hatte. Später hörte ich, er sei in eine Heilanstalt eingewiesen worden. Seine Krankheit hatte sich beim Test schon angedeutet

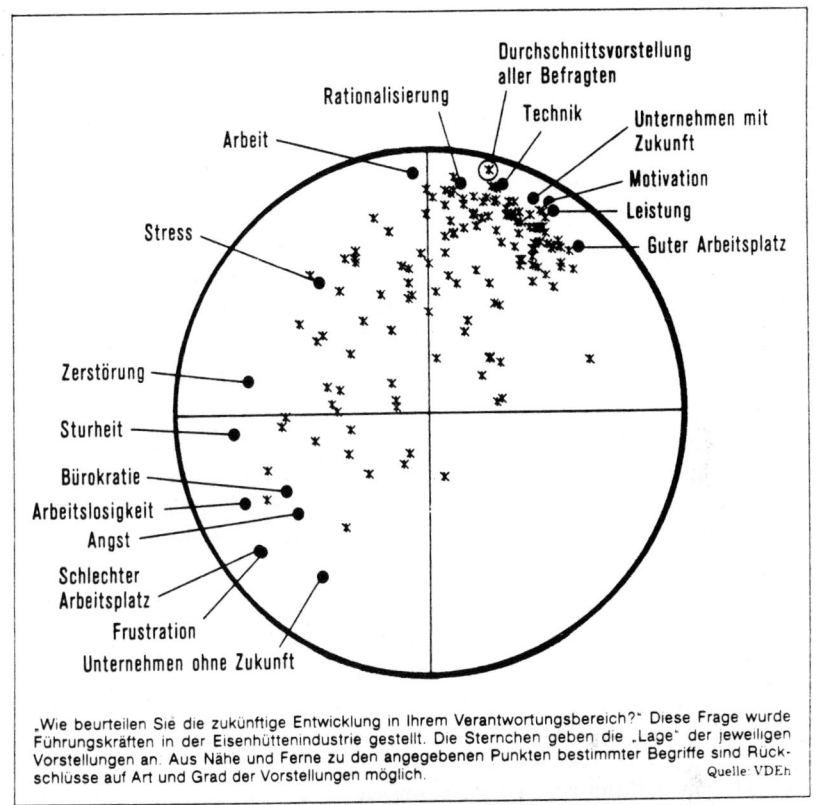

Bild 43: Zukünftige Entwicklung der Arbeitsbereiche (Chefebene)

Schließlich zeigt dieselbe Untersuchung, daß die Zugehörigkeit zu einer von drei unterschiedlich erfolgreichen Vorgesetztengruppen auch die Vorstellungen über den Beruf prägt: Erfolg, Selbstverwirklichung und Ansehen im privaten Bereich (**Bilder 45, 46**).

Neue Untersuchungen über eine für die Berufsinformation wichtige bessere Formulierung der Berufsbezeichnung des Hütteningenieurs wurden semantisch begleitet. Der sich bei einer "Abstimmung" beim Eisenhüttentag 1988 eindeutig durchsetzende Name "Ingenieur für Stahltechnologie" (2/3 der Voten) erzeugt danach die positivsten Vorstellungen, nämlich "Erfolg" und "Idealberuf".

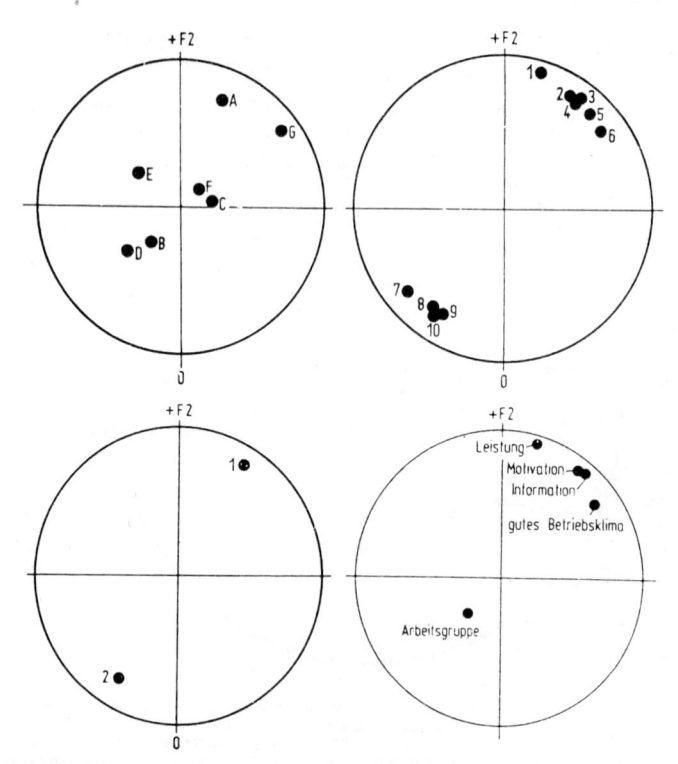

Bild 44: Einstellung von Arbeitsgruppen

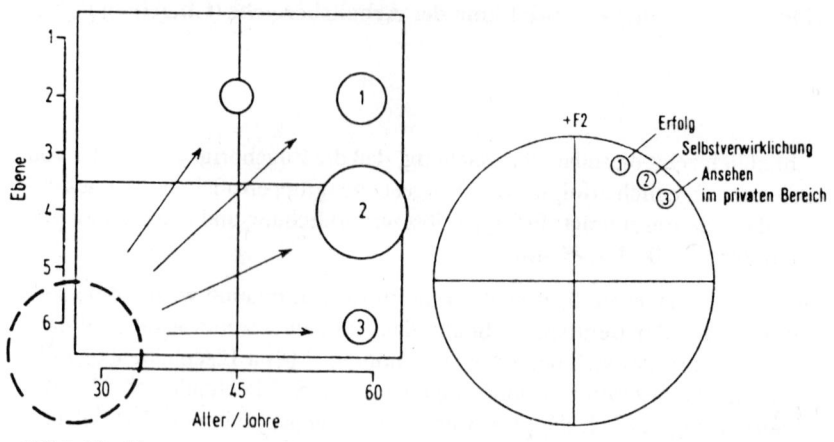

Bild 45: Vorgesetztengruppen

Bild 46: Einstellung zum Beruf

Dies mag genügen. Machen Sie einmal einen eigenen Versuch. Lassen Sie mit dem beigefügten Schema (**Anhang 2**) eine Gruppe von Personen (z. B. Mitarbeitern) eine bestimmte Person, einen Arbeitsplatz oder ein Produkt beurteilen. Achten Sie dabei darauf, daß die Anonymität gewahrt wird. Anschließend berechnen Sie aus den vorliegenden Einzelwerten den Mittelwert für das Durchschnittsprofil.

Die Zahlenwerte dieses Durchschnittsprofils vergleichen Sie mit Hilfe der Korrelationsrechnung (s. d.) mit den Zahlenreihen Profil F1 (**Bild 47**) und Profil F2 (**Bild 48**). Sie erhalten damit den Koordinatenpunkt im Semantischen Raum.

Nähe und Ferne zu hier eingetragenen Begriffen geben Ihnen den Hinweis auf die Vorstellungen, die mit der untersuchten Person oder dem untersuchten Gegenstand verbunden werden. Diese Vorstellungen geben Ihnen wiederum Hinweise auf das Verhalten zu dieser Person oder Sache.

Die Aussagefähigkeit ist abhängig von der Zahl der Testpersonen. Eine Daumenrechnung hilft schon: Nehmen wir an, Sie haben 12 Personen befragt, dann liegt der Zufallsbereich im Radius von $1/12 = 0{,}083$. Das bedeutet 8 Zählein-

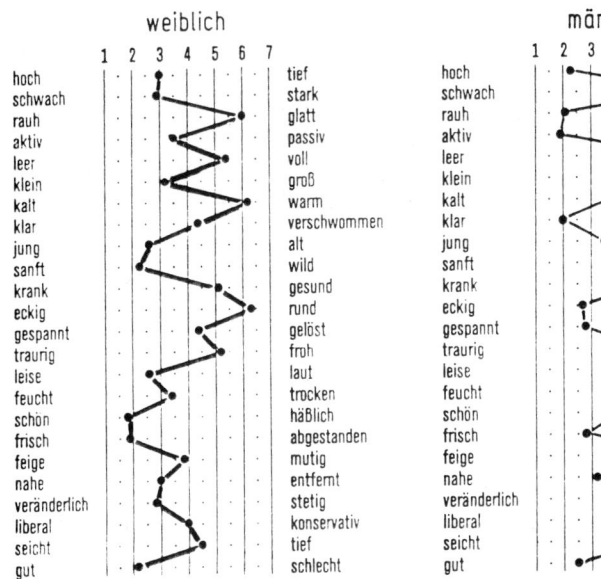

Bild 47: Profil F1 = weiblich

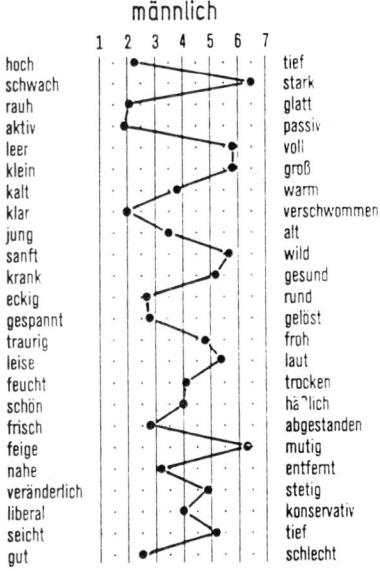

Bild 48: Profil F2 = männlich

heiten, wenn vom Koordinatennullpunkt entsprechend der Korrelationsskala von +1,0 bis -1,0 auf der Ordinate und Abszisse jeweils 200 Zähleinheiten abgetragen sind. Nehmen wir an, Sie erhalten den Wert +0,60 (F2) und +0,50 (F1), dann reicht der Zufallsbereich mit dem Radius 0,08 aufgerundet von +0,52 bis +0,68 (F2) und von +0,42 bis +0,58 (F1). Alle in diesem Zufallsbereich (Streubereich) liegenden Werte (Vorstellungen) können und müssen bei der Interpretation herangezogen werden. Wenn Sie mehr als 12 Personen einer gleichen Gruppe befragen, wird mit hoher Sicherheit der dann errechnete Koordinatenpunkt innerhalb dieses Zufallsbereichs liegen.

Wir verlassen den Semantiktest nicht, ohne darauf hinzuweisen, daß er für jede Art von Beurteilungen ein zuverlässiges und faszinierendes Hilfsmittel ist - aber eben nur ein Hilfsmittel. Man sollte in allen Fällen nicht auf konventionelle Beurteilungen verzichten. Nur der Vergleich Semantiktest und konventionelle Beurteilung gibt die notwendige Sicherheit, um die im jeweiligen Bereich erforderlichen Schlüsse zu ziehen.

2. Vorgesetzter und Mitarbeiter

Das neue Kapitel ist vor dem Hintergrund der Ausführungen über die Vorgesetzten-Aufgaben Urteilen und Entscheiden zu sehen und setzt voraus, daß das innerbetriebliche Verhältnis von Vorgesetzten und Mitarbeitern im wesentlichen sowohl von der Arbeitsaufgabe, der betreffenden Führungssituation (s. d.) und eben auch von motivierenden, demotivierenden oder wertneutralen gegenseitigen Vorstellungen und den Vorstellungen über Betrieb, Arbeitsaufgabe usw. bestimmt wird.

2.1 Das Führungsverhalten

Wie wir das nun schon gewohnt sind, beginnen wir mit einem praktischen Beispiel, dem wir kurz die

Theorie vorausschicken: Das Führungsverhalten kann leistungsbezogen und personenbezogen sein. Untersuchungen haben gezeigt, daß die Produktivität von Arbeitsgruppen in der Mehrzahl der Fälle bei personenbezogenem Führen größer und bei leistungsbezogenem Führen geringer ist (**Bild 49**). Mit zunehmendem Leistungsdruck nehmen die Beschwerden zu, bei starker personenbezogener Führung nimmt die Fluktuation ab. Die Kriterien des personen- oder leistungsbezogenen Führens sind vielfältig und von einer ganzen Reihe von Verhaltensnormen abhängig. Dies soll zunächst das Beispiel aus der

Die Einstellung des unmittelbaren Vorgesetzten beeinflußt die Produktivität und den inneren Zusammenhalt von Arbeitsgruppen

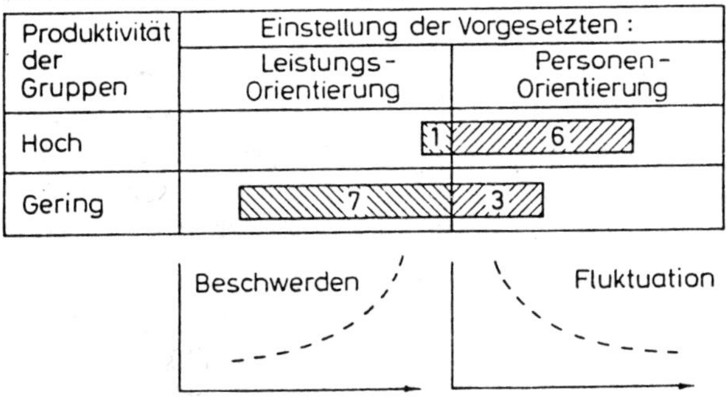

Produktivität der Gruppen	Einstellung der Vorgesetzten:	
	Leistungs-Orientierung	Personen-Orientierung
Hoch	1	6
Gering	7	3

Beschwerden / \ Fluktuation

nach R. Likert, 1961

Bild 49: Produktivität und Fluktuation abhängig vom Führungsstil
(Entnommen aus Hofstätter und Tack, Mensch im Betrieb)

Praxis zeigen: Nachstehend drucken wir einen Katalog von Fragen ab, die der schon wiederholt zitierte Professor der Sozialpsychologie Peter R. Hofstätter entwickelt und Führungskräften an die Hand gegeben hat, damit sie sich einmal aus der "Außensicht" beurteilen. Selbstverständlich können Sie diesen Fragebogen auch an Mitarbeiter geben, um sich realistisch als Vorgesetzter beurteilen zu lassen. Letzteres ist jedoch nur dann zu empfehlen, wenn sich eine genügend große Zahl von Personen beteiligt und dadurch die Anonymität hundertprozentig sichergestellt ist, weil sonst kaum eine ehrliche Meinung zu erwarten ist oder umgekehrt Sie eine ehrliche Meinung "übel" nehmen könnten, je nachdem wie nachtragend Sie sind.

Hier zunächst die Aufgabenstellung:

Jeder von uns hat seine Eigenheiten im Umgang mit anderen Menschen und namentlich am Arbeitsplatz, wenn er es mit seinen Untergebenen, Mitarbeitern und Vorgesetzten zu tun hat. Haben Sie schon einmal versucht, sich selbst dabei zu beobachten? Wahrscheinlich schon, aber es schadet auch nichts, wenn Sie es jetzt erstmalig tun. Behandeln Sie bitte die nachstehenden Verhaltensschilderungen so, als ob Sie ein objektiver Beurteiler wären, der jemandem zusieht. Dieser Jemand, dem zugesehen wird, sind allerdings auch wieder Sie selbst. Das erschwert die Sache natürlich etwas, aber es wird schon gehen.

Bei den einzelnen Verhaltensweisen machen Sie bitte einen Kreis um eine der Zahlen von 1 — 6. Sie bezeichnen damit die Häufigkeit, mit der die von Ihnen beobachtete Person die einzelnen Verhaltensweisen zeigt:

Immer — oft — mehrmals — hin und wieder — ziemlich selten — nie

—6—— 5 ——— 4 ————— 3 ————— 2 ————1—

Nun zu den Fragen:

                          immer   nie

1. Er verlangt von seinen Mitarbeitern, sich den Zielen der ganzen Abteilung unterzuordnen   6--5--4--3--2--1

2. Er besteht darauf, daß alles so gemacht wird, wie er es sich vorstellt   6--5--4--3--2--1

3. Er spricht seine Anerkennung aus, wenn einer von seinen Mitarbeitern gute Arbeit leistet   6--5--4--3--2--1

4. Er probiert seine neuen Ideen aus   6--5--4--3--2--1

5. Er tadelt mangelhafte Arbeit   6--5--4--3--2--1

6. Er tritt für seine Mitarbeiter ein, auch wenn er deswegen bei anderen schief angesehen wird   6--5--4--3--2--1

7. Er ist leicht zu verstehen in dem, was er sagt   6--5--4--3--2--1

8. Er sorgt dafür, daß ein Mitarbeiter für eine gut ausgeführte Arbeit belohnt wird   6--5--4--3--2--1

9. Er weist seinen unterstellten Mitarbeitern neue Aufgaben zu, ohne vorher darüber mit ihnen zu sprechen   6--5--4--3--2--1

10. Er macht es seinen Mitarbeitern leicht, unbefangen mit ihm zu sprechen   6--5--4--3--2--1

11. Er regt Überstunden an, damit das Gruppenziel erreicht wird   6--5--4--3--2--1

12. Er besteht darauf, über Entscheidungen seiner unterstellten Mitarbeiter unterrichtet zu werden   6--5--4--3--2--1

13. Er herrscht mit eiserner Hand   6--5--4--3--2--1

14. Er tadelt seine Mitarbeiter in Gegenwart anderer   6--5--4--3--2--1

		immer nie
15.	Er gibt dem Mitarbeiter, der einen Fehler gemacht hat, "eins aufs Dach"	6--5--4--3--(2)--1
16.	Er legt besonderen Wert auf das Einhalten von Terminen	6--5--(4)--3--2--1
17.	Er setzt Vorschläge seiner unterstellten Mitarbeiter in die Tat um	6--5--4--3--(2)--1
18.	Er weigert sich nachzugeben, wenn andere nicht seiner Meinung sind	6--5--4--(3)--2--1
19.	Er läßt andere so arbeiten, wie sie es für richtig halten	6--(5)--4--3--2--1
20.	Er verlangt mehr, als seine Mitarbeiter leisten können	6--5--4--3--(2)--1
21.	Er verlangt von Mitarbeitern mit geringerer Leistung, mehr aus sich herauszuholen	6--5--(4)--3--2--1
22.	Er legt auf die Arbeitsmenge besonderen Wert	6--5--4--(3)--2--1
23.	Er kommt seinen Mitarbeitern persönlich entgegen	(6)--5--4--3--2--1
24.	Er besteht darauf, daß seine Mitarbeiter ihre Arbeit in jeder Einzelheit nach festgelegten Anweisungen erledigen	6--5--4--3--(2)--1
25.	Er veranlaßt Dinge, ohne Rücksprache mit seinen Mitarbeitern zu nehmen	6--5--(4)--3--2--1
26.	Er ist zu Änderungen bereit	6--(5)--4--3--2--1
27.	Er geht mit seinen unterstellten Mitarbeitern um, ohne auf deren Gefühle Rücksicht zu nehmen	6--5--4--3--(2)--1
28.	Er legt großen Wert darauf, im Wettbewerb mit anderen Arbeitsgruppen an erster Stelle zu liegen	6--5--(4)--3--2--1
29.	Er entscheidet bis in Einzelheiten, was und wie etwas getan werden muß	6--5--4--3--(2)--1
30.	Er beteiligt sich durch eigene Vorschläge an der Lösung von Problemen	6--(5)--4--3--2--1

		immer nie
31.	Er regt langsam arbeitende Mitarbeiter an, sich mehr anzustrengen	6--5--④--3--2--1
32.	Er "stachelt" seine unterstellten Mitarbeiter zu größeren Anstrengungen an	6--5--④--3--2--1
33.	Er sagt dem einzelnen, wieviel Arbeit erledigt werden soll	6--5--4--3--②--1
34.	Er achtet darauf, daß seine Mitarbeiter ihre Arbeitskraft voll einsetzen	6--⑤--4--3--2--1

Nachdem Sie alle Fragen angekreuzt haben, verfahren Sie wie folgt:

Übertragen Sie bitte die von Ihnen vorgenommenen Beurteilungen hinsichtlich der einzelnen Verhaltensweisen in die entsprechende Spalte (A, B oder C) des nachfolgenden Bogens. Die Kennzeichnung der Verhaltensweise Nr. 1 gehört z. B. in die Spalte C: in den Spalten A und B ist der entsprechende Platz bereits durch x-Zeichen blockiert. In der Spalte C finden Sie jedoch eine Linie, auf der Sie die Kennzeichnung - eine Zahl also zwischen 6 und 1 - schreiben sollen. Wenn Sie weiter sehen, werden Sie finden, daß die Kennzeichnung der Verhaltensweise Nr. 2 sowohl in die Spalte B als auch in die Spalte C gehört, nicht aber in die Spalte A. Tragen Sie die entsprechende Zahl daher bitte sowohl in die Spalte B als auch in die Spalte C ein.

Daß in einigen Fällen die Zahlen in zwei Spalten einzutragen sind, liegt daran, daß manche Fragen zwei Aspekte berücksichtigen

Sie erhalten schließlich zwei Zahlenwerte, und zwar den R-Wert und den PI-Wert. Dies sind zugleich die Koordinaten für das Meßfeld (**Bild 50**). Auf der Ordinate ist der R-Wert (= Rücksichtnahme = personenbezogen) und auf der Abszisse der PI-Wert (= Planungsinitiative = leistungsbezogen) abgetragen.

Aus einer Großzahl von Untersuchungen wissen, wir, daß der R-Wert im allgemeinen zwischen 80 und 110 und der PI-Wert zwischen 50 und 90 liegen wird. Im Durchschnitt liegt der R-Wert bei 97 und der PI-Wert bei 70. Der R-Wert streut +/- 7, der PI-Wert +/- 10. Je größer der PI-Wert, (und je höher ihr "Punkt" liegt), desto stärker führen Sie leistungsbezogen, je größer der R-Wert (und je tiefer ihr "Punkt" liegt), desto stärker führen Sie nach Ihrer Einschätzung personenbezogen. Die schon einmal zitierten Typisierungen "Ekelhafter Könner" (L > R), "Idealer Vorgesetzter" (L = R) und "Sympathischer Taugenichts" (L < R) finden Sie hier nun erklärt (**Bild 51**).

Nr.	A	B	C		Nr.	A	B	C
1	x	x	5	Übertrag:		35	15	33
2	x	3	3		19	5	x	x
3	5	x	x		20	x	2	2
4	5	x	5		21	x	x	4
5	x	x	2		22	x	x	3
6	5	x	x		23	6	x	x
7	6	x	x		24	x	x	2
8	6	x	x		25	x	4	x
9	x	3	x		26	5	x	x
10	6	x	x		27	x	2	x
11	x	x	5		28	x	x	4
12	x	x	5		29	x	x	2
13	x	2	2		30	5	x	5
14	x	2	x		31	x	x	4
15	x	2	2		32	x	x	4
16	x	x	4		33	x	x	2
17	2	x	x		34	x	x	5
18	x	3	x					
				Summe		56	23	70

Verrechnung

R = 63 + Summe A — Summe B = 63 + 56 — 23 = 96

PI = Summe C = 70

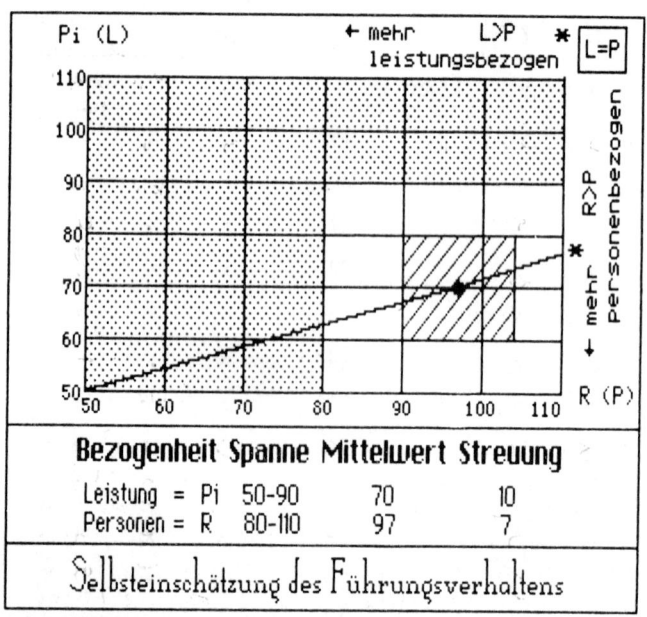

Bild 50: Meßfeld des Führungsverhaltens

Wie Untergebene ihre Vorgesetzten beurteilen

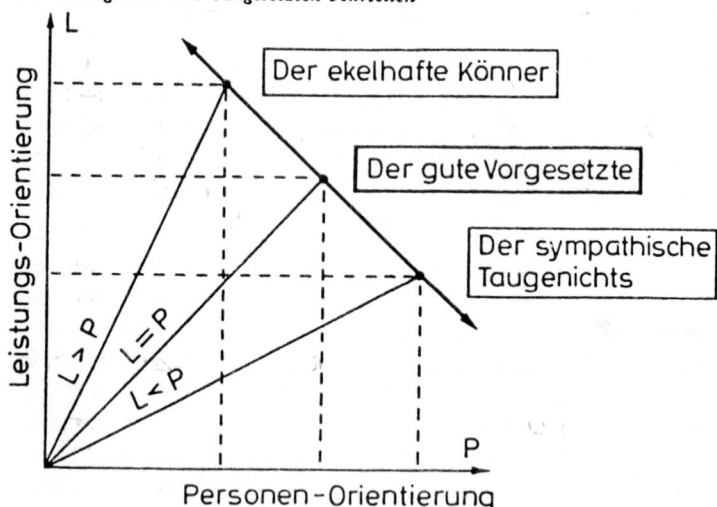

Bild 51: Typisierung des Vorgesetztenverhaltens
(entnommen aus Hofstätter und Tack, a.a.O.)

Ein Gefühl dafür, warum Sie sich so und nicht anders eingeordnet haben, bekommen Sie, wenn Sie die ganze Prozedur noch einmal machen, allerdings mit dem Ziel, jeweils das ideale Verhalten anzukreuzen. Dabei merken Sie auch, daß einzelne Fragen beide Aspekte (Leistung und Person) enthalten und deshalb im Auswerteschema zweimal eingetragen werden müssen.

Was haben wir nun eigentlich erfahren? Wir wissen, wie wir uns wahrscheinlich verhalten, wir wissen damit noch lange nicht, ob wir uns damit falsch oder richtig verhalten, denn die erwähnte Statistik über den Zusammenhang von Führungsstil und Produktivität von Arbeitsgruppen sagt für eine spezielle Situation wie jede Statistik nichts aus.

Wir müssen also einen Schritt weitergehen und diese spezielle Situation untersuchen. Hierbei kommen uns Untersuchungen von F. A. Fiedler zugute.

Fiedler geht von der sehr einleuchtenden Überlegung aus, daß das Führungsverhalsten von der jeweiligen Führungssituation abhängig ist, genauer: von der Schwierigkeit der Führungssituation. Was heißt Schwierigkeit oder Schwierigkeitsgrad der Führungssituation? Nicht gemeint ist z. B. die besondere Gefährlichkeit einer Situation, in der sofort gehandelt werden muß, wie das der nachmalige Bundeskanzler Helmut Schmidt als Hamburger Innensenator bei der Hochwasserkatastrophe beispielhaft demonstriert hat. Derartige Ausnahmesituationen, deren Gegenteil mit langen abwägenden Überlegungen im Mitarbeiterkreis ebenfalls vorstellbar ist, sind nicht gemeint.

Fiedler nennt drei Kriterien, die den Schwierigkeitsgrad der Führungssituation bestimmen: 1. Beliebtheit (oder Unbeliebtheit) des Vorgesetzten, 2. Strukturiertheit = Klarheit (oder Unklarheit) der Aufgaben(stellung), 3. Positionsmacht (Durchsetzungsmöglichkeit) des Vorgesetzten. Je nach dem Mischungsverhältnis dieser drei Ingredienzien empfiehlt er einen eher leistungsorientierten oder eher personenorientierten Führungsstil.

In dem nachstehenden Schema (**Bild 52**) sind alle denkbaren acht Varianten aufgeführt. Es leuchtet sehr wohl ein, daß ein beliebter Vorgesetzter bei einer klar strukturierten Aufgabe und großer Positionsmacht leistungsbezogen führen kann. Seine ihn schätzenden Mitarbeiter werden ohne Vorbehalte seinen Anordnungen folgen. Ein unbeliebter Vorgesetzter wird hingegen trotz klarer Aufgabenstellung und großer Positionsmacht gut beraten sein, personenorientiert zu führen, nicht nur, weil er damit den Faktor Beliebtheit verbessern kann, sondern weil er sonst unter Umständen von cleveren Mitarbeitern leicht "draufgesetzt" wird, häufig, ohne daß er dies früh genug oder überhaupt erkennt.

Schwierigkeit der Führungssituation	Beliebtheit der Vorgesetzten	Strukturiertheit der Aufgaben	Positionsmacht der Vorgesetzten	Empfohlener Führungsstil	
				Leistungs-orientierung	Personen-orientierung
I	+	S	g	xx	
II	+	S	k	xx	
III	+	U	g	xx	
IV	+	U	k		xx
V	–	S	g		xx
VI	–	S	k		x
VII	–	U	g		x
VIII	–	U	k	xx	

Bild 52: Kontingenz-Modell nach Fiedler

(Das Kontingenz - Modell (F. A. Fiedler, 1967)

Je nachdem, wie groß die Unbeliebtheit ist, lebt der Vorgesetzte sogar ausgesprochen gefährlich. Ein sicher extremes Beispiel mag dies erläutern. Ein Kollege, im Zweiten Weltkrieg zuletzt als Oberleutnant zur See Kommandant eines U-Bootes, erzählt die Geschichte eines Ausbilders (Maat = Unteroffizier), der die ihm "anvertrauten" Rekruten ausgesprochen schikanös behandelt hatte. Als sie später auf einem Kreuzer oder Zerstörer in erste Kampfhandlungen auf See verwickelt waren, passierte es: Das Kommando an die Geschützbesatzung "Schwenkt Rohr 180 Grad Backbord" wurde vom aufrecht stehenden Maat überhört, man ließ ihn stehen und riß mit dem Rohr seinen Kopf ab, der weit in die wilde See flog. Heldentod.

Wie gesagt, dies ist ein extremes und mich immer wieder sehr erschütterndes Beispiel für die Quittung, die unangenehme Vorgesetzte für ihr schlechtes Verhalten erwarten können. Das gilt in abgewandelter Form auch für Vorgesetzte im zivilen Bereich, die ganz schnell allein gelassen sein können und unnötig in Fettnäpfchen tappen, nur deswegen, weil keiner sie rechtzeitig darauf aufmerksam macht oder machen will.

Zurück zu unserem Kontingenzmodell. Es sieht alles so einfach aus, und die Empfehlungen — auch wenn wir sie nicht in allen Fällen sofort als richtig anerkennen — sind unkompliziert. Eine wirklich einfache Bedienungsanleitung für den Alltag des Vorgesetzten. Nur... Nur, weiß ich denn so sicher, ob ich beliebt oder unbeliebt bin, weiß ich denn, ob eine Aufgabe wirklich strukturiert oder unstrukturiert ist, vor allem: was heißt eigentlich große oder kleine Positionsmacht?

Fiedler hat dies auch erkannt und seine Handlungsanweisungen für den Vorgesetzten mit einem Analyse-System verbunden, das per Fragechema die drei Einflußfaktoren Beliebtheit, Aufgabenstruktur und Positionsmacht in ihrer Qualität definieren läßt (**Anhang 3**). Die Fragen im einzelnen leuchten uns ein. Da heißt es z. B. beim Faktor Beliebtheit unter Ziffer 5 "Zwischen meinen Untergebenen und mir gibt es gewisse Reibungsflächen (Spannungen)" oder unter Ziffer7 "Meine Untergebenen leisten echte Hilfe und unterstützen mich bei der Arbeit". Beim Faktor Aufgabenstruktur sind die Fragen schon differenzierter. Eine der Hauptfragen wie "Gibt es nur ein mögliches Vorgehen bei der Aufgabenerfüllung" wird in mehrere Unterfragen aufgelöst, die z. B. lauten "Wird die Aufgabe nach einer vorbestimmten Methode in Teilaufgaben oder Schritte gegliedert?" oder "Werden bestimmte Methoden zur Aufgabenerfüllung eindeutig als überlegen angesehen?". Schließlich die Positionsmacht: "Kann der Vorgesetzte direkt oder auf dem Empfehlungsweg die Beförderung, Rückversetzung, Einstellung oder Entlassung seines Untergebenen bewirken?"

In der Praxis wird man kaum mehr als ein— oder zweimal eine solche Analyse vornehmen können. Die täglichen Arbeitsabläufe lassen dies zeitlich kaum zu und — ändern sich eben auch ständig, zumindest was den Ingenieur als Führungskraft angeht, wie eine vor 10 Jahren im Rahmen der ersten Untersuchung über die Anforderungen an Fach- und Führungskräfte durchgeführte Selbstbeobachtung der Aufgaben am Arbeitsplatz und die dabei benutzten Kenntnisse, gestreut über einen längeren Zeitraum, gezeigt hat.

Dennoch geben uns die Frageschemata von Fiedler ein gutes Gefühl dafür, aus welchen Einzelaspekten die komplexen Faktoren Beliebtheit, Aufgabenstrukturiertheit und Positionsmacht zusammengesetzt sind. Zumindest erkennen wir, warum ein unbeliebter Vorgesetzter ohne Positionsmacht bei unklarer Aufgabenstellung nur leistungsbezogen führen kann. Ihm bleibt gar nichts anderes übrig, als mit dem großen Vorgesetzten über ihm, dem "Big Boss", zu drohen. Die Fiedlerschen Frageschemata eignen sich auch als Grundlage eines Gedankenexperimentes: Wie sieht eigentlich auf einzelne Fragen z. B. der Augabenstruktur unser Unternehmen aus und was können wir verbessern?

In einem Exkurs wollen wir an dieser Stelle einmal zeigen, was den Manager, den Vorgesetzten von seinen Mitarbeitern unterscheidet. Klaus Klenke legt in seinen Seminaren "Führung, Entscheidung, Zusammenarbeit" den Teilnehmern häufig ein vom TEC (The Executive Council, Brüssel u. a. O.) entwikkeltes Frageschema vor, daß das Spannungsfeld zwischen Zielsetzung, Entscheidung, Kooperation, Delegation und Kontrolle in zunächst verblüffender

Weise verdeutlicht (**Anhang 4**). Hier als Beispiel einige der Fragen und die empfohlenen Antworten:

1. Ein Manager muß Entscheidungen treffen — ja/nein? (Empfohlene Lösung: nein — Manager treffen keine Entscheidungen, sie managen die Entscheidungsfähigkeit ihrer Mitarbeiter.) 5. Ein guter Manager behält sich eine fachlich schwierige Entscheidung vor — ja/nein? (Empfohlene Lösung: nein — Die Aufgabe des Managers besteht darin, die Sachkompetenz der Mitarbeiter für gemeinsame Ziele einzusetzen, ein klares Ergebnis zu fordern und zu kontrollieren.) 7. Aufwendige und detaillierte Planung mit hohem Zeitaufwand führt zu einem noch höheren Zeitgewinn in der Zukunft — ja/nein? (Empfohlene Lösung: ja — wieviel Zeit verwenden Sie auf detaillierte Planungsbesprechungen mit Ihren Mitarbeitern?) Frage 7 verweist uns auch auf die Vorteile eines zeitaufwendig, aber auf Dauer nützlich konzipierten Computerprogramms.

Versuchen Sie zunächst einmal die Ja/nein-Entscheidung zu treffen und sehen erst hernach die "richtigen", besser: empfohlenen Lösungen durch. Letztlich führt uns das Schema (auch) zu der wichtigen Erkenntnis, daß der Vorgesetzte häufig die Funktionen eines Trainers (wie z. B. im Fußball) hat. Was tut der Trainer nämlich nie?! Richtig, er spielt nicht mit, er springt nicht mit, er schwimmt nicht mit: Er weiß wie es geht, aber er macht es nicht selbst.

Wir sind nun direkt vor einem Abschnitt, den wir Managementtheorien überschreiben müssen. Wir meinen nicht die scherzhaften Praktiken wie Management by Helikopter (Über allem schweben, von Zeit zu Zeit auf den Boden kommen, viel Staub aufwirbeln und wieder ab nach oben) oder Management by Champignon (Die Mitarbeiter im dunkeln lassen, mit Mist bestreuen, wenn sich Köpfe zeigen, sofort absägen) oder Management by Jeans (An den wichtigsten Stellen sitzen die größten Nieten) oder Management by Pingpong (Jeden Vorgang so lange zurück- oder weitergeben, bis er sich von selbst erledigt). Wir meinen schon die Theorien, die mit Management by objectives, Management by motivation, Management by delegation beschrieben werden. Sie merken schon den etwas unterkühlten Abstand dazu.

2.2 Managementtheorien

Karl Martin Bolte hat im ersten Teil seines Buches den notwendigen Beitrag geleistet, die Welt der Management-Theorien und Managementtechniken darzustellen. Es ist dem aus der praktischen Zielsetzung des Teils "Handwerkszeug des Vorgesetzten" wenig hinzuzufügen. Wir wollen die Gelegenheit dieser Thematik jedoch nutzen, um einen Aspekt, der bei allen Managementtechniken eine wichtige Rolle spielt, mit Blick auf die z. T. bekannten Überlegungen und Untersuchungen in seiner Bedeutung hervorzuheben und zugleich seine unterschiedliche, oft nicht erwartete Wirkungsweise darzustellen. Gemeint ist die Motivation.

Die Maslowsche Bedürfnispyramide (**Bild 53**) ist längst Allgemeingut geworden. Die schrittweise Bedürfnisbefriedung, wie sie hier dargestellt wird, führt uns zu den Überlegungen F. Herzbergs, der zwischen Motivatoren und reinen Hygienefaktoren unterscheidet: Lob motiviert, Geld nur bedingt. Das Wort Hygienefaktor verwirrt vielleicht etwas: Ein Vergleich soll Abhilfe schaffen:

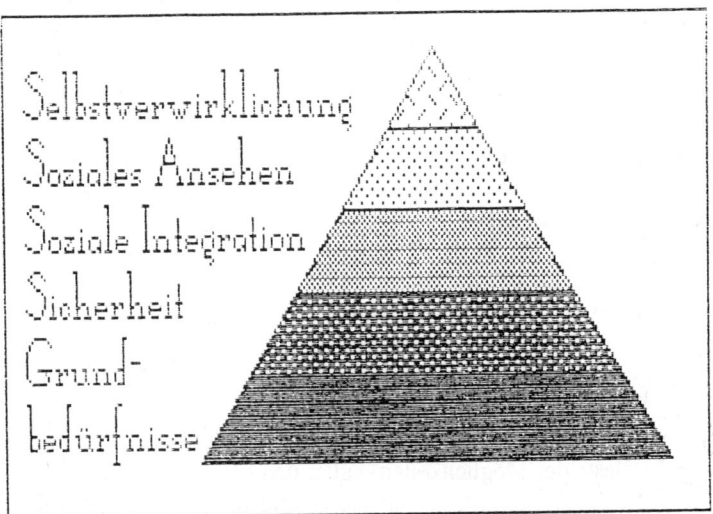

Bild 53: Bedürfnispyramide nach Maslow

Seife kann keinen Kranken gesund machen, fehlende Seife aber vielleicht einen Gesunden krank. Das Schema von Herzberg (**Anhang 5**) spricht im übrigen für sich selbst und ist das Ergebnis eingehender Untersuchungen. Es wird ergänzt durch die Untersuchungen von J.—K. Zink, der die Auslöseereignisse besonderer Zufriedenheit in der Arbeitsatmosphäre zielgruppenspezifisch in eine Rangfolge gebracht hat (**Anhang 6**). Wir versagen es uns, auch auf L. v. Rosenstiel noch näher einzugehen. Er hat sich mit dem Gesamtkomplex Motivation im Betrieb eingehend befaßt. Wir verweisen auf die Originalveröffentlichungen. In diesem Abschnitt ging es uns nur darum, die landläufige Sicherheit darüber, was Motivation ist, etwas zu erschüttern, damit erkannt wird, was wirklich motivierend wirkt.

2.3 Besondere Fragetechniken

Nicht nur bei der fachlichen Ingenieurarbeit sind Papier, Kugelschreiber und Rechner das persönliche Handwerkszeug des Ingenieurs, auch als Vorgesetzter wird er diese Hilfsmittel einsetzen und nur dann, wenn es um die Verarbeitung größerer Datenmengen geht, auf Großrechner und andere Instrumente Zugriff nehmen. Der Vorgesetzte wird sich bei den Aufgaben der Mitarbeiterbeurteilung und des Mitarbeitereinsatzes auf wenige Analysetechniken beschränken. Im Vordergrund stehen Fragen und Beobachten, also Fragebogen und Beobachtungsbogen. Einige Frageschemata haben wir bereits kennengelernt. Beim Kapitel über die Zusammenarbeit in Gruppen werden wir vor allem die Mittel der Beobachtung darstellen.

Das Befragen oder das "Interview", ein in die praktische Sozialforschung übernommener journalistischer Begriff, bedarf sorgfältiger Vorbereitung, Durchführung und Auswertung. Allein die Konstruktion eines Fragebogens, der Aufbau und die Formulierung der Fragen sind Gegenstand intensiver wissenschaftlicher und praktischer Forschungen gewesen. Zwei wesentliche Grunderkenntnisse seien als Beispiel aufgeführt:

Die Fragen müssen

a) einfach und für alle Befragten gleich verständlich formuliert sein;
b) man muß mit leichten = unverfänglichen Fragen beginnen und kann zu einem späteren Zeitpunkt durchaus auch "kritische" Themen anschneiden.

Dazu kommen Techniken des Einsatzes von Kontroll- und Filterfragen und die ganze Palette der Möglichkeiten, außer den offenen oder geschlossenen Fragen auch Bilder-, Satzergänzungstests und anderes mehr einzusetzen. Wieder sind wir an einer Stelle, die es verlangt, innezuhalten. Wir würden den Rahmen des Buches sprengen, wollten wir auf den folgenden 100 Seiten den ganzen Komplex der Fragetechnik vom mündlichen Interview, der schriftlichen Befragung mit und ohne Moderator bis hin zum Tiefeninterview als Mittel der Motivforschung in der notwendigen Ausführlichkeit darstellen. Wir verweisen auch hier wieder auf die einschlägige Fachliteratur und auf Kapitel 4.

Ein einfaches und jederzeit anwendbares Beispiel für ein "Austrittsinterview", das von einem Unternehmensberater "erfunden" worden ist und eine große praktische Bedeutung haben kann, sei als besondere Form einer Fragetechnik vorgestellt.

Ziel dieses Interviews ist es, festzustellen, warum ein Mitarbeiter gekündigt hat, ob persönliche Gründe oder betriebsinterne Punkte das auslösende Faktum waren. Nach Aushändigung des Zeugnisses wird dem betreffenden Mitarbeiter ein "Kartenspiel", genauer ein Päckchen mit 19 Fragekärtchen überreicht, die vorher gründlich gemischt worden sind, um eine immer gleiche - und daher einseitige und die folgenden Fragen stets gleich beeinflussende Reihenfolge zu vermeiden.

Die Fragen auf den etwa 8 x 4 cm großen Kärtchen lauten:

Gesicherter Arbeitsplatz
Gute Aufstiegschancen
Guter Verdienst
Befriedigende Arbeitszeitregelung
Gute Verpflegungsmöglichkeiten
Genügende Informationen über das Firmengeschehen
Interessante Aus- und Weiterbildungsmöglichkeiten
Gute Sozialleistungen (z. B. Pensions- und Krankenkasse)
Gute und klare Organisation in meiner Abteilung
Angenehme Arbeitsplatzgestaltung
Klarheit der Geschäftsziele
Selbständige und abwechslungs reiche Tätigkeit
Gutes Verhältnis zu Vorgesetzten
Guter Name der Firma in der Öffentlichkeit
Kostenbewußtsein
Gutes Verhältnis zu Arbeitskollegen
Gerechte Beurteilung (Qualifikation) der Leistungen der Mitarbeiter
Echte Mitsprachemöglichkeiten bei Entscheidungen, die den Arbeitsplatz betreffen
Volle Auslastung der Arbeitsplätze

(Nach: Hilb, Martin, Das Austrittsinterview, Management-Zeitschrift, io 46(1977) Nr. 7/8)

Der ausscheidende Mitarbeiter wird gebeten, die Fragen dadurch zu beantworten, daß er drei Häufchen bildet: "Was trifft für unseren Betrieb zu?"

a) Antwort "ja", b) Antwort "teils/teils", c) Antwort "nein".

Sie werden sehen, die Entscheidungen fallen sehr schnell und werden ohne Zögern getroffen, was bei einem konventionellen Fragebogen kaum zu erwarten wäre. Alle "Ja-Kärtchen" können anschließend beiseite gelegt werden. Bei diesen Aspekten ist offenbar alles in Ordnung und kein Grund zum Ausscheiden enthalten. Nur bei den "Nein-Kärtchen" und den "Teils/teils- Antworten" gilt es nachzufassen. Warum war das Verhältnis zu Vorgesetzten nicht gut oder warum fühlte man sich über das Gesamtgeschehen des Unternehmens zu wenig unterrichtet? Da die Entscheidung durch Aufteilung der Kärtchen schon gefallen ist, werden auch diese Nach-Fragen unbekümmert beantwortet. Die Informationen sind für den Betrieb und die betreffenden Vorgesetzten ausgesprochen informativ und helfen, in Zukunft bei anderen Mitarbeitern bisher gemachte Fehler zu vermeiden.

Während die üblichen Drohungen "Wenn ich mal ausscheide, dann sage ich allen die Wahrheit!" eigentlich nie wahrgemacht werden, weil es nach Kündigung nicht mehr lohnt oder vielleicht doch im nachhinein schädlich ist, wird die Kärtchenabfrage als problemlos angesehen. Eigentlich müßte man sie sogar von Zeit zu Zeit beim ungekündigten Mitarbeiterstamm einsetzen, um betriebsklimagefährdende Trends frühzeitig zu erkennen. Hier besteht jedoch die Gefahr, daß bei nicht hundertprozentiger Anonymität der einzelne nachher sehr kritisch angesehen wird, was beim ausscheidenden Mitarbeiter, der sein Zeugnis schon in Händen hält, kaum von Belang ist.

Die Techniken der Befragung und Beobachtung werden noch einmal von uns aufgegriffen werden, wenn wir uns speziell mit den Möglichkeiten des Einsatzes der Methoden praktischer Sozialforschung auseinandersetzen. Auch die Wahl der Stichprobe und die statistisch saubere und zuverlässige, also Aussagen zulassende Auswertung wird uns noch eingehend beschäftigen.

Ein **zweites** Beispiel der Befragung soll hier nur in Ansätzen aufgeführt werden: Unternehmensberater versenden zur Vorauswahl von Bewerbern ein ganzes Fragenpaket, das, morgens früh per Eilboten gebracht, um 8.00 Uhr schon wieder beim Postamt aufgeliefert werden soll. Ziel ist es, zu erreichen, daß die große Fragenbatterie (ähnlich dem Hofstätter-Fragebogen über das Führungsverhalten, nur sehr viel umfangreicher) allein und ohne geistige Manipulationen beantwortet wird. Die wahrheitsgemäße Beantwortung liegt durchaus im Interesse des Bewerbers, denn Fragen nach der Mobilität ("Ja, ich würde auch nach Süddeutschland gehen") erweisen sich spätestens in der Probezeit als wichtig, wenn sich herausstellt, daß man sein Häuschen am linken Niederrhein auf keinen Fall aufgeben will. Die Auswertung erfolgt per Computer. Es entsteht ein stark reduziertes Persönlichkeitsprofil (**Bild 54**), das bei erfolgversprechender Ausprägung Grundlage eines persönlichen Gesprächs sein wird, um hier "nachzuhaken" und konkret die Eignung oder Nichteignung festzustellen.

Dieser Exkurs über die Fragetechniken führt uns zurück zu unserem Thema Vorgesetzter und Mitarbeiter.

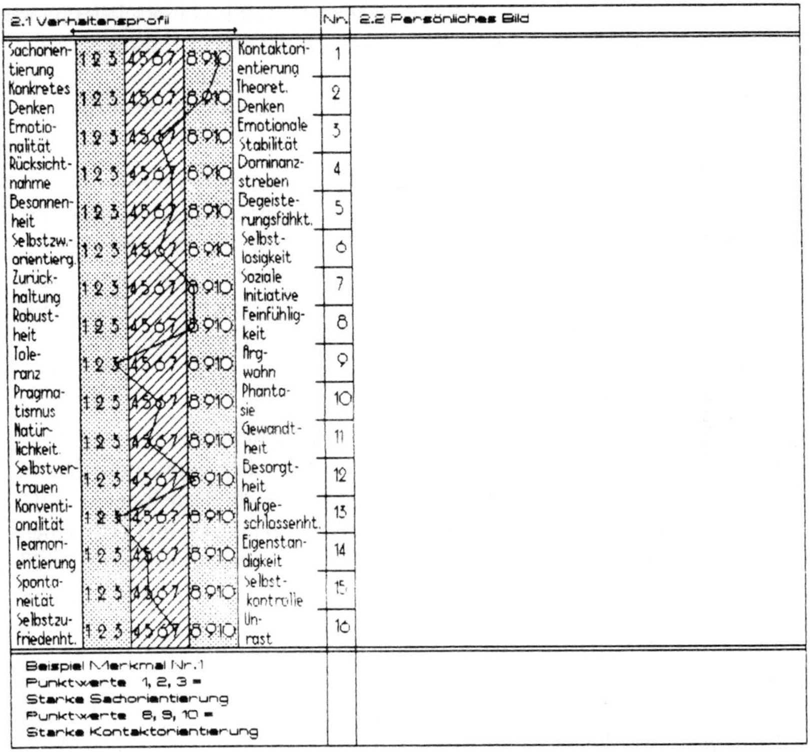

2.1 Verhaltensprofil		Nr.	2.2 Persönliches Bild
Sachorientierung	1 2 3 4 5 6 7 8 9 10	Kontaktorientierung	1
Konkretes Denken	1 2 3 4 5 6 7 8 9 10	Theoret. Denken	2
Emotionalität	1 2 3 4 5 6 7 8 9 10	Emotionale Stabilität	3
Rücksichtnahme	1 2 3 4 5 6 7 8 9 10	Dominanzstreben	4
Besonnenheit	1 2 3 4 5 6 7 8 9 10	Degeisterungsfähkt.	5
Selbstzw.-orientierg.	1 2 3 4 5 6 7 8 9 10	Selbstlosigkeit	6
Zurückhaltung	1 2 3 4 5 6 7 8 9 10	Soziale Initiative	7
Robustheit	1 2 3 4 5 6 7 8 9 10	Feinfühligkeit	8
Toleranz	1 2 3 4 5 6 7 8 9 10	Argwohn	9
Pragmatismus	1 2 3 4 5 6 7 8 9 10	Phantasie	10
Natürlichkeit	1 2 3 4 5 6 7 8 9 10	Gewandtheit	11
Selbstvertrauen	1 2 3 4 5 6 7 8 9 10	Besorgtheit	12
Konventionalität	1 2 3 4 5 6 7 8 9 10	Aufgeschlossenht.	13
Teamorientierung	1 2 3 4 5 6 7 8 9 10	Eigenständigkeit	14
Spontaneität	1 2 3 4 5 6 7 8 9 10	Selbstkontrolle	15
Selbstzufriedenht.	1 2 3 4 5 6 7 8 9 10	Unrast	16

Beispiel Merkmal Nr. 1
Punktwerte 1, 2, 3 = Starke Sachorientierung
Punktwerte 8, 9, 10 = Starke Kontaktorientierung

Bild 54: Persönlichkeitsprofil - Verhaltensprofil

2.4 Der Vorgesetzte aus der Sicht des Mitarbeiters

Es ist klar, daß Vorgesetzte ein mehr oder weniger stark ausgeprägtes Selbstbewußtsein haben. Ihr leistungs- oder personenbezogener Führungsstil wird bewußt oder unbewußt eingesetzt. Tatsächlich steht der Vorgesetzte, mehr als er es häufig vermutet, im ständigen Blickpunkt seiner Mitarbeiter, die ihn schonungslos kritisch beurteilen und sich je nach seinen Schwächen und Stärken auf ihn einstellen. Der Hofstätter-Fragebogen und das Fiedlersche Frageschema haben uns schon Hinweise darauf gegeben, wie wir dieser Fremdsicht habhaft werden können, um uns entsprechend zu verhalten, verhalten zu können. Auch der Semantiktest gibt uns eine Möglichkeit an die Hand, die Fremdsicht mit dem Selbstbild zu vergleichen.

Diese "Einsicht" ist durchaus nicht selten schmerzhaft und nicht jedermanns Sache. Was aber unbedingt wichtig sein kann für das eigene Führungsverhalten, ist die Kenntnis darüber, wie die nachgeordnete Führungsebene von den Mitarbeitern gesehen wird. Hierfür können selbstverständlich wieder die eben aufgeführten Techniken benutzt werden.

Für die Selbsteinschätzung, die auch die Sicht der Mitarbeiter besser einschätzen läßt, zum Schluß dieses Kapitels noch zwei Frageschemata zur Selbstbeurteilung. Einmal ist es das Persönlichkeitsprofil (**Bild 55**), das uns einen Vergleich zur möglichen Fremdeinschätzung erlaubt, und das "Profil des Arbeits- und Sozialverhaltens", das im Gegensatz zum Persönlichkeitsprofil wieder von gegensätzlichen Begriffen ausgeht und jeweils eine Skala von 1 - 10 vorgibt.

Bei der Überlegung des Vereins Deutscher Eisenhüttenleute, wie der Erfolg von Weiterbildungsmaßnahmen festgestellt werden kann, wurde unter Heranziehung eines Personalbeurteilungsschemas eines Stahlunternehmens ein Beurteilungsblatt entwickelt (**Anhang 7**), das erkennen läßt, ob und in welchem Umfang Vorgesetztenaufgaben auf Grund persönlicher Qualifikation erfüllt werden.

3. Die Gruppe und das Gruppenverhalten

Mit diesem Kapitel knüpfen wir noch einmal an unsere Ausführungen zu Urteilen und Entscheidungen an und müssen einiges nachtragen, was mit Rollen und Rollenverhalten zu tun hat, jetzt allerdings aus der Sicht der Gruppe und des Gruppenverhaltens. Sie erinnern sich an unsere Betrachtungen über den Zusammenhang von "Unumstößlichen Selbstverständlichkeiten", Sitten und Gebräuchen, Moden, individuellem Verhalten und tabuiertem Verhalten mit den sich daraus ergebenden Verhaltensmustern und Verhaltensnormen.

Das Verhalten des einzelnen in einer Gruppe und das Verhalten ganzer Gruppen ist in der Tat komplizierter und komplexer, als wir dies sehr vereinfacht bisher ausgeführt haben. Für das Verhalten, abhängig von Funktionen und Prozessen, können wir sogar eine Art Matrix aufmachen, wenn wir zeigen wollen, wie im Einzelfall bestimmte Konstellationen jeweils eigene Abläufe auslösen (**Bild 56**).

Mein Persönlichkeitsprofil

	0	1	2	3	4
sachlich-nüchtern					
selbstbewußt					
tatkräftig, aktiv					
entschlossen					
temperamentvoll					
anpassungsfähig					
selbstbeherrscht					
zuverlässig					
aufgeschlossen					
schlagfertig					
kreativ					
intelligent					
begeisterungsfähig					
vielseitig					
ehrgeizig					
egozentrisch					
geltungsbedürftig					
impulsiv					
kontaktfreudig					
tolerant					
einfühlend					
ausgeglichen					
kompromißbereit					
optimistisch					
freundlich					
sympathisch					
ungeduldig					
objektiv-neutral					
hilfsbereit					
fähig, andere zu beeinflussen					
autoritär					
warmherzig					
dominant (beherrschend)					
unsicher					
aggressiv					

Profile des Arbeits- und Sozialverhaltens

1	Sachonentierung	1	2	3	4	5	6	7	8	9	10	Kontaktorientierung	1
2	Konkretes Denken	1	2	3	4	5	6	7	8	9	10	Theoretisches Denken	2
3	Emotionalität	1	2	3	4	5	6	7	8	9	10	Emotionale Stabilität	3
4	Rücksichtnahme	1	2	3	4	5	6	7	8	9	10	Dominanzstreben	4
5	Besonnenheit	1	2	3	4	5	6	7	8	9	10	Begeisterungsfähigkeit	5
6	Selbstzweckonentierung	1	2	3	4	5	6	7	8	9	10	Selbstlosigkeit	6
7	Zurückhaltung	1	2	3	4	5	6	7	8	9	10	Soziale Initiative	7
8	Robustheit	1	2	3	4	5	6	7	8	9	10	Feinfühligkeit	8
9	Toleranz	1	2	3	4	5	6	7	8	9	10	Argwohn	9
10	Pragmatismus	1	2	3	4	5	6	7	8	9	10	Phantasie	10
11	Natürlichkeit	1	2	3	4	5	6	7	8	9	10	Gewandtheit	11
12	Selbstvertrauen	1	2	3	4	5	6	7	8	9	10	Besorgtheit	12
13	Konventionalität	1	2	3	4	5	6	7	8	9	10	Aufgeschlossenheit	13
14	Teamorientierung	1	2	3	4	5	6	7	8	9	10	Eigenständigkeit	14
15	Spontaneität	1	2	3	4	5	6	7	8	8	10	Selbstkontrolle	15
16	Selbstzufriedenheit	1	2	3	4	5	6	7	8	9	10	Unrast	16

Punktwerte 1, 2, 3   starke Sachonentierung
Punktwerte 8, 9, 10   starke Kontaktorientierung

Bild 55: Persönlichkeitsprofil - Profil des Arbeits- und Sozialverhaltens
(entnommen aus Kirsten und Müller-Schwarz, Gruppentraining)

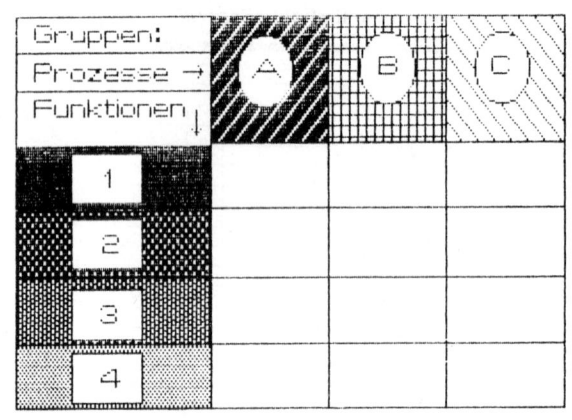

Bild 56: Gruppen im Spannungsfeld von Funktionen und Prozessen

Position und Rolle sind für das Verhalten innerhalb von Gruppen wichtige Faktoren. Dabei müssen wir folgende Unterscheidungen in Betracht ziehen:

1. Normverhalten in bestimmten Positionen —
   Hier gibt es Muß-, Kann- und Sollnormen, mit dem jeweils unterschiedlichen Einhaltungsgrad.

2. Rollenverhalten —
   Wir müssen unterscheiden zwischen der "zugemuteten" Rolle und der tatsächlich gespielten Rolle. Diskrepanzen werden besonders deutlich, wenn eine neue Person eine Position einnimmt, die ihr Vorgänger in ganz bestimmter Weise ausgefüllt hat.

3. Bezugspersonen und Bezugsgruppen —
   Das Verhalten richtet sich an den Erwartungen bestimmter Personen und Gruppen aus, die für den einzelnen Maßstab sind; der Spitzensportler wird sich nicht nach dem Durchschnittssportler, sondern an dem Hochleistungssportler messen.

4. Befolgendes und abweichendes Verhalten —
   Vielfach wird das Verhalten dem einzelnen gar nicht bewußt. Erst wenn in bestimmten Situationen in anderen Gesellschaften andere unumstößliche Selbstverständlichkeiten gelten, wird uns bewußt, wie sehr wir einem bestimmten Verhaltensmuster unterworfen sind, das keineswegs **allgemeingültig** ist: Kopfnicken bei Verneinung und abweisende Gebärde mit den

Händen beim Heranwinken, wie z. B. auf dem Balkan, sind einleuchtende Beispiele.

Häufig ist unser Verhalten reiner Reflex auf übliches Tun: Beifallklatschen; oder die Folge eines nur massenpsychologisch zu erklärenden Massenverhaltens: Panik;
oder ganz einfach eine Verhaltensstilisierung: der Snob, der Bescheidene, der Korrekte mit den entsprechenden Verhaltenserscheinungen.
Das gilt umgekehrt für das abweichende Verhalten. Es kann von einem unbewußten Verlassen der Norm bis hin zu unkonventionellem und gar oppositionellem Verhalten reichen.

5. Rolle als Bindeglied des einzelnen zur Gesellschaft -
Bestimmte Rollenerwartungen erleichtern den Umgang miteinander. Dabei können Diskrepanzen auftreten, die sich aus unterschiedlichen Erwartungen von "unten" und "oben" ergeben oder aus dem Spannungsfeld unterschiedlicher "Zumutungen". Hier müssen wir den Intra-Rollenkonflikt (verschiedene Rollen treffen sich in einer Position z. B. des Arbeitsdirektors als Vorstand und Vertreter der Gewerkschaft) vom Inter-Rollenkonflikt unterscheiden, der sich durch die Zugehörigkeit zu unterschiedlichen Gruppierungen ergibt (Verschiedene Positionen treffen sich in einer Person: Stellung in Verband und politischer Partei = Kreuzung sozialer Kreise, wie Simmel das nennt).

6. Auseinandersetzungen mit sich und anderen -
Der einzelne steht ständig in einer häufig konfliktreichen Auseinandersetzung mit der natürlichen Umwelt, der Gesellschaft, der eigenen Person und "höheren Kräften". Sie verlangen Kompromisse, die zu merkwürdigen Widersprüchlichkeiten führen: Zylinder im Urwald.

Auch die Einflüsse einer bestimmten kulturellen Befangenheit gehören hierzu. So haben Verhaltensforscher entdeckt, daß die Liebesanbahnung in Amerika und Großbritannien zwar in beiden Kulturen 30 Einzelstufen umfaßt, in Amerika jedoch der erste Kuß auf Stufe 5, in England aber erst auf Stufe 25, also kurz vor dem Beischlaf, erfolgt. Ergebnis: Der Amerikaner galt im Zweiten Weltkrieg bei den Engländerinnen als stürmisch und die Engländerinnen bei den Amerikanern als "sehr zugänglich" und leicht zu erobern (**Anhang 8**).

Schließlich gehört hierher die Betrachtung der Veränderungen in der Zeit, der soziale Wandel, der durch neue Ideen, neue Techniken und anderes ausgelöst werden kann und eine "irgendwie" geartete Reaktion und Anpassung verlangt.

Auf dem Hintergrund dieser ergänzenden soziologischen Betrachtungen wollen wir uns nun den Abläufen innerhalb von Gruppen zuwenden.

3.1 Voraussetzungen für den Gruppenerfolg

Vier Voraussetzungen sind für den Erfolg von (Arbeits-)Gruppen unverzichtbar:

1. Das gemeinsame Ziel
2. Der Wille zur Zusammenarbeit
3. Die Kommunikation - d. h. der Informationsaustausch
4. Die Anerkennung einmal gefundener Lösungen
   Ein gemeinsamer Führer (5.) kann, muß aber nicht hinzutreten.

Die Notwendigkeit der genannten Faktoren leuchtet sofort ein, wenn wir das Schreckgespenst einer Negativgruppierung an die Wand malen: Die Gruppenteilnehmer wissen nicht, was sie zu tun haben, sie wollen auch nicht zusammenarbeiten, sprechen nicht miteinander und sind keinesfalls gewillt, Vorschläge anderer Gruppenmitglieder zu akzeptieren. Schon das Fehlen einer einzigen Voraussetzung würde den Erfolg der Gruppenarbeit zunichte machen, wie wir uns leicht vorstellen können.

Die als unverzichtbar genannten Voraussetzungen sind nun keineswegs selbstverständlich vorhanden und erfordern vom Vorgesetzten — ob er nun unmittelbar in das Geschehen von Arbeitsgruppen eingreift oder nur Ziele vorgibt und die Leistung kontrolliert — große Selbstdisziplin und ständiges Bemühen, das Vorhandensein der genannten Faktoren und damit das Funktionieren der Arbeitsgruppe sicherzustellen.

Das führt uns zu einer wichtigen zweiten Überlegung:

3.2 Leistungsfähigkeit und Leistungsverhalten von Gruppen

"Der Starke ist am mächtigsten allein." Schiller läßt grüßen! "Einigkeit macht stark." Sprüche, die sehr markig sind und an diktatorische Zeiten erinnern. Dennoch: Sie haben mit Leistungsfähigkeit innerhalb und außerhalb des Gruppenverbandes zu tun. Stimmen sie eigentlich? oder anders ausgedrückt: Wenn sie sich widersprechen, was gilt dann eigentlich? Fangen wir mit dem Individuum an. Niemand kann auf allen Gebieten Fachmann sein. Im allgemeinen ist das Spezialgebiet, auf dem jemand "Spitze" ist, sehr klein, und die Möglichkeiten, sich exzellent zu bewähren, sind beschränkt oder dünn gestreut. Dennoch, die schmale Leistungslücke gibt es.

Im allgemeinen kommen auf den Fachmann jedoch sehr viel breiter gestreute Aufgaben zu, und nur wenige davon treffen genau den schmalen Bereich seiner überragenden Fähigkeiten. Häufig kann man nicht einmal vorher sagen, ob die erforderlichen Kenntnisse selbst in einer begrenzten Aufgabenstellung ausreichen. Die Chancen, die gestellten Aufgaben tatsächlich optimal bewältigen zu können - das erkennen wir sogleich - steigen mit der Zahl der Fachleute, die an der Lösung beteiligt sind.

Die Grenze nach oben ist dort zu ziehen, wo die im vorigen Kapitel aufgeführten Voraussetzungen für das Funktionieren der Gruppenarbeit nicht mehr greifen, also dort, wo die Klarheit der Zielsetzung verloren geht, der Wille zur Zusammenarbeit nur noch nebulös vorhanden ist, die Kommunikation unvollkommen funktioniert oder diffus wird und eine Anerkennung einmal gefundener Lösungen nicht mehr zu erreichen ist.

Insbesondere dann ist die Gruppe dem einzelnen überlegen, wenn es nach Hofstätter um Aufgaben des Suchens und Findens geht, was "zu Deutsch" auch Brainstorming genannt werden könnte. Den Begriff Brainstorming können wir aber ruhig weiter fassen. Auch bei der Lösung konkreter Aufgaben gilt es, Ideen für einen besonders günstigen und das Ziel schnell erreichenden Weg zu entwickeln.[5] Das die größere Zahl von Menschen eher in der Lage ist, etwas zu finden, was gesucht wird, können Trivialbeispiele am leichtesten klarmachen: Schatzsuche, Minensuche, Brillensuche, Kreuzworträtsel, Tombola, Lotto...

Ein in der Literatur besonders auffälliges und eindrucksvolles, weil überzeugendes Beispiel ist der Geotest (Geometrietest) von A. T. Poffenberger. Diesen Test wollen wir hier in der geübten Form nachvollziehen, indem wir zunächst die **Theorie** einbringen:

Jedes Gruppenmitglied, auch das für eine bestimmte Aufgabe oder auch absolut genommen "dümmste", besitzt irgendwelche Fähigkeiten, Fertigkei-

---

[5] Unterscheidungen zwischen Ideenfindungskonferenz und Problemlösungskonferenz können wir außer acht lassen.

ten, Erfahrungen und Informationen, die zur Lösung der Aufgabe einen, wenn auch nur bescheidenen Teil beitragen können. Die Summierung der Fähigkeiten, Fertigkeiten und Informationen führt bei Beachtung der Grundvoraussetzungen für das Funktionieren der Gruppenarbeit zu einer optimalen Kombination von Fähigkeiten, Fertigkeiten und Informationen. Das wollen wir in derPraxis ausprobieren:

Nachstehend (**Bild 57**) haben wir 10 geometrische Flächen abgebildet, die sich von der größten bis zur kleinsten Fläche in Stufen von jeweils 5% unterscheiden, anders ausgedrückt: die Flächen sind nicht alle gleich groß, sondern die größte ist 5% größer als die zweitgrößte, die zweitgrößte wiederum 5% größer als die drittgrößte usw. Die kleinste Fläche unterscheidet sich demnach immerhin um 37% von der größten Fläche.

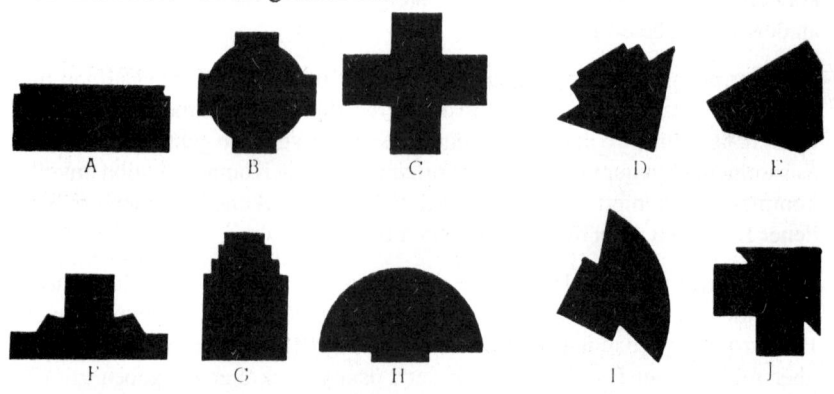

Bild 57: Geometrische Figuren unterschiedlicher Größe

Zugegeben, die Bilder sind nicht besonders groß. Dennoch fordern wir Sie auf, eine Reihung aufzustellen, in der die größte Fläche an der ersten Stelle steht, die zweitgrößte an der zweiten und die kleinste an der zehnten Stelle. Nur wenn Sie ausgesprochenes Glück haben oder Meßgeräte zur Hilfe nehmen, werden Sie die richtige Lösung finden und sind dabei doch noch sehr unsicher. Im (**Anhang 9**) geben wir Ihnen ein Auswerteschema an die Hand; sie finden dort auch eine Muster-Auswertung.

Wenn Sie hingegen einige Kollegen, Freunde oder Familienmitglieder auffordern, ebenfalls eine Reihung aufzustellen und diese Reihen addieren und den Mittelwert bilden, also die Zahlen für Figur A addieren und durch die Anzahl der Beteiligten teilen und mit Figur B bis J ebenso verfahren, erhalten Sie eine Durchschnittslösung, die der richtigen Lösung "erstaunlich" nahekommt. Die Abweichungen im einzelnen sind nur noch gering.

Bei Anwendung der Korrelationsrechnung (s. d.) werden Sie die Trefferquote mathematisch darstellen können, und Sie werden sehen, die Durchschnittsreihe Ihres Testes korreliert mit der richtigen Reihe positiv, und zwar sehr hoch, nämlich im allgemeinen über $r = +0{,}80$. Das schließt nicht aus, daß die eine oder andere Testreihe auch besser sein kann, also mit der richtigen Reihe noch höher ("besser") korreliert.

Wie kommt dieses Ergebnis zustande? Zunächst einmal haben wir alle eine gewisse Vorerfahrung für Flächengrößen z. B. aus dem Geometrieunterricht der Schule und auch aus praktischer Erfahrung. Zweitens: die Fehler im Einzelfall werden im allgemeinen breit streuen und gleichen sich damit aus, während die Treffer kumulieren und damit den "Kurvenverlauf" der Reihe bestimmen.

Der Geotest ist nur ein Beispiel. Genausogut könnten Sie einen Test machen mit dem Ziel, 10 Industriezweige in eine Reihung zu bringen z. B. nach der Zahl der in den letzten 10 Jahren freigesetzten Arbeitskräfte oder der erreichten Umsätze. Als einzelner — es sei denn, Sie wären Wirtschaftsredakteur der FAZ, der Welt oder der Rheinischen Post — wären Sie wahrscheinlich überfordert. Die Gruppe hingegen bringt soviel Wissen aus verschiedenen Bereichen (durch berufliche Erfahrung oder Kenntnisse aus dem privaten Bereich: "Mein Schwager arbeitet in der Textilindustrie") mit, daß sie sehr wohl eine hohe Treffsicherheit erreicht.

Schlußfolgerung: Lassen Sie bei Aufgaben des Suchens und Findens die Gruppe unbeeinflußt eine Lösung erarbeiten und Sie fahren gut damit, jedenfalls besser, als wenn Sie autoritär eingreifen.

Der Vorgesetzte mag ja, wie ausgeführt, für einen schmalen Bereich der Topfachmann sein, keineswegs jedoch für alle an ihn gestellten Anforderungen. Wenn wir bei allen Aufgaben den Besten entscheiden lassen wollten, müßten wir jeweils genau wissen, wer der Beste ist. Aber bringt überhaupt der beste Mitarbeiter die beste Lösung? Und was passiert, wenn der Vorgesetzte seine Meinung als richtige Lösung durchsetzt?

Auch hier ein Versuch: Wenn Sie aus Ihrem Geotest mit Hilfe der Korrelationsrechnung das beste Einzelergebnis herausgefiltert haben, sollten Sie es in eine neue Durchschnittsrechnung zehnfach eingeben. Sie machen gleichsam den besten Tester zum autoritären Vorgesetzten. Wenn Sie die neue Durchschnittsreihe mit dem richtigen Ergebnis, ebenfalls mit der Korrelationsreihe, vergleichen, werden Sie zu Ihrer Verblüffung (?) feststellen: Es hat sich kaum verbessert. Schon deshalb nicht, weil bis zur Ideallösung von $r = +1{,}00$ kaum Platz bleibt und das Gute kaum noch zu verbessern ist.

Wenn Sie jedoch das schlechteste Einzelergebnis 10 mal in Ihre Durchschnittsrechnung eingehen lassen, werden Sie wieder Ihr blaues Wunder erleben; das neue Durchschnittsergebnis wird extrem schlechter werden, ein Hinweis darauf, was passiert, wenn der Schlechteste sich durchsetzen kann oder der Schlechteste gerade der autoritäre Vorgesetzte ist.

Dieses Beispiel zeigt, warum ein Vorgesetzter gut beraten ist, die Meinung aller Mitarbeiter zu hören und nicht nur einzelne zur Geltung kommen zu lassen, und vor allen Dingen nicht sich selbst auf Biegen und Brechen durchsetzen zu wollen.

Die Leistungsfähigkeit und das Leistungsverhalten von Gruppen hängen nun keineswegs nur davon ab, ob die vier oder fünf Grundvoraussetzungen der Zusammenarbeit von Gruppen erfüllt sind. Auch die Zusammensetzung der Gruppen hat einen starken Einfluß auf deren Effizienz. Dies leuchtet uns sofort ein, wenn wir an erfolgreiche und weniger erfolgreiche Fußballteams denken, die allein schon durch einzelne "Fremdkörper" in ihrem Leistungsverhalten gestört werden oder durch den Trainer motiviert oder demotiviert werden können: Der HSV mit Kevin Keagan, die Nationalmannschaft mit Franz Beckenbauer sind typische negative bzw. positive Beispiele, die sich beliebig vermehren lassen.

Um diese zusätzlichen Einflüsse erfassen zu können, müssen wir uns mit einem statischen und einem dynamischen Gesichtspunkt auseinandersetzen: mit der Struktur der Gruppe und mit der Gruppendynamik. Über beide ist viel geschrieben worden, und wir können auch hier wieder auf die einschlägige Literatur verweisen. Wir wollen uns in diesem Buch wieder auf exemplarische Darstellungen beschränken und diese mit eigenen Tests und Beispielen verbinden.

3.3 Die Gruppenstruktur

Der amerikanische Arzt und Soziologe J. L. Moreno hat schon Ende der zwanziger Jahre ein Verfahren entwickelt, die Struktur einer Gruppe darzustellen: das Soziogramm. Inzwischen ist es längst verfeinert und zu einem statistischen Verfahren, der Soziometrie, ausgebaut worden. In seiner Urform sollte das Soziogramm eine durch Abfrage festgestellte, auf informellen Verbindungen beruhende innere Verstrickung einer Gruppe optisch sichtbar machen. Hierzu wurde jedes Gruppenmitglied aufgefordert, anzugeben, mit wem es am liebsten zusammen ist. Daraus ergaben sich zweierlei Informationen: 1. Wer wen wählt, vielleicht sogar gegenseitig. 2. Wieviel Wahlen der einzelne erhält.

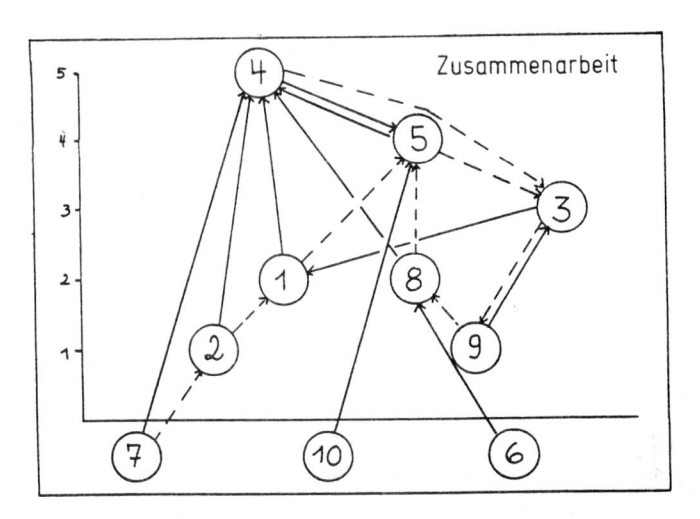

Bild 58: Das Soziogramm

Daraus ergibt sich z.b. bei 10 Beteiligten folgendes Bild, bei angenommenen zwei möglichen Wahlen für jeden Teilnehmer (**Bild 58**).

In der betrieblichen Realität ist diese Vorgehensweise, die Umfrage nach persönlichen Präferenzen, so kaum zu realisieren. Hier müssen wir uns schon der Mittel der Beobachtung bedienen (s. d.). Aber für die Einführung in die Methode des Soziogramms wollen wir uns mit der klassischen Methode der Abfrage begnügen.

Nun kann das Soziogramm nach verschiedenen Gesichtspunkten erstellt werden. Im betrieblichen Alltag dürften folgende vier Überlegungen bedeutsam sein:

1. Mit wem arbeitet man gern zusammen?
2. Wer hat die stärksten Führungseigenschaften?
3. Wer genießt das größte Vertrauen?
4. Mit wem würde man am wenigsten gern zusammenarbeiten?

Alle vier Gesichtspunkte beleuchten einen anderen Aspekt der betrieblichen Zusammenarbeit. 1 und 4 sind meist spiegelbildlich zu sehen und treffen daher nicht dieselben Personen. Punkt 2 und 3 lassen Personen nach meist nicht parallel laufenden Eigenschaften einschätzen, die wir im Leben in ihrer Dualität immer wieder finden: Vater und Mutter (wobei nicht gesagt ist, wer die Hosen anhat und wer das meiste Vertrauen auf sich zieht), Kompaniechef und Spieß, Bundespräsident und Bundeskanzler, Häuptling und Medizinmann, Betriebsleiter und Betriebsobmann.

Punkt 1 und 2 können zusammenfallen, aber ebenso auch Punkt 2 und 4, also der beliebte Vorgesetzte oder die zwar ungeliebte, aber akzeptierte Autoritätsperson. Punkt 1 und 3 können zusammentreffen: der beliebte Betriebsrat, keinesfalls aber wohl Punkt 3 und 4; wer abgelehnt wird, genießt kein Vertrauen. Das schließt nicht aus, daß Gruppierungen in der Gruppe, unterschiedliche Entscheidungen treffen.

Interessant ist es, die Auswertungen der Umfragen nach allen vier Gesichtspunkten zu vergleichen. Die nachstehenden Bilder (**Bilder 59, 60, 61 62**) stellen solche "Röntgenbilder" ein- und derselben Gruppe dar. Wir erkennen hier sehr gut, was soeben ausgeführt wurde, daß nämlich eine Gruppe, von unter schiedlicher Warte aus betrachtet, jeweils eine andere Struktur zeigt.

Machen Sie jetzt einmal einen solchen Test, und zwar so, daß Sie sich einfach eine Ihnen nahestehende Arbeitsgruppe vorstellen und überlegen,

a) wer ist häufig mit wem zusammen, z. B. bei informellen Gelegenheiten wie Mittagspause, Geburtstagsfeier, außerhalb des Betriebes?

b) Wer hat Führungseigenschaften in welchem Grad, so daß er eine Gruppe führen könnte, und wer würde wohl diese Meinung von den einzelnen teilen?

c) Welche Gruppenangehörigen ziehen das Vertrauen der anderen auf sich, und zwar von welchen anderen?

d) Wer wird am wenigsten gern zu informellen Gelegenheiten hinzugezogen, und wer geht zu diesen Gruppenmitgliedern am ehesten auf Distanz?

Entsprechend unseren Beispielen sollten Sie davon vier bildliche Darstellungen anlegen und untereinander vergleichen. Das Zeichnen eines Soziogramms verlangt einige Vorarbeit. Zunächst legen wir für jede Frage eine Matrix an: In der Vorspalte schreiben wir die Namen derjenigen untereinander, die "wählen", und in der Kopfleiste in gleicher Reihenfolge die Namen der "Gewählten". Sodann schreiben wir in die Schnittpunkte von Zeilen und Spalten die Zahlen 1, 2 oder 3, je nachdem, ob die erste, zweite oder dritte Wahl getroffen worden ist. Die Spaltensummen zeigen uns, wie oft jeder (an 1., 2. oder 3. Stelle) gewählt worden ist. (**Bild 63**) Die Zeilensummen zeigen uns die Anzahl der Wahlen, die der einzelne abgegeben hat. Die Matrizen können

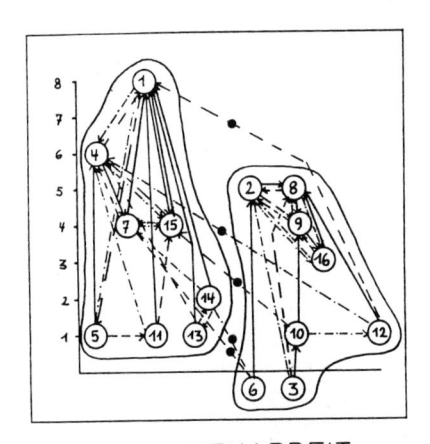

ZUSAMMENARBEIT

Bild 59:
Gruppe nach Sympathie

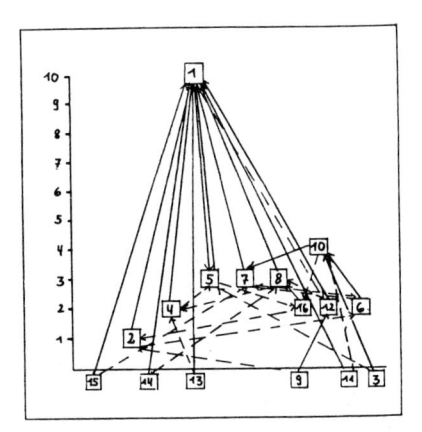

FÜHRERROLLE

Bild 60:
Gruppe nach Führerrolle

VERTRAUENSROLLE

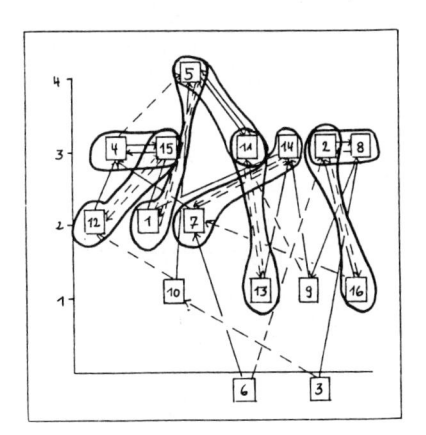

Bild 61:
Gruppe nach Vertrauensrolle

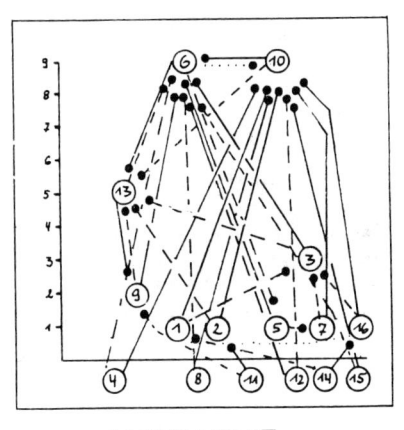

ANTIPATHIE

Bild 62:
Gruppe nach Antipathie

auch noch addiert werden, um festzustellen, wie viele positive und negative Voten der einzelne auf sich gezogen und abgegeben hat. Mit einer entsprechenden Punktbewertung ist dann sogar eine Reihung der einzelnen Gruppenmitglieder nach ihrer Bedeutung möglich.

S O Z I O G R A M M
RWTH Aachen 86/7

12 Bogen
ZUSAMMENARBEIT

```
    U J S 8 R H Z 7 A 5 6 B
    ------------------------
U   0 1 3 0 0 0 0 0 0 0 0 2
J   0 0 2 1 0 0 0 0 0 0 0 3
S   0 0 0 0 0 0 0 0 0 1 0 2
8   2 3 1 0 0 0 0 0 0 0 0 0
R   0 0 0 0 0 3 0 0 0 1 0 2
H   0 0 0 0 1 0 0 0 0 2 0 3
Z   0 0 3 0 0 0 0 0 0 2 0 1
7   0 0 0 0 0 0 0 0 1 2 0 3
A   0 0 0 0 0 0 1 0 3 0 0 2
5   2 2 0 0 1 0 0 0 0 0 2 3
6   0 0 1 3 0 0 0 0 0 0 0 2
B   1 0 0 0 0 0 0 0 0 2 3 0
    ------------------------
1=  1 1 2 1 2 0 0 1 1 2 0 1
2=  1 0 1 0 0 0 0 0 0 4 1 5
3=  0 1 2 1 0 1 0 0 0 1 1 4
    ------------------------
Gs  2 2 5 2 2 1 0 1 1 7 2 10
```

12 Bogen
FÜHRERROLLE

```
    U J S 8 R H Z 7 A 5 6 B
    ------------------------
U   0 0 0 0 0 0 2 0 0 0 1 0
J   0 0 1 0 0 3 2 0 0 0 0 0
S   0 0 1 0 0 0 0 2 0 0 0 0
8   0 0 1 0 0 0 0 0 0 0 0 2
R   0 0 0 3 0 0 0 0 0 1 2 0
H   0 0 1 0 0 0 0 0 2 3 0 0
Z   0 0 1 0 2 0 0 0 0 0 0 0
7   0 0 3 0 0 0 0 2 0 1 0 0
A   0 0 0 0 0 0 0 2 1 0 0 0
5   2 0 0 0 0 0 0 2 0 0 1 0
6   0 0 1 0 0 0 0 0 0 0 0 2
B   0 0 0 0 0 0 0 0 0 0 1 2
    ------------------------
1=  0 0 6 0 0 0 0 1 2 3 0
2=  0 0 0 0 1 2 4 0 1 1 3
3=  0 0 1 1 0 1 0 0 0 0 1 0
    ------------------------
Gs  0 0 7 1 0 2 2 4 1 3 5 3
```

12 Bogen
VERTRAUENSROLLE

```
    U J S 8 R H Z 7 A 5 6 B
    ------------------------
U   0 0 0 2 0 0 0 0 0 0 0 1
J   0 0 2 1 0 0 0 0 0 0 0 3
S   0 0 0 1 0 0 0 2 0 0 0 0
8   2 0 1 0 0 0 0 0 0 0 0 0
R   0 0 2 0 0 1 0 0 0 3 0 0
H   0 0 3 0 1 0 0 0 0 2 0 0
Z   0 0 2 0 0 0 0 0 0 0 0 1
7   0 0 1 0 0 0 0 0 0 2 0 0
A   0 0 0 0 0 0 1 0 0 0 2
5   0 0 2 0 1 0 0 0 0 0 0
6   0 0 2 1 0 0 0 0 0 0 0
B   2 0 0 1 0 0 0 0 0 0 0
    ------------------------
1=  0 0 2 4 2 1 0 1 0 0 0 2
2=  2 0 5 1 0 0 0 1 0 1 1 1
3=  0 0 1 0 0 0 0 0 1 0 1
    ------------------------
Gs  2 0 8 5 2 1 0 2 0 2 1 4
```

12 Bogen
NICHT-ZUSAMMENARBEIT

```
    U J S 8 R H Z 7 A 5 6 B
    ------------------------
U   0 0 0 0 0 0 0 2 1 0 0 0
J   0 0 0 0 0 0 0 3 2 1 0 0
S   0 0 0 0 0 0 2 1 0 0 0 0
8   0 0 0 0 0 0 0 1 0 2 0 0
R   0 2 0 0 0 0 1 3 0 0 0 0
H   0 0 0 0 0 0 0 2 0 0 1 0
Z   1 0 0 0 0 0 0 2 0 0 0 0
7   1 2 0 0 0 0 0 0 0 0 0 0
A   1 0 0 0 0 0 0 0 0 0 2 0
5   1 2 0 0 0 0 0 0 0 0 0 0
6   0 0 0 0 0 0 0 1 0 0 2 0
B   0 1 0 0 0 0 0 0 2 0 0 0
    ------------------------
1=  4 1 0 0 0 0 1 3 1 1 1 0
2=  0 3 0 0 0 0 1 3 2 1 2 0
3=  0 0 0 0 0 0 0 2 0 0 0 0
    ------------------------
Gs  4 4 0 0 0 0 2 8 3 2 3 0
```

Bild 63: Matrizen für "Wahlen" nach Zusammenarbeit, Führerrolle, Vertrauensrolle und Nicht-Zusammenarbeit

Die Zeichnung der Soziogramme wird mit zunehmender Beteiligtenzahl komplizierter — schon wegen der auftretenden Wahlüberschneidungen, die nach Möglichkeit durch eine zweckmäßige Verteilung der Personenkennungen im Soziogramm auf ein Mindestmaß herabgesetzt werden sollen. Ein neues Computerprogramm kann hier wertvolle Hilfe leisten und zeichnet Matrizen und Soziogramm in einem Arbeitsgang, wobei nach Wahl die Verbindungslinien nach 1., 2. und 3. Wahl in einem, oder in mehreren Bildern dargestellt oder ganz weggelassen werden können.

Nun haben Sie Ihre Testbilder. Das allein mag schon eine interessante Erfahrung mit sich bringen, weil Sie erkennen, wie unterschiedlich Sie die einzelnen Gruppenmitglieder einschätzen. Warum eine solche Einschätzung so und nicht anders erfolgt, welche Vorstellungen dahinterstecken, werden wir noch untersuchen. Hier interessiert jetzt erst einmal, welche Konsequenzen können wir aus dem Soziogramm, d.h. der festgestellten Gruppenstruktur, ziehen?

Nehmen wir zunächst die Auswertung der Kategorie Zusammenarbeit: Wie bei Fiedler können wir uns, was die Zusammenarbeit von Arbeitsgruppen anbelangt, unterschiedliche Situationen, gegebenenfalls auch unterschiedliche Schwierigkeitsgrade vorstellen:

1. Wettbewerbssituation,
2. Aufgaben der Ideenfindung,
3. Arbeit in Abhängigkeit von anderen Arbeitsgruppen (Vormateriallieferung),
4. Arbeit mit Risiko (Gefährliche Situationen),
5. Alleinarbeit (Schreibsaal, Zeichensaal, viele Einzelmaschinen).

Eine Ordnung der Gruppe kann nach Sympathie und Antipathie oder neutral und gemischt erfolgen.

In einer Wettbewerbssituation (1), z. B. bei der Verteilung von gleichen Aufgaben parallel an verschiedene Arbeitsgruppen bietet sich eine Ordnung nach Sympathie geradezu an.

Auch in Situation 2, bei der Ideenfindung, liegt eine Ordnung nach Sympathie nahe, obgleich ein Hecht im Karpfenteich u.U. zu originelleren Lösungen führen kann.

Bei abhängigen Arbeitsgruppen (3) ist eine Ordnung nach Sympathie "tödlich", weil zwar innerhalb der Gruppe intensiv gearbeitet wird, zugleich aber eine verzögerte Zusammenarbeit mit der nächstfolgenden diesen Erfolg mehr als ausgleicht und für den Gesamtbetrieb zunichte macht, wie das Beispiel eines solchen Versuchs in der betrieblichen Wirklichkeit gezeigt hat. Hier ist eine neutrale Ordnung oder "natürliche" Mischung angezeigt.

In Risikosituationen (4) ist eine Ordnung nach Sympathie unumgänglich. Zwei Bergsteiger, die wegen ihrer gemeinsamen "Angebeteten" verfeindet sind, wird man kaum ohne Bedenken in die Eigernordwand steigen lassen; das gilt für Arbeiten am Hochhausgerüst oder ähnliche Arbeitssituationen genauso, geschweige denn bei Aufträgen in Krisen-, Not- oder Kriegssituationen (Marinebeispiel).

Eine bisher nicht empfohlene Ordnung nach Antipathie ist für den Betrieb nützlich eigentlich nur bei Alleinarbeit (5), denkbar z. B. in großen Zeichensälen oder Werkhallen, in denen jeder seine spezielle Aufgabe hat und für sich arbeitet. Keiner spricht mit den anderen. Die Zeit geht am schnellsten herum, wenn man unentwegt intensiv arbeitet ...

Die aus dem Soziogramm abzulesenden Empfehlungen zeigt eine Übersicht, die ähnlich angelegt ist wie das Fiedlersche Kontingenzmodell (**Bild 64**).

Zusammenarbeit ➔ Arbeitssituation ⬇	Sympathie	Indifferenz (neutral)	Antipathie
Wettbewerb	● ●		
Problemlösung/ Ideenfindung	● ●		●
Abhängigkeit and. Gr.		● ●	
Risiko	● ● ●		
Alleinarbeit in Gruppe			●

Bild 64: Empfehlung für das Führungsverhalten, abhängig von der Aufgabenstellung der Gruppe

Nun zur Auswertung der Kategorie "Führungseigenschaften". Hier spielt die Arbeitssituation nur insofern eine Rolle, als man gelegentlich die Arbeitsgruppen aufteilen muß und mit Einzelaufgaben versieht. Die für die Untergruppen Verantwortlichen sollten nach der Erkenntnis besserer Führungseigenschaften ausgewählt werden. Das gilt natürlich auch für die formell oder informell vorgesehene Vertretung des jeweiligen Vorgesetzten. In Kriegszeiten hat sich dies immer schon sehr schnell aus der Situation ergeben ("Alles hört auf mein Kommando!"), auch im Betrieb kann man dies meist ohne Druck von außen vorsehen oder aber auch "geschehen" lassen: Die Führungseigenschaften setzen sich meist durch.

Die Kategorie Vertrauen wird wichtig in Krisensituationen und bei personell bestimmten Schwierigkeiten (von Mißverständnissen bis zu Zerwürfnissen). Hier kann es für den Vorgesetzten sehr wichtig sein, zu wissen, wer so viel Vertrauen bei den meisten genießt, daß er als "Vermittler" eingesetzt werden kann. Auch dies kommt im betrieblichen Alltag sicherlich häufig vor.

Die Kenntnis, wer in der Gruppe der Außenseiter ist, wird bei der Zusammensetzung von Arbeitsgruppen abhängig von Situation und Aufgabe analog zur Kategorie "Zusammenarbeit" spiegelbildlich wichtig. Die Kenntnis der Störenfriede macht eine vorsorgende Arbeitsverteilung und die Vermeidung von unnötigen Konfliktsituationen möglich.

Wie sehr sich diese unterschiedlichen Mitarbeitertypen auch von selbst "herausschälen", zeigt das bekannte Beispiel eines Seminars "Gruppendynamik" in einem für Weiterbildungsveranstaltungen benutzten Wasserschloß 4 km vom nächsten Ort entfernt. Die Teilnehmer harren bei Seminarbeginn um 15.00 Uhr am Samstagnachmittag auf den Referenten, werden ab 15.15 Uhr unruhig, diskutieren ab 15.30 Uhr darüber, was sie tun sollen, lassen ab 15.45 Uhr Pläne entstehen, beschließen um 16.10 Uhr nach den mehr oder weniger bewußt erfolgten Selbst- und Fremdeinschätzungen (Führerrolle, Vertrauensrolle, Sympathie, Antipathie), wie man vorgehen soll mit Fußmarsch ins Dorf und Nachrichtenübermittlung an den verbleibenden Rest und erfahren um 16.30 Uhr vom eintreffenden Referenten, daß hier ein beabsichtigter gruppendynamischer Prozeß im Gange war, den es nun auszuwerten gilt.

Bevor wir uns weiter mit der Gruppendynamik auseinandersetzen, noch einmal zum Soziogramm:

In zwei Institutinen wird es als Führungshilfsmittel gelehrt:

1. In der Führungsakademie der Bundeswehr in Hamburg — wobei ich Zweifel habe, ob es in der Truppe wirklich angewendet wird (Ausnahme Krisensituationen und dann ist es meist zu spät).

2. In der Ausbildung von Kindergärtnern und Kindergärtnerinnen. Hier ist die kontinuierliche Anwendung in der Praxis für die Kinderbetreuung fast unverzichtbar, wenn es darum geht, die Abseitsstehenden in die Spielgruppen einzubinden und die Störenfriede, die den anderen immer das Spielzeug

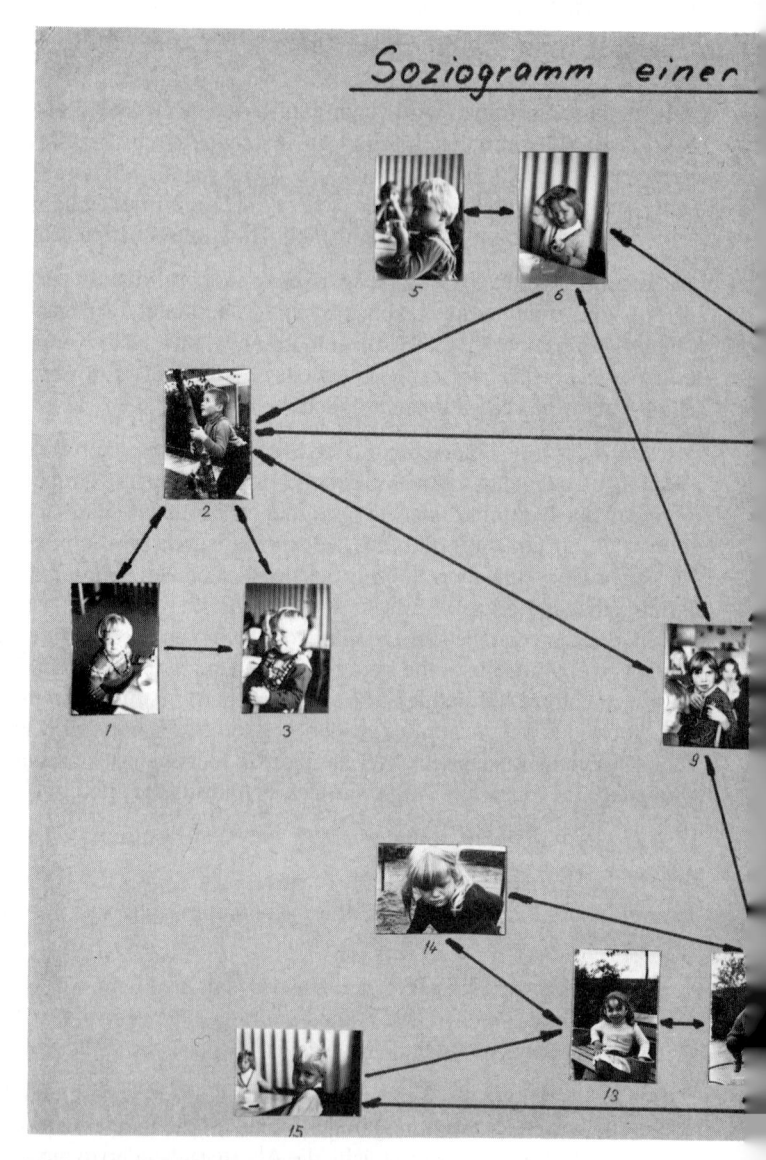

Bild 65a: Kinder im Kindergarten

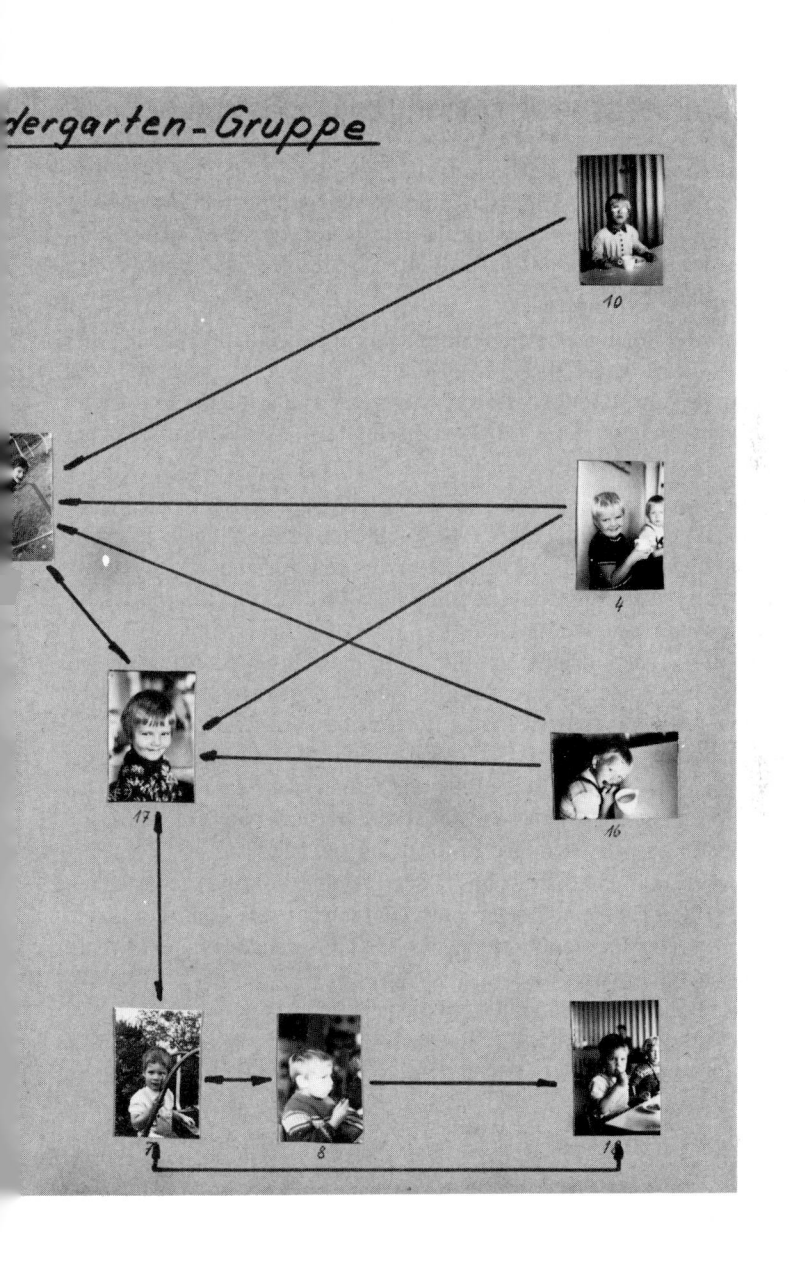

...dergarten-Gruppe

wegnehmen, zurückzuschneiden. Übrigens ein typisches Beispiel eines Soziogramms allein aufgrund von Beobach tung.

Mit Studentengruppen habe ich vor Jahren an zwei Tagen zwei Paralleluntersuchungen in acht Düsseldorfer städtischen Kindergärten und einem Düsseldorfer Industriebetrieb durchgeführt, um zu sehen, wie allein durch Beobachtung die informellen Verbindungen in und zwischen Gruppen in Soziogrammen festgehalten werden können. Das Ergebnis war in beiden Fällen erstaunlich und kaum gravierend unterschiedlich. Zwei Beispiele seien hier angeführt (**Bild 65 s. S. 126, 127 u. 129**).

Natürlich kann das Soziogramm auch durch Abfragen ermittelt werden. Aber auch hier gilt die Notwendigkeit der absoluten Anonymität und besteht die Gefahr (zumindest im Betrieb) nicht ernstgenommen zu werden. Ein Beispiel für ein **Experiment** dieser Art werden wir im Kapitel 4 "Methoden praktischer Sozialforschung" noch nachtragen.

Das Soziogramm ist zunächst eine Momentaufnahme, also ein typisch statisches Hilfsmittel wie ein Einzelfoto. Eine Folge von Soziogrammen zu unterschiedlichen Zeiten und in unterschiedlichen Situationen kann jedoch wie ein Film zusammengesetzt werden und ermöglicht damit die Darstellung eines dynamischen Prozesses.

Eine solche Verlaufsuntersuchung wollen wir uns anschauen, nachdem wir eine Möglichkeit gefunden und dargestellt haben, die festgestellten — und sich verändernden — Situationen, wie sie das Soziogramm beschreibt (Sozio = Gesellschaft, graphein = schreiben), zu erklären. Hier hilft uns in geradezu verblüffender Weise die bereits näher erläuterte Methode des Semantiktests. Das wollen wir an einem einfachen schematischen Beispiel demonstrieren und dann mit Bildern aus verschiedenen Untersuchungen belegen.

Wie die nachstehende Abbildung eines Soziogramms (**Bild 66**) zeigt, haben sich die Beteiligten ganz eindeutig positiv oder negativ, also für oder gegen Gruppenangehörige entschieden, mit denen sie gern zusammen- bzw. nicht gern zusammenarbeiten würden. Die Personen 4, 5 und 3 werden gewählt, die Personen 6, 7 und 10 nicht. Nun können wir spekulieren oder aus eigener Einschätzung vermuten, warum diese Entscheidungen für oder gegen bestimmte Personen gefallen sind. Wirklich zuverlässige Angaben können wir jedoch nicht machen, denn

1. kennen wir unsere eigenen Vorstellungen kaum so genau, daß wir sie exakt beschreiben könnten,

2. kennen wir erst recht nicht die Beweggründe, die die verschiedenen Gruppenteilnehmer veranlaßt haben, ihre Wahl so und nicht anders zu treffen.

Bild 65b: Arbeitsgruppe im Betrieb

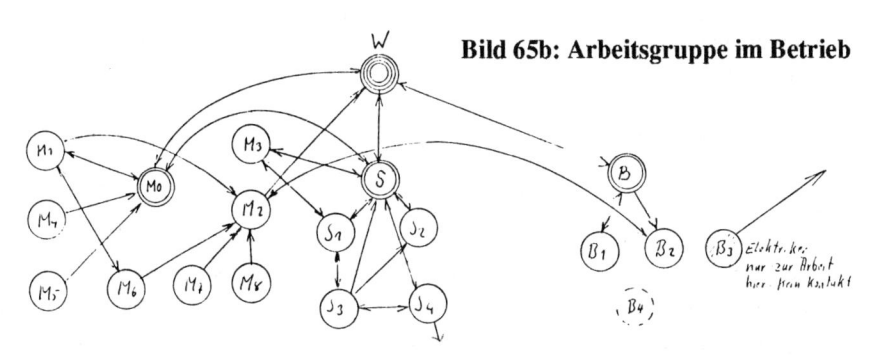

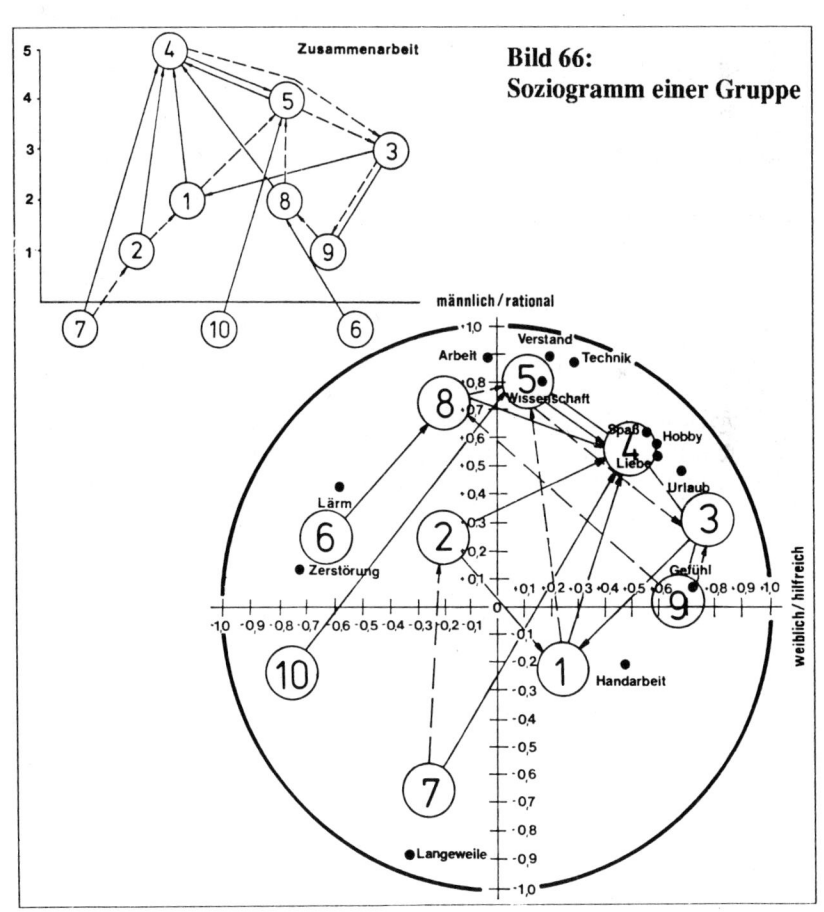

Bild 66: Soziogramm einer Gruppe

129

Den gleichen Personenkreis haben wir aufgefordert, die beteiligten Personen auch mit Hilfe des semantischen Differentials einzuordnen. Und siehe da: Plötzlich wissen wir, daß 5 wegen seines Verstandes, 4 wegen seiner Kameradschaftlichkeit und 3 wegen seiner freundlichen Hilfsbereitschaft gewählt, hingegen 8 wegen seiner disziplinierten Haltung, 7 als Langweiler, 6 als Streithammel und 10 als Angsthase abgelehnt werden. 1 gilt als besonders zartbesaitet.

In der Wirklichkeit mag es einem dann "wie Schuppen von den Augen fallen", weil man diese Einschätzung als richtig erkennt und "eigentlich immer schon so gefühlt hat" - ein Zeichen dafür, daß unsere Methode treffsicher ist, keineswegs aber ein Grund, zu sagen, man käme auch ohne sie leicht zum gleichen Ergebnis. Das würde ein praktischer Test sofort beweisen. Tatsächlich gilt auch hier die Erkenntnis, daß wissenschaftlich richtig ermittelte Ergebnisse häufig als "selbstverständlich" empfunden werden, obgleich man ohne die wissenschaftliche Untersuchung kaum zum selben Ergebnis gekommen wäre. Im Gegenteil, die Übereinstimmung ist oft nur ein Beweis für die Plausibilität. Nichtplausible Ergebnisse sind nicht selten auch falsch oder die Folge unrichtiger Vorgehensweise.

Nun wie angekündigt einige Beispiele aus kombinierten Soziogramm-Semantik-Tests, die an der Fachhochschule Düsseldorf, der Rheinisch-Westfälischen Technischen Hochschule Aachen, an der Montanuniversität Leoben und in Seminaren für Führungskräfte durchgeführt wurden (**Bilder 67, 68, 69, 70 s. S. 132-139**). Sie zeigen in allen Fällen, wie vorteilhaft der Semantiktest die soziographisch festgehaltenen Wahlentscheidungen ergänzt und interpretiert. Wir erkennen sehr schnell, warum Personen, denen Führerrollen zuerkannt werden, durchaus beliebt oder unbeliebt sein können, und daß die Entscheidung für eine Zusammenarbeit mit der Entscheidung "Führerrolle" oder "Vertrauensrolle" zusammenhängen kann oder nicht - je nach der individuellen Einschätzung der betroffenen Personen.

Etwas verallgemeinert kann man sagen, daß die Führerrolle im Bereich von Verstand und Erfolg angesiedelt ist, die Entscheidung für Zusammenarbeit mit Vorstellungen wie Kameradschaft und Motivation einhergeht und die "Vertrauensrolle" bei Hilfsbereitschaft und Freundlichkeit zu sehen ist und eben auch bei "gutem Betriebsklima". Die Ablehnungen streuen hingegen viel stärker, da können Vorstellungen von Drill, Lärm, Streit, Zerstörung, Sturheit, Angst, Erfolglosigkeit, Langeweile und Faulheit mitspielen (**Bild 71**).

Auch hier empfehlen wir Ihnen, für sich die Probe aufs Exempel zu machen: Füllen Sie doch einmal für die Personen in dem von Ihnen aufgestellten Soziogramm je einen Semantikbogen aus und vergleichen Sie die so ermittelten

```
SEMANTIKTEST-KURZAUSWERTUNG

RWTH Aachen

KORRELATIONSMATRIX
===========================
             F2       F1
---------------------------
Z = Zus:    0.62     0.59
F = Füh:    0.72     0.47
U = Utr:    0.54     0.65
N = N.Z:   -0.35    -0.52
---------------------------
```

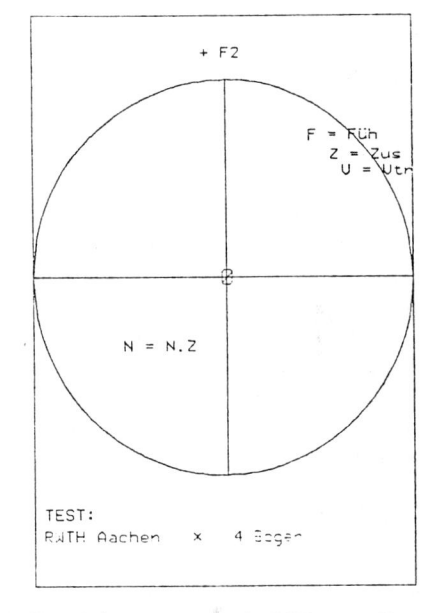

                                    + F2

                                F = Füh
                                Z = Zus
                                U = Utr

                                N = N.Z

                        TEST:
                        RWTH Aachen   x   4 Bögen

Bild 71: Die typischen Vorstellungen für Zusammenarbeit, Führerrolle, Vertrauensrolle und (wechselnd) für Nicht-Zusammenarbeit (siehe auch Anhang 2)

Profile mit den von uns nachstehend abgedruckten typischen Profilen für Verstand, Kameradschaft, Hilfsbereitschaft, Langeweile, Angst, Sturheit, Lärm und Zerstörung (**Bilder 72 - 79 s. S. 140/41**). Eine Umrechnung zur Verortung im semantischen Raum werden Sie erst vornehmen können, wenn Sie das Kapitel über die Korrelationsrechnung (s. d.) gelesen haben. Aber auch die Musterprofile geben Ihnen bereits einige Hinweise auf die mutmaßliche Lage Ihrer Testpersonen im semantischen Raum (**Bild 80 s. S. 142**).

Nachdem wir die Voraussetzungen für die Gruppenarbeit und die Struktur von Gruppen behandelt haben, wollen wir uns noch einmal kurz mit den dynamischen Prozessen befassen. Jede Gruppenstruktur ist abhängig von vielen inneren und äußeren Einflüssen und durchaus zeitabhängig, das wird das an-

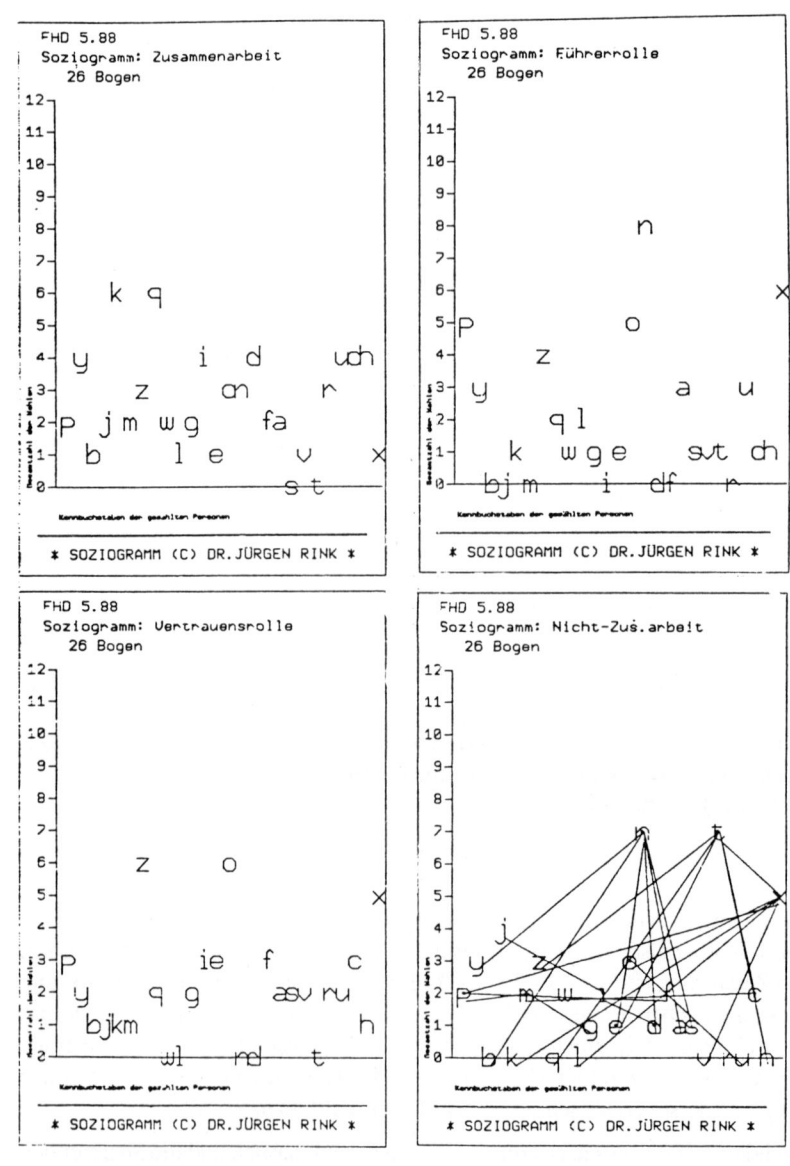

Bild 67: Soziogramm (Bild 4 = 1. Wahl) und semantische Einordnung der abgelehnten Gruppenmitglieder. Der Grund der Ablehnung ist deutlich erkennbar (FH Düsseldorf)

TEST:
FHD 5.88 Ni.Z.   x   26 Bogen
F2 = -0.49 / F1 = -0.4

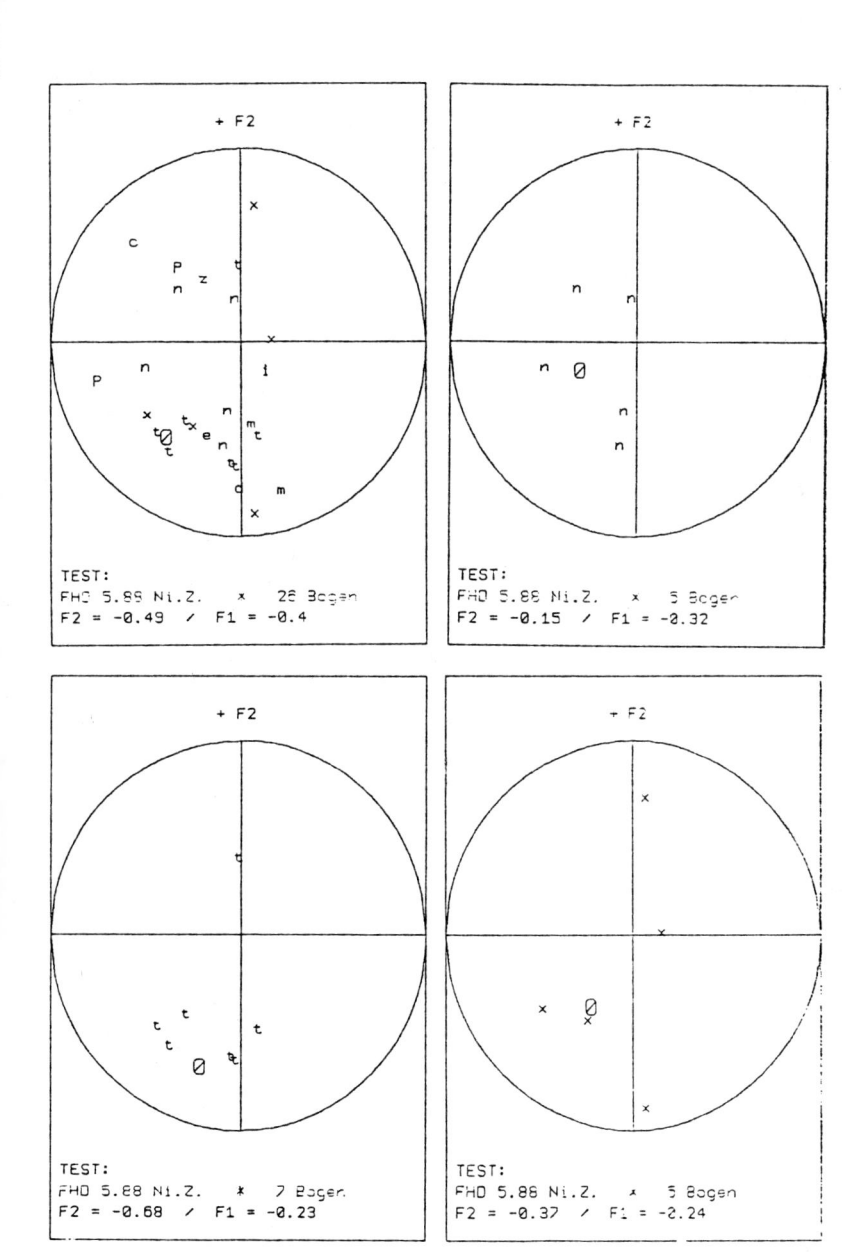

TEST:
FHD 5.88 Ni.Z.   x   5 Bogen
F2 = -0.15 / F1 = -0.32

TEST:
FHD 5.88 Ni.Z.   x   7 Bogen
F2 = -0.68 / F1 = -0.23

TEST:
FHD 5.88 Ni.Z.   x   5 Bogen
F2 = -0.37 / F1 = -2.24

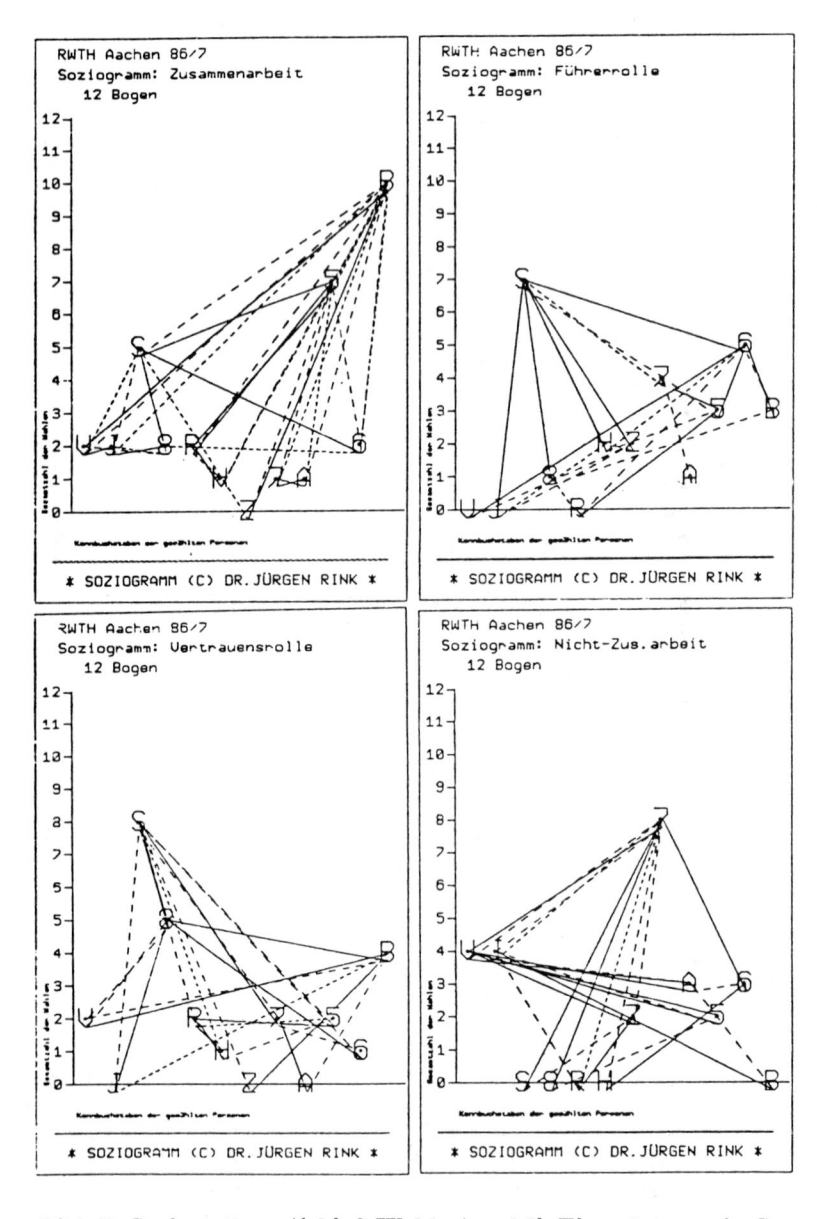

Bild 68: Soziogramme (1. bis 3. Wahlen) und die Einordnungen im Semantischen Raum (RWTH Aachen)

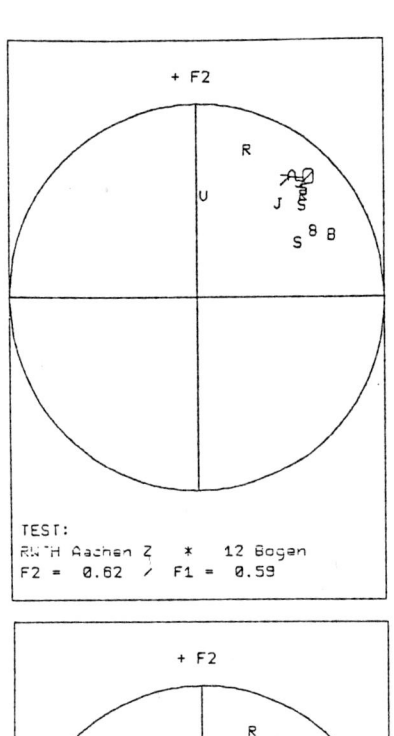

TEST:
RWTH Aachen Z * 12 Bogen
F2 = 0.62 / F1 = 0.59

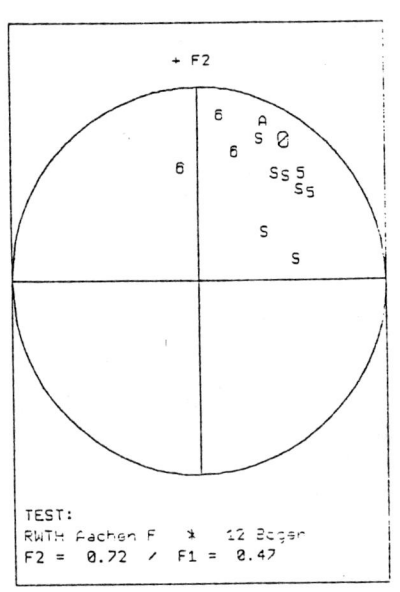

TEST:
RWTH Aachen F * 12 Bogen
F2 = 0.72 / F1 = 0.47

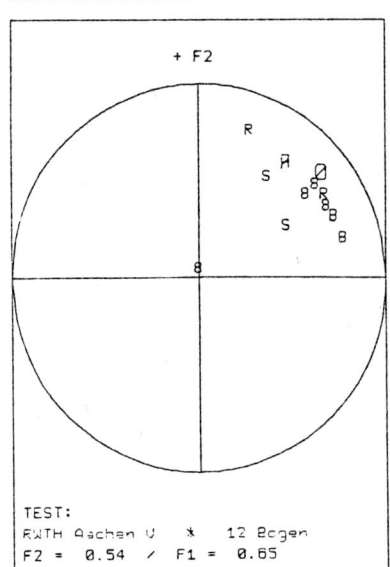

TEST:
RWTH Aachen U * 12 Bogen
F2 = 0.54 / F1 = 0.65

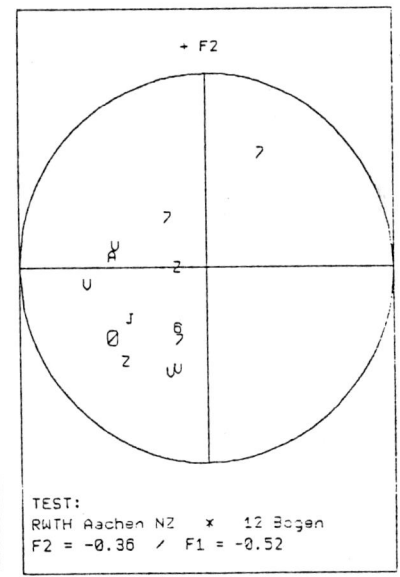

TEST:
RWTH Aachen NZ * 12 Bogen
F2 = -0.36 / F1 = -0.52

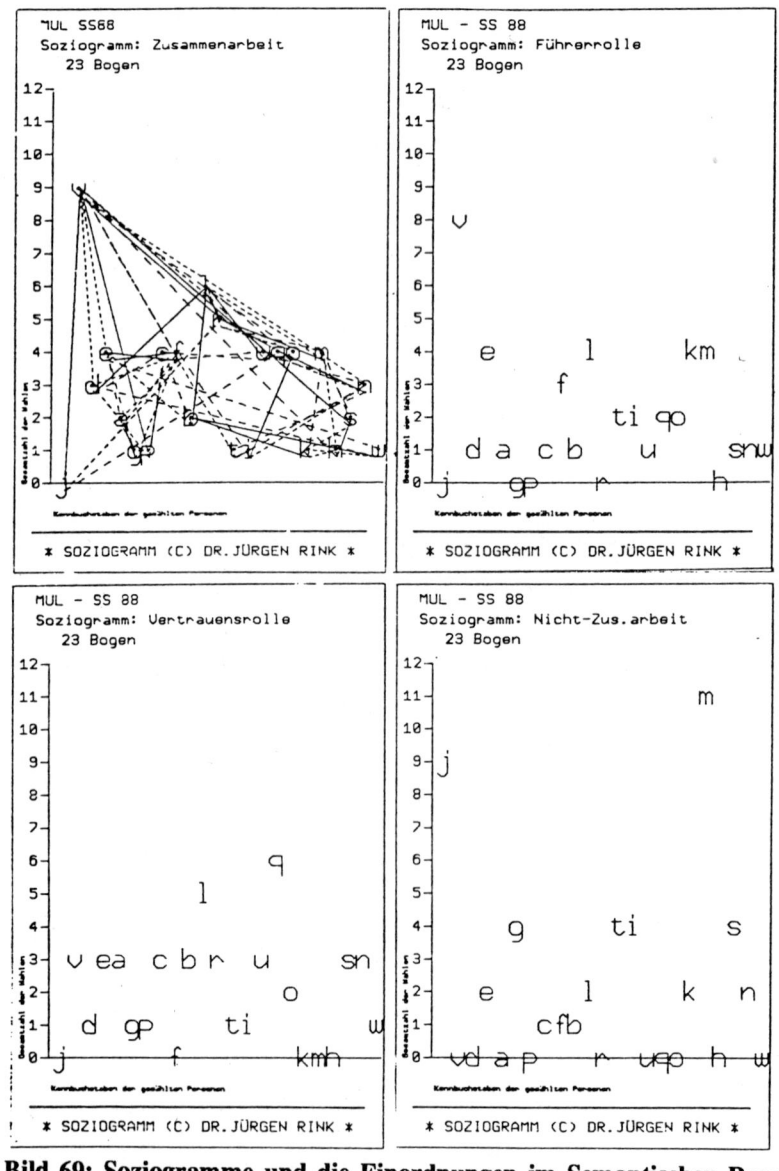

Bild 69: Soziogramme und die Einordnungen im Semantischen Raum (MU Leoben)

136

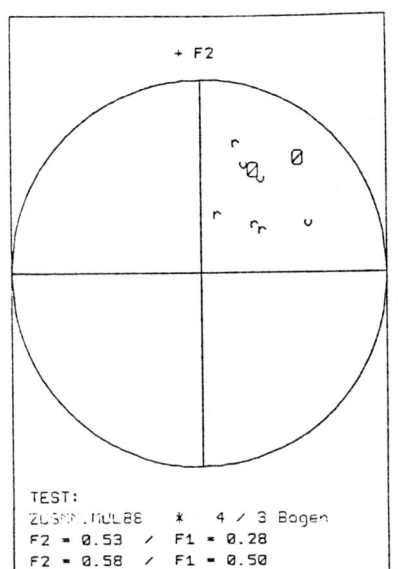

TEST:
ZUSMM.MUL88   *   4 / 3 Bogen
F2 = 0.53 / F1 = 0.28
F2 = 0.58 / F1 = 0.50

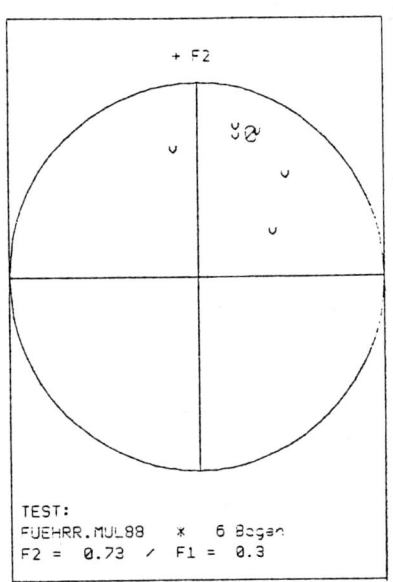

TEST:
FUEHRR.MUL88   *   6 Bogen
F2 = 0.73 / F1 = 0.3

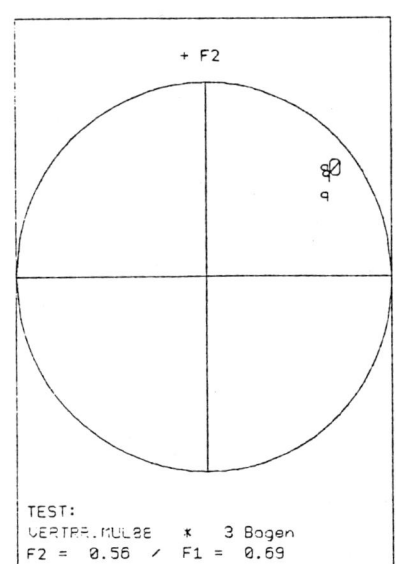

TEST:
VERTRR.MUL88   *   3 Bogen
F2 = 0.56 / F1 = 0.69

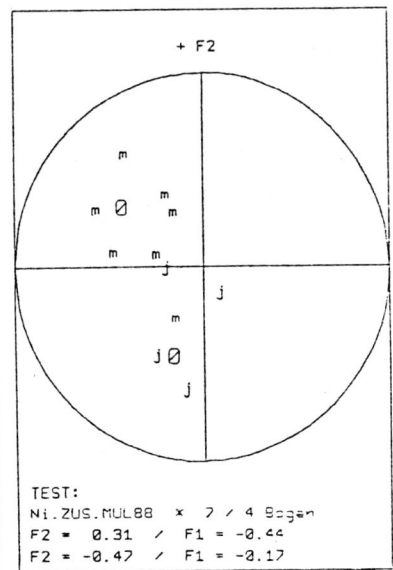

TEST:
Ni.ZUS.MUL88   *   7 / 4 Bogen
F2 = 0.31 / F1 = -0.44
F2 = -0.42 / F1 = -0.17

137

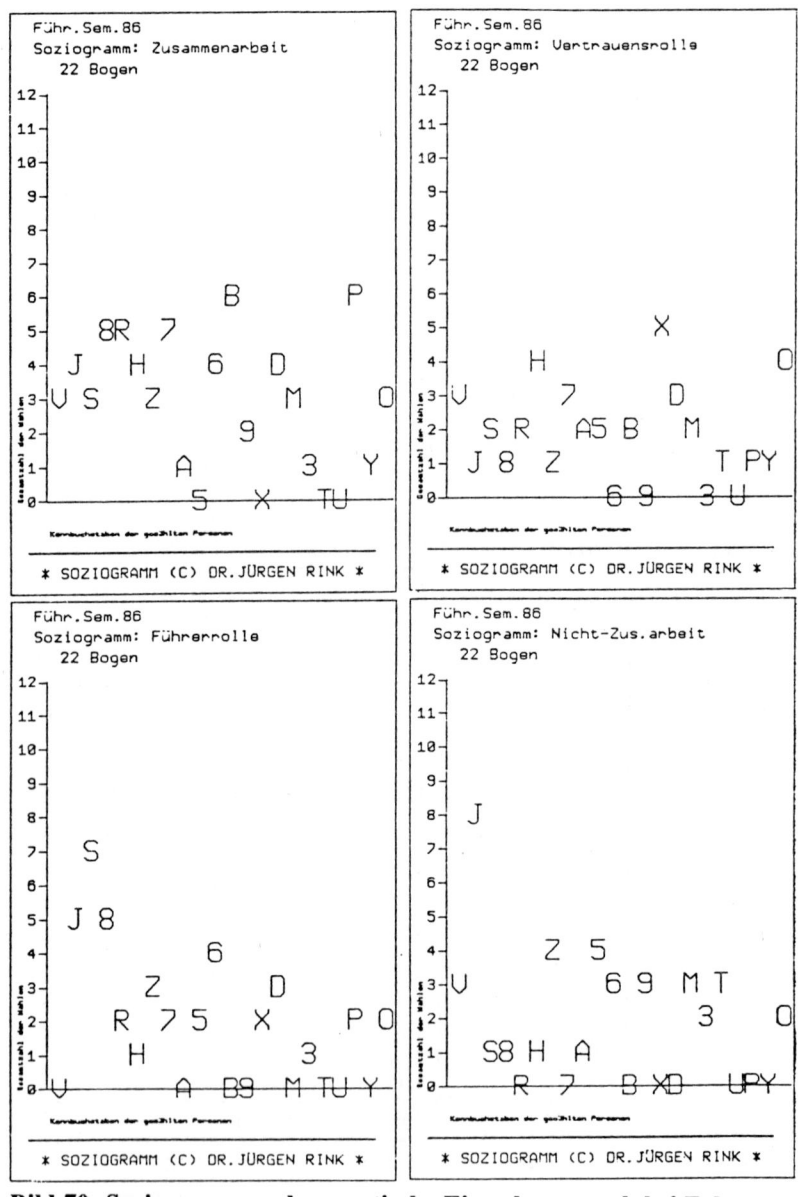

Bild 70: Soziogramm und semantische Einordnung auch bei Führungskräften mit gleicher Tendenz

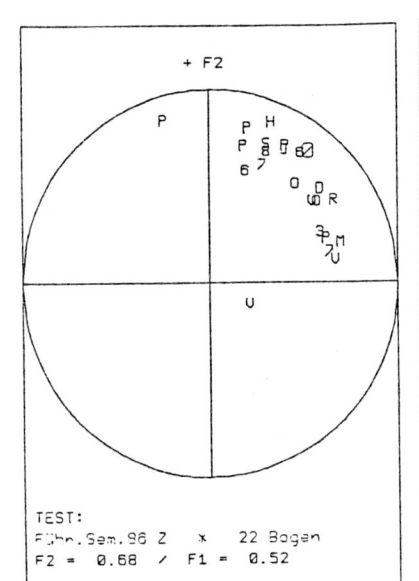

TEST:
Führ.Sem.96 Z * 22 Bogen
F2 = 0.68 / F1 = 0.52

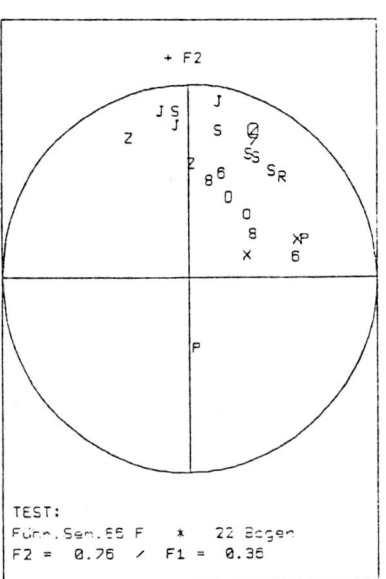

TEST:
Führ.Sem.85 F * 22 Bogen
F2 = 0.76 / F1 = 0.36

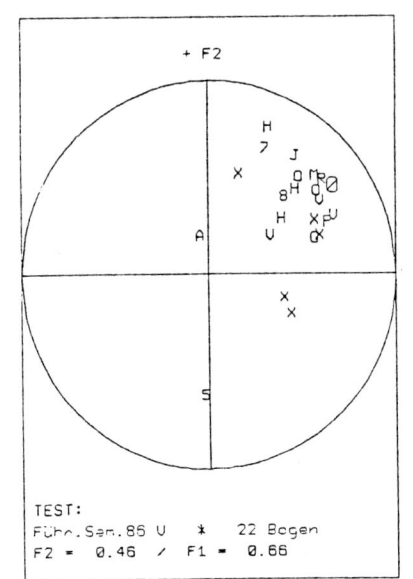

TEST:
Führ.Sem.86 U * 22 Bogen
F2 = 0.46 / F1 = 0.66

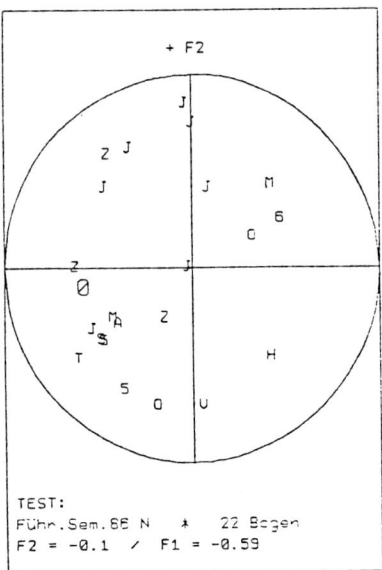

TEST:
Führ.Sem.86 N * 22 Bogen
F2 = -0.1 / F1 = -0.59

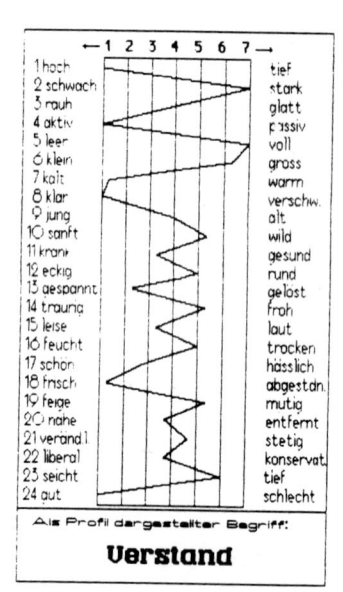

Bild 72: Profil vereinfacht — Verstand

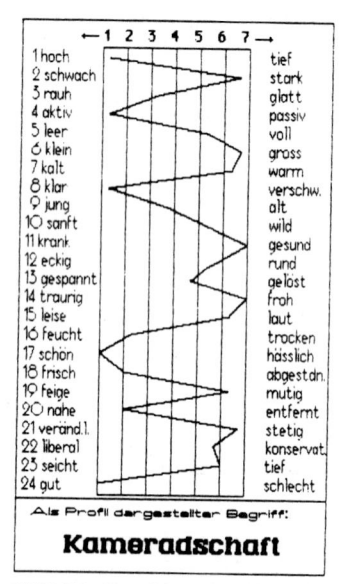

Bild 73: Profil vereinfacht — Kameradschaft

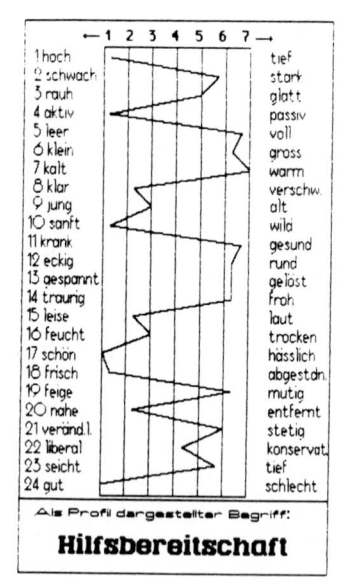

Bild 74: Profil vereinfacht — Hilfsbereitschaft

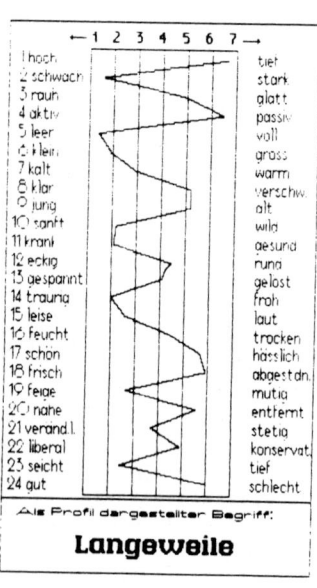

Bild 75: Profil vereinfacht — Langeweile

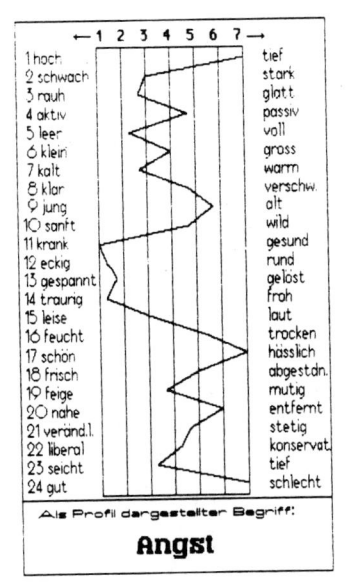

Bild 76: Profil vereinfacht — Angst

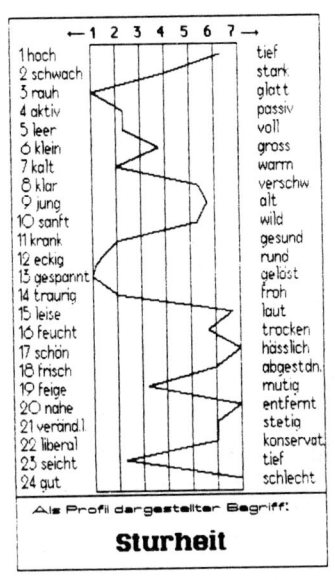

Bild 77: Profil vereinfacht — Sturheit

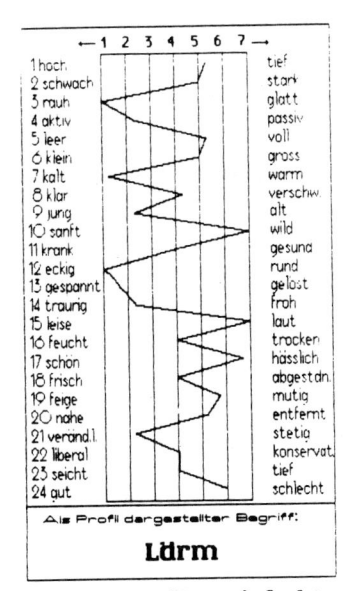

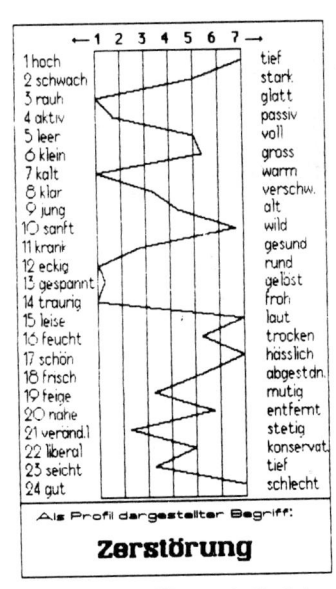

Bild 78: Profil vereinfacht — Lärm

Bild 79: Profil vereinfacht — Zerstörung

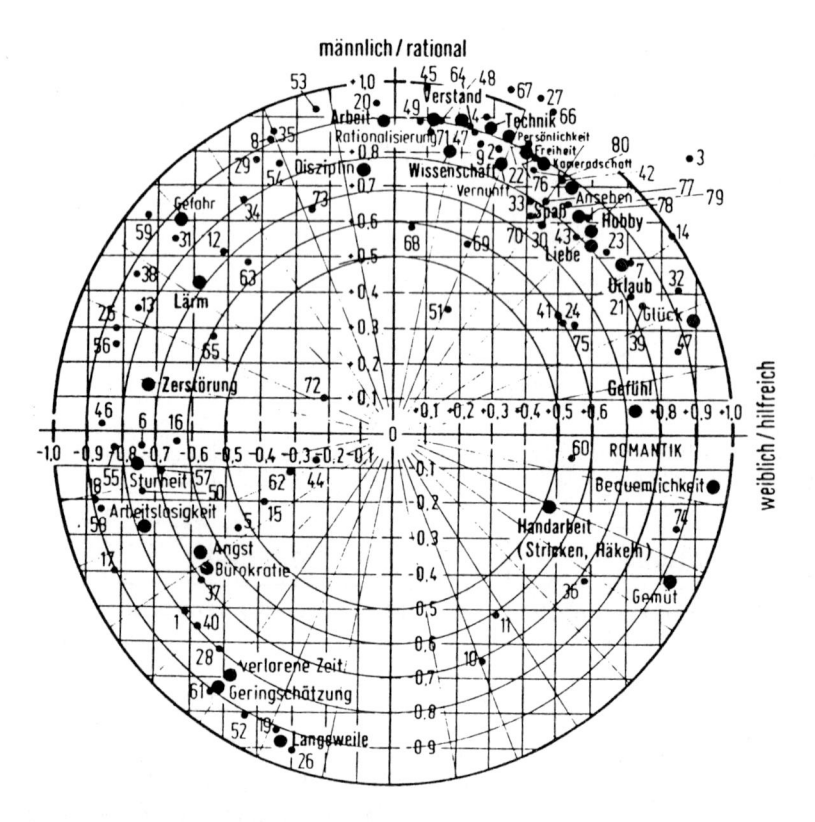

Bild 80: Der Semantische Raum mit einer größeren Auswahl von getesteten Begriffen

gekündigte Experiment (s. d.) sehr augenfällig machen. Sie können dies jedoch, wie ausgeführt, auch dadurch für sich sichtbar machen, daß Sie von Zeit zu Zeit ein neues Soziogramm anlegen, um durch Vergleich Veränderungen zu ermitteln.

Die eingetretenen und von Ihnen festgestellten Veränderungen mögen Sie selbst durch Ihr Verhalten und Ihre Vorgesetzten- Entscheidungen ausgelöst haben, die Sie vielleicht auf Grund Ihrer Kenntnis der Gruppenstruktur getroffen haben. Auf keinen Fall sollten sie das Ergebnis der Tatsache sein, daß den Gruppenangehörigen ihre Situation und die soziographische Einordnung bekannt gemacht wurde. Eine derartige Information ist außerordentlich gefährlich und kann sogar im Extremfall zu Zusammenbrüchen von Persönlichkeiten führen, denen man das nie zugetraut hätte, wie die "Offenlegung" eines Soziogramms in der Führungsakademie der Bundeswehr einmal gezeigt hat. Das ist auch der Grund, weswegen wir immer wieder strikt eine anonyme Auswertung fordern und dies auch durch Einbau des Zufallszahlengenerators in unserem Auswerteprogramm eingegeben haben. (Bei Darstellung von Soziogrammauswertungen vor den Beteiligten ist es sogar empfehlenswert, durch die Verschlüsselung auch dem Vortragenden die Identifizierung zu erschweren oder gar unmöglich zu machen. Er kann sich dann auch nicht verraten!)

3.4 Gruppeneinsatz

Eigentlich ist zu diesem Thema schon das meiste gesagt. Vielleicht noch soviel: Der Einsatz von Arbeitsgruppen sollte nicht das Ergebnis von Zufälligkeiten sein. Die Chance, zu einem optimalen Arbeitsergebnis zu kommen, ist weitaus höher, wenn wir streng methodisch nach Sicherstellung der Grundvoraussetzungen und in Kenntnis der augenblicklichen Gruppenstruktur vorgehen. Das schließt nicht aus, daß einmal gemachte Erfahrungen mit dem Einsatz bestimmter Arbeitsgruppen genutzt und bei folgenden Anordnungen berücksichtigt werden. Schon von Anfang an Zusammensetzung und Einsatz dem Zufall zu überlassen, mag zwar üblich sein, ist jedoch, jedenfalls nach Kenntnis der möglichen Methoden überlegter Mitarbeiterführung, kaum zu verantworten.

Der Einsatz von Arbeitsgruppen ist natürlich auch das Ergebnis der Organisationsstruktur und der innerbetrieblichen Informationswege. Wir verweisen in diesem Zusammenhang auf Band 4 dieser Reihe und auf den Teil "Grundprobleme der Organisation", den Manfred Timmermann in dem hier vorliegenden Band 3 beisteuert.

4. Methoden praktischer Sozialforschung

An verschiedenen Stellen des Buches haben wir bereits darauf hingewiesen, daß wir für die dargestellten Analysemethoden das Handwerkszeug nachliefern werden, das gilt sowohl für die hier einzusetzenden Methoden der praktischen Sozialforschung in weiterem Sinne wie für die im nächsten Kapitel abzuhandelnden Techniken der angewandten Statistik.

In beiden Kapiteln werden wir nicht die Fülle der Möglichkeiten darstellen. Dazu gibt es genügend weiterführende Fachliteratur; s. Literaturverzeichnis am Schluß des Buches. Wir beschränken uns auf diejenigen Methoden und Techniken, die für die Anwendung der in diesem Buch angeführten Tests und Erhebungen unverzichtbar sind, wobei wir hoffen, daß Sie auch tatsächlich die eine oder andere "Versuchsanordnung" nachvollziehen werden. Wir rechnen einfach mit Ihrer Neugier!

Die Anwendung von Methoden der praktischen Sozialforschung unterscheidet sich von normalen Vorgehensweisen im Alltag nicht grundsätzlich, sondern allenfals durch die Befolgung einer überlegten Systematik: Wenn wir im privaten oder betrieblichen Leben etwas wissen wollen, ist folgender Ablauf zu erwarten:

1. Wir haben eine Vorstellung davon, was in einer bestimmten Situation geschehen könnte: **Hypothese**.

Beispiel:
Die niedrigen Ölpreise veranlassen die Menschen, mit der Bestellung neuer Öllieferungen noch zu warten; Zeitungsmeldungen über mögliche Preiserhöhungen am Spot-Markt in Rotterdam lösen kurzfristig Verhaltensänderungen aus, die Nachfrage steigt, die Ölpreise ziehen an.

2. Wir überlegen, wie wir an Informationen kommen können, und beschließen, andere zu fragen: **Verifizierung/Falsifizierung**.

Beispiel:
Wir fragen unsere Nachbarn, wir fragen die Ölhändler.

3. Unsere Fragen sind **zielgerichtet** und in ihrer Formulierung wohlüberlegt: "Wann bestellen Sie wieder Öl?" "Sollen wir mit der Bestellung noch warten?" "Wie hoch ist der Preis zur Zeit, wird er in den nächsten Wochen steigen?"

4. Wir sortieren die gesammelten Informationen und formulieren nach kritischer Wertung eine **These**: Der Ölpreis wird frühestens nach den großen Ferien steigen.

5. Wir ziehen die **Schlußfolgerung**: Also warten wir mit dem Ölkauf noch.

Dieses Beispiel ist schon beinahe zu anspruchsvoll. Es zeigt aber, daß wir dann, wenn wir etwas Bestimmtes, für unser Handeln Wichtiges wissen wollen, ?9hfragen?h, und das nicht nur irgendwelche beliebigen Menschen, sondern zielgerichtet bestimmte Personen oder Personengruppen und mit Fragen, die der Sache dienen.

Nichts anderes geschieht bei der Anwendung der sozialwissenschaftlichen Methode der Befragung.

4.1 Befragung

Wir müssen hier unterscheiden zwischen

a) verschiedenen Formen der Befragung
und
b) Aufbau und Vorgehensweise.

Formen der Befragung: Analog zum privaten Fragen durch das Gespräch mit den Nachbarn oder die briefliche Anfrage bei Freunden und Verwandten unterscheiden wir zwischen

1. der mündlichen Befragung
und
2. der schriftlichen Befragung.

Die mündliche Befragung erfolgt im allgemeinen in Form des Interviews

— mit standardisiertem Fragebogen,
— mit Interviewerleitfaden beim Tiefeninterview.
(Hierbei wird nach einem bestimmten Plan zwar, aber ausgehend von den ersten Antworten immer tiefer "gebohrt".)

Die schriftliche Befragung erfolgt im allgemeinen

— durch Versendung eines standardisierten Fragebogens,
— durch Ausfüllen eines standardisierten Fragebogens in Gegenwart eines Moderators in Gruppen.

Eine Sonderform der Befragung, die Panel-Befragung = kontinuierliche Befragung desselben Personenkreises, erfolgt zumeist unter Anwendung technischer Hilfsmittel (Eingabe der Fernsehbeteiligung durch Knopfdruck an einem mit Fernseher und Telefon verbundenen Gerät, das ein nächtliches Abrufen der Eingaben zur schnellen Feststellung der Einschaltquoten ermöglicht). Übrigens werden die Daten erst nach einer Gewöhnungspause abgerufen, dann nämlich, wenn es den Beteiligten egal ist, daß sie sich als Dallas-Fans bekennen. Die Feststellung der "Stärke" der Sehgewohnheiten ist ein Grund für die Panel-Befragung.

Das methodisch richtige Vorgehen bei der Befragung verlangt eine Objektivierung und Loslösung von einer individuellen Einflußnahme auf die Ergebnisse etwa durch Interpretation beim gefilterten Zuhören oder durch unterschiedliche Formulierung der Fragen je nachdem, wer befragt wird. Daraus folgt, daß derjenige, der etwas wissen will, nicht wahllos beliebige Personen selbst befragen darf, weil er z. B. schon nach ganz kurzer Zeit nur noch das aufnimmt, was er aufgrund voraufgegangener Gespräche erwartet. Und daraus folgt, daß die Fragen exakt gleich (also in der festgelegten Formulierung) gestellt werden müssen, wenn die Antworten vergleichbar sein sollen. Aus diesen Einschränkungen ergibt sich, daß die Befragung von mehreren Interviewern unabhängig, aber mit demselben Frageschema durchgeführt werden muß.

Die Befragung mit einem Interviewerleitfaden statt eines genau vorgegebenen Frageschemas, wie sie bei der Motivforschung eingesetzt wird, hat eine mehr tiefenpsychologische Bedeutung: Die Interviewform nennt sich auch Tiefeninterview und soll in überlegten Schritten, aber unter Nutzung individueller Reaktionen immer tiefer vordringen und die wahren Hintergründe, z. B. eines Kaufaktes oder einer Kaufverweigerung feststellen, wobei alle Äußerungen minutiös festgehalten werden und damit nachvollziehbar sind.

Eine Befragung dieser Art, die vor Jahren vom Institute for Motivational Research in Croton on Hudson durchgeführt wurde und Haarprobleme zum Gegenstand hatte, sollte die beste Methode ermitteln, "Seborin", ein Mittel gegen Schuppen, zu verkaufen. Die Untersuchung ergab: Die alte Werbung "Seborin **macht** schuppenfrei", die Blicke indignierter Straßenbahngäste auf schuppenbedeckte Schultern anderer Fahrgäste abbildete, war falsch angelegt und verkaufte in Wirklichkeit "Krankheit". Die heutige Reklame "Seborin **hält** schuppenfrei" verkauft hingegen Gesundheit und Gesunderhaltung.

Die schriftliche Befragung ist ohne standardisierten Fragebogen nicht denkbar, weil eine Vergleichbarkeit sonst überhaupt nicht möglich wäre. Der Fragebogenaufbau unterscheidet sich jedoch prinzipiell vom Fragebogenaufbau des mündlichen Interviews, das häufig "scheinbar" gegen die Logik einen "leichten Eingang" sucht, während bei schriftlicher Befragung nicht anzunehmen ist, daß der Befragte antwortet, bevor er nicht erst den ganzen Bogen oder wenigstens Teile davon gelesen hat. Warum sollte er anders vorgehen als ein Zeitungsleser, der auch nicht regelmäßig auf der ersten politischen Seite mit der Lektüre beginnt und auf der letzten Anzeigenseite aufhört.

Die schriftliche Befragung mit Moderator ist eine selten angewandte Form von schriftlicher Gemeinschaftsbefragung - ähnlich einer Klausur. Sie stellt zweierlei sicher: die Fragebogen werden selbständig von dem Befragten ausgefüllt und Unklarheiten können unmittelbar ausgeräumt werden. Wir sehen hier schon im Umkehrschluß die Crux der schriftlichen Befragung. Wie können wir sicher sein, wer tatsächlich geantwortet hat, ob es die spontane Meinung des Befragten ist oder ein im Verwandten-, Freundes oder Kollegenkreis abgestimmtes und abgewogenes Reagieren - es sei denn, die Fragen sind sehr präzise auf bestimmte Personen ausgerichtet und berühren z. B. eigene Ausbildungs- und Berufswege.

In allen Fällen ist die Anonymität - zumindest bei Auswertung und Veröffentlichung - sicherzustellen. Die Zusicherung der Anonymität erschwert das Nachfassen bei schriftlicher Befragung. Wenn man keine Tricks anwendet, müssen Mahnungen wieder an den gesamten ausgewählten Personenkreis gehen, was sehr portoaufwendig ist und zudem bei denjenigen, die schon geantwortet haben, zu Mißverständnissen führen kann.

Aufbau und Vorgehensweise

Der Aufbau eines Fragebogens ist eine Wissenschaft für sich. Bei schriftlicher und mündlicher Befragung führt er gleicherweise vom Einfachen zum Komplizierten in Schritten, die die jeweils folgenden Fragen vorbereiten und ihre Beantwortung erleichern. Der bei der schriftlichen Befragung benutzte Bogen ist in seiner Aufbaulogik für den Befragten "durchsichtig": er erkennt die verschiedenen Stufen und die Folge der Sachgebiete, und er wird mit optischen Mitteln (Pfeilen und "Regelkreisen") auf den entsprechend der Beantwortung von voraufgegangenen Fragen individuell richtigen Weg hingewiesen. Dem Befragten wird damit ermöglicht, seine schon gegebenen Antworten auf ihre Richtigkeit zu überprüfen und gegebe nenfalls zu korrigieren. Hier ein einfaches Beispiel (Die Kategorien "Weiß nicht", "Keine Meinung", "Keine Antwort" werden hier nicht aufgeführt).

Umfrage zum Thema Eisenbahn oder Autobahn

1. Wann haben Sie zuletzt die Eisenbahn benutzt?
   □ innerhalb der letzten vier Wochen
   □ vor 1 bis 12 Monaten
   □ vor 1 bis 10 Jahren
   □ länger als 10 Jahre nicht
   □ noch nie

2. Besitzen Sie ein eigenes Auto?
- ☐ ja
- ☐ nein

3. Fahren Sie mit dem Auto
- ☐ nur dienstlich
- ☐ nur privat
- ☐ gemischt

4. Fahren Sie mit dem Auto in Urlaub?
- ☐ ja
- ☐ nein
- ☐ ab und zu

5. Würden Sie Ihr Auto in der Garage lassen
- ☐ wenn die Bundesbahn ein attraktives Angebot machte
- ☐ wenn Ihr Urlaubsziel mehr als 1 000 km entfernt ist

6. Was benutzen Sie für Ihre Urlaubreise im allgemeinen
- ☐ Bahn
- ☐ Flugzeug
- ☐ Schiff
- ☐ Mietwagen
- ☐ Ich habe noch nie Urlaub gemacht

7. Welche Urlaubsziele bevorzugen Sie?
- ☐ in Deutschland
- ☐ in Europa
- ☐ außerhalb Europas
- ☐ (Mehrfachantworten möglich)

8. Wieviel geben Sie für eine Urlaubsreise pro Person aus?
- ☐ unter   1 000 DM
- ☐ zwischen   1 000 und 2 000 DM

27. Wir danken Ihnen für Ihre Mitarbeit.

Sie sehen, der Befragte durchschaut relativ bald, worum es geht - und er soll das auch, weil sonst sinnvolle Antworten nicht immer zu erwarten sind. Es schadet auch nichts (?), wenn er beim Ausfüllen Familienangehörige einbezieht, denn bewußtes Lügen können wir so oder so nicht ausschalten. Die Hilfslinien geleiten ihn von sogenannten Filterfragen zu den nächstfolgenden relevanten Themen und umgehen Fragen, die ihn nicht tangieren, die er jedoch vielleicht sonst beantworten würde, nur um nichts offen zu lassen. (Ein abschreckendes Beispiel war der Fragebogen der Volkszählung 1987!)

Der standardisierte Fragebogen bei der mündlichen Befragung hingegen ist eine Anweisung für den Interviewer. Auch hier sind Pfeile und Hilfslinien und Sprunganweisungen üblich. Davon erfährt der Befragte jedoch nichts. Es istauchkaummöglich,ihm vorher das Frageschema inAufbauundZiel detailliertzuerläutern.Das natürliche Mißtrauen muß also ganzanders gemildert oder ausgeräumt werden.

Die Befragung wird harmlos und unverfänglich anfangen und einfache Antworten ermöglichen. Der Schwierigkeitsgrad kann erst nach und nach zunehmen, die Geduld darf dennoch nicht allzu sehr strapaziert werden. Auflockerungen durch abwechslungsreiche Tests (Bildertest, Satzergänzungstest u. a.) halten den Interviewten bei der Stange. "Kitzlige" Fragen sollten tunlichst erst zum Schluß gestellt werden. Untersuchungen an der Universität Köln haben schon in den 50er Jahren gezeigt, wie weit man gehen kann, wenn man den Fragebogen geschickt aufbaut. Zum Schluß wird praktisch alles (selbst intime Fragen) beantwortet, weil der Interwiever "eh schon alles weiß". Kontrollfragen, die wie bei der schriftlichen Befragung die Korrektheit der Antworten überprüfen, sind hier wesentlich einfacher einzubauen, weil entgegen der schriftlichen Befragung der Interviewte keine optischen Vergleiche anstellen kann. Auch hier ein Beispiel:

Umfrage zu Beruf und Freizeitverhalten

1. Haben Sie schon einmal darüber nachgedacht: Was sollte im Leben
☐ an erster Stelle stehen?
☐ Beruf
☐ Freizeit

2. Wieviel Stunden wirklich frei verfügbare Zeit haben Sie an einem
☐ normalen Wochentag?
☐ weniger als 1 Stunde
☐ 1 - 3 Stunden
☐ 3 - 5 Stunden
☐ mehr als 5 Stunden

3. Freizeit ist vielleicht altersabhängig, wie alt wurden Sie an Ihrem letzten Geburtstag? ... Jahre

☐ unter   18 Jahre
☐ 18 — 25 Jahre
☐ 26 — 35 Jahre
☐ 36 — 45 Jahre
☐ 46 — 55 Jahre
☐ 56 — 65 Jahre
☐ über   65 Jahre

4. Ergänzen Sie bitte folgenden Satz: "Mein Beruf ist für mich ..."
5. Welche auf den folgenden Bildern gezeigten Situationen entsprechen Ihrer Freizeitgestaltung? (**Bild 81**)
6. Wieviel verdienen Sie im Monat?

☐ unter   1 000 DM
☐ 1 000 — 2 000 DM
☐ 2 000 — 3 000 DM
☐ über   3 000 DM

7. Wenn Sie Schlafen, Essen und Freizeit abziehen, wieviel Zeit entfällt an einem normalen Werktag auf Ihren Beruf, einschließlich Hin- und Rückfahrt?

☐ 6 — 8 Stunden
☐ 8 — 9 Stunden
☐ 9 — 10 Stunden
☐ 10 — 11 Stunden
☐ 11 — 12 Stunden
☐ über   12 Stunden

8. Wie lautet Ihre Berufsbezeichnung? _____

Sie haben es sicher gemerkt: Die Frage nach dem Einkommen wird relativ spät gestellt, auch die Frage nach dem Alter wird "verpackt". Die tatsächliche Freizeit wird zweimal abgefragt: Die Antwort auf Frage 2 wird durch Frage 7 kontrolliert. Der Beruf soll mit eigenen Worten beschrieben werden, die Freizeit wird in typischen Situationen dargestellt, um die Antwort zu erleichtern und die Befragung aufzulockern usw.

Bild 81: Freizeitsituationen - Freizeitbeschäftigungen
(Zeichnungen Isabell Rink)

Was bei der schriftlichen Befragung selbstverständlich ist, muß beim Interview dem Befrager bei der unverzichtbaren Interviewerschulung eingehämmert werden: Die in ihrer Verständlichkeit zuvor im Pretest überprüften und gegebenenfalls umformulierten Fragen müssen exakt im stets selben Wortlaut allen Befragten vorgelesen werden, notfalls bis zu dreimal, und dürfen nicht "erläutert" und durch andere Formulierungen "erleichtert" werden, wenn wir die Vergleichbarkeit der Antworten hundertprozentig sicherstellen wollen.

Soviel zur Befragung und zur Fragelogik. Mehr finden Sie sehr ausführlich in der empfohlenen Literatur.

4.2 Beobachtung

Im Betrieb spielt die Beobachtung zumeist eine größere Rolle als die Befragung. Auch Refa-Untersuchungen bedienen sich eher der Beobachtung als der

Befragung. Auch die sozialwissenschaftliche Methode der Befragung ähnelt natürlich dem alltäglichen Beobachten:

1. Wir wollen wissen, wie das Wetter wird.
   (Zielsetzung)
2. Wir überlegen, wo und wie wir das feststellen können
   (Zielfindung)
3. Wir entschließen uns,
   a) das Barometer zu beobachten,
   b) die Wettervorhersage im Fernsehen anzusehen,
   c) aus dem Fenster zu schauen.
   (Durchführung)
4. Wir ziehen eine Schlußfolgerung.
   (Zielerkennung)
5. Wir wählen die entsprechende Kleidung.
   (Konsequenz)

Bei der sozialwissenschaftlichen Methode der Beobachtung gehen wir im Prinzip ähnlich vor. Wir müssen jedoch hier verschiedene "Wege" voneinander unterscheiden. Die wichtigsten Alternativen sind wohl:

1. Direkte Beobachtung — indirekte Beobachtung
2. Teilnehmende Beobachtung — nichtteilnehmende Beobachtung
3. Systematische Beobachtung — Vorbereitende Beobachtung

Wir wollen es hierbei belassen: Die direkte oder unmittelbare Beobachtung brauchen wir nicht zu erläutern: Wir sehen uns selbst einen vor uns ablaufenden Vorgang an. Die indirekte Beobachtung läßt schon mehr Möglichkeiten offen: Beobachtung per Videokamera, Beobachtung an Hand von Fotos, Beobachtung von Auswirkungen und Konsequenzen (Produktion, Reklamationen usw.).

Wichtiger ist die Unterscheidung zwischen der teilnehmenden Beobachtung und der nichtteilnehmenden Beobachtung. Ein Beispiel mag diese Unterscheidung verdeutlichen: Wenn Sie eine Verbrecherbande teilnehmend beobachten, sind Sie später an Beute **und** Strafe beteiligt, es sei denn, Sie werden als Spitzel eingeschleust, dann leben Sie gefährlich. Nichtteilnehmende Beobachtung ist hier kaum möglich, es sei denn durch Beobachtung aus sicherem Versteck.

Im Betrieb erfolgt die teilnehmende Beobachtung innerhalb der eigenen Gruppe durch die Gruppenangehörigen: Was tun die anderen (s. Soziale Kontrolle). Der Vorgesetzte muß sich häufig der nichtteilnehmenden Beobachtung bedienen, er wird als Beobachter erkannt (und anerkannt).

Untersuchungen in fremden Kulturen und in fremder Umgebung sind im allgemeinen nur durch nichtteilnehmende Beobachtung möglich, wobei der Gewöhnungseffekt auch die nichtteilnehmende Beobachtung effektiver werden läßt. Die nichtteilnehmende Beobachtung kann durchaus in teilnehmende Beobachtung umschlagen, wie der Autor selbst als wissenschaftlicher Beobachter einer Bundeswehreinheit erfahren hat, der er als Wehrübender angehörte und die ihn schon nach einer Woche mehr und mehr integriert hatte. Typisches Beispiel der teilnehmenden Beobachtung in der Hochschule: Studenten verfolgen sehr aufmerksam die Marotten des Dozenten; typisches Beispiel der nicht-teilnehmenden Beobachtung: der Dozent überwacht das Verhalten der Studenten bei einer Klausur.

Für teilnehmende und nichtteilnehmende Beobachtung in noch nicht genau in ihrem Verlauf abzuschätzenden Situationen bietet sich ein Beobachtungskatalog an, der alle wesentlichen Ereignisse erkennen und festhalten läßt (**Bild 82**).

Auch für die Aufzeichnung gibt es eine ganze Reihe von Tricks, die jedoch zumeist ein gutes Gedächtnis und Aufzeichnungspausen verlangen. Um eine chronologische und systematische Auswertung zu ermöglichen, wird die Aufzeichnung mit Kopie empfohlen, die eine spätere Aufteilung nach chronologischer Reihenfolge und auch nach systematischen Gesichtspunkten durch Zerschneiden der Kopie oder später angefertigten Photokopie ermöglicht.

Die systematische Beobachtung verlangt eine Vorinformation über die zu erwartenden Abläufe:

    Wer ist beteiligt?

    Welche Aufgaben werden vergeben?

    Welche Handlungen sind zu erwarten?

Für die Zusammenarbeit von Gruppen wird in der Literatur ein sehr formales Schema empfohlen (**Bild 83**).

Das Mittel der Beobachtung wird vom Vorgesetzten bei Nutzung der in diesem Buch beschriebenen Führungstechniken und Analysemittel häufig einzusetzen sein. Im Schlußkapitel werden wir einige Testaufgaben stellen, die beides üben lassen: Führungstechniken und ihren praktischen Einsatz.

Eine besondere Form der Beobachtung, die Selbstbeobachtung, wurde bei einer Untersuchung in der Stahlindustrie 1975 eingesetzt. Über einen Zeitraum

Beobachtungskriterien teilnehmender/nichtteilnehmender Beobachtung

1. Die **Teilnehmer**

2. Die **Folgen** der Interaktion zwischen den Teilnehmern

3. Die **Mittel**, die im sozialen Verkehr und bei der zielgerichteten Tätigkeit verwendet werden

4. Das auslösende **Ereignis** oder Stimulus

5. Der **Anreiz** oder andere Faktoren, welche die Situation oder die Tätigkeit in Gang halten

6. Die den Teilnehmern auferlegten **Schranken**

7. Der **Zusammenhang** der Situation

8. **Regelmäßigkeiten** und Wiederholungen

9. Die **Zeitdauer** der sozialen Situation

10. Bedeutsame **Unterlassungen**

11. **Abweichungen** von dem in der betreffenden Situation üblichen Verhalten

12. **Widersprüchlichkeiten**

(Nach R. König, Beobachtung und Experiment in der Sozialforschung; Praktische Sozialforschung II, Köln 1956)

Bild 82: Vereinfachtes Beobachtungsschema für teilnehmende und nichtteilnehmende Beobachter

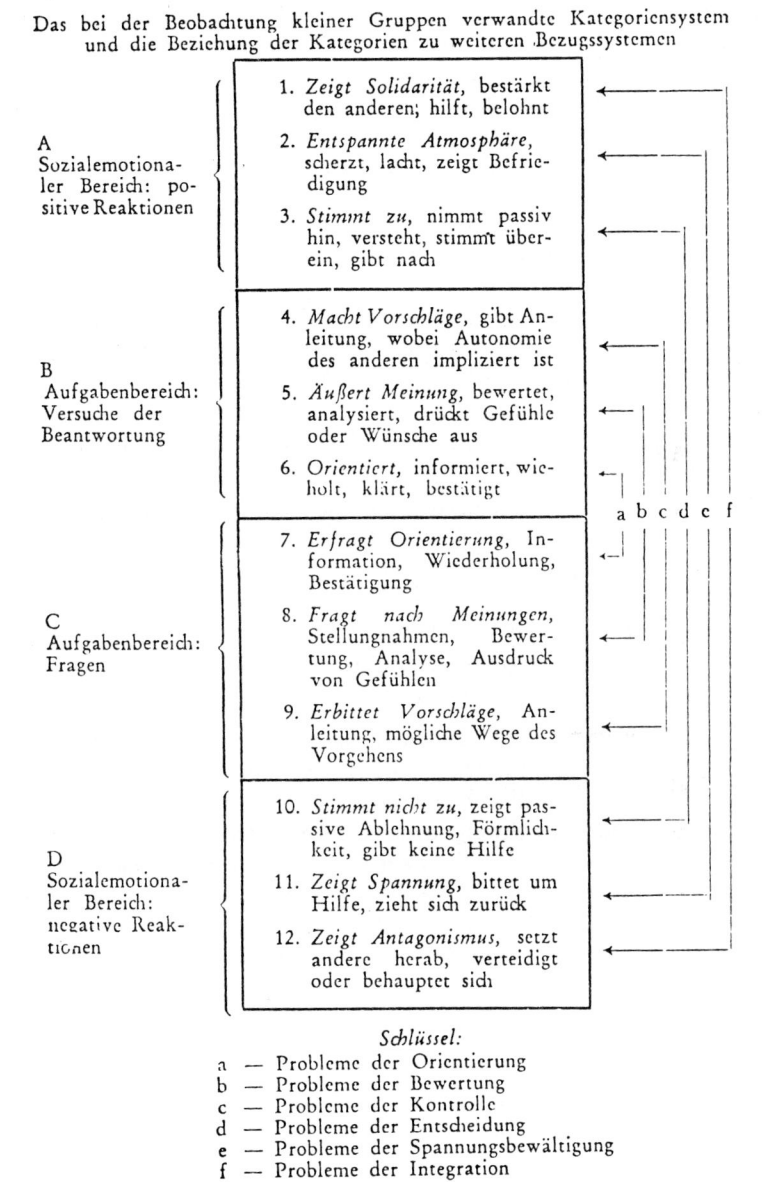

Das bei der Beobachtung kleiner Gruppen verwandte Kategoriensystem und die Beziehung der Kategorien zu weiteren Bezugssystemen

A Sozialemotionaler Bereich: positive Reaktionen	1. *Zeigt Solidarität*, bestärkt den anderen, hilft, belohnt 2. *Entspannte Atmosphäre*, scherzt, lacht, zeigt Befriedigung 3. *Stimmt zu*, nimmt passiv hin, versteht, stimmt überein, gibt nach	
B Aufgabenbereich: Versuche der Beantwortung	4. *Macht Vorschläge*, gibt Anleitung, wobei Autonomie des anderen impliziert ist 5. *Äußert Meinung*, bewertet, analysiert, drückt Gefühle oder Wünsche aus 6. *Orientiert*, informiert, wiederholt, klärt, bestätigt	
C Aufgabenbereich: Fragen	7. *Erfragt Orientierung*, Information, Wiederholung, Bestätigung 8. *Fragt nach Meinungen*, Stellungnahmen, Bewertung, Analyse, Ausdruck von Gefühlen 9. *Erbittet Vorschläge*, Anleitung, mögliche Wege des Vorgehens	a b c d e f
D Sozialemotionaler Bereich: negative Reaktionen	10. *Stimmt nicht zu*, zeigt passive Ablehnung, Förmlichkeit, gibt keine Hilfe 11. *Zeigt Spannung*, bittet um Hilfe, zieht sich zurück 12. *Zeigt Antagonismus*, setzt andere herab, verteidigt oder behauptet sich	

Schlüssel:
a — Probleme der Orientierung
b — Probleme der Bewertung
c — Probleme der Kontrolle
d — Probleme der Entscheidung
e — Probleme der Spannungsbewältigung
f — Probleme der Integration

Bild 83: Beobachtungsschema für Beobachtung von Gruppenverhalten
(Entnommen aus König, Beobachtung und Experiment)

von drei Monaten gestreut wurden die Beteiligten aufgefordert, in einem Beobachtungsschema festzuhalten, mit **welchen** Kenntnissen sie die gestellten Aufgaben bewältigten, **woher** diese Kenntnisse stammten und **wo** sie am besten erworben werden sollten: in Studium, Berufserfahrung oder Weiterbildung. Die zeitliche Steuerung war notwendig, um typische Arbeitshäufungen an bestimmten Wochentagen, am Anfang oder Ende des Monats oder in bestimmten Monaten zu verhindern.

4.3 Experiment

Neben Befragung und Beobachtung hat eine dritte Methode auch im Betrieb, aber vor allem in der praktischen Sozialforschung im allgemeinen eine größere Bedeutung, als wir auf Anhieb erkennen. Sie wird gelegentlich in der Literatur als Teil der Beobachtung bezeichnet. Tatsächlich sind Naturwissenschaftler hier in der Definition exakter: Beobachtung heißt einen wie auch immer gearteten Ablauf verfolgen, während ein Experiment den Ablauf wie auch immer beeinflußt und das Ergebnis des Eingriffs, also die Veränderungen in Ablauf und Endstadium untersucht. Daß dabei zumeist auch die Mittel der Beobachtung eingesetzt werden, sagt noch nicht, daß das Experiment ein Teil der Beobachtung ist, zumal experimentelle Versuchsanordnungen Reaktionen auslösen, die auch mit anderen Mitteln festzustellen sind, z. B. auch durch Vergleich der Ergebnisse oder durch Befragen der beteiligten Personen, wenn Experimente mit Menschen gemacht werden.

Hier sind wir an einem kritischen Punkt: Kann (besser: darf) man Experimente mit Menschen machen? Die sozialwissenschaftlichen Experimente mit Menschen verlaufen im allgemeinen, ohne daß die Beteiligten das Experiment als solches erkennen, geschweige denn geschädigt werden. Ein Experiment im Betrieb liegt z. B. vor, wenn Sie zwei Arbeitsgruppen die gleiche Aufgabe stellen, aber unterschiedliche Arbeitsmittel oder Arbeitsabläufe und -methoden einsetzen, um festzustellen, welcher Weg optimal ist und in Zukunft zum Standard werden kann. Von einem "Expostfactum" - Experiment sprechen wir z. B. wenn die Versuchsanordnung nicht künstlich herbeigeführt wurde.

Die folgenden Beispiele aus der Sozialforschung sollen das breite Spektrum sozialwissenschaftlicher Experimente andeuten:

1. Hofstätter berichtet von einem Experiment in den USA, das zeigen sollte, wie Sympathien und Antipathien häufig künstlich entstehen, auf Vorurteilen des einzelnen oder Gruppenvorurteilen beruhen und auch künstlich beeinflußt werden können.
   Für dieses Experiment in einem großen Jugendlager hatte man Geld gesammelt und Jungen im Alter von etwa 10 bis 12 Jahren eingeladen, vier

Wochen Ferien zu machen. Nach einer Woche wurden alle Beteiligten gefragt, mit wem sie am liebsten zusammensein wollten, wenn das große Lager wie geplant geteilt und zwei kleine Lager angelegt würden. Da nannte Jimmy den Fred und John den Ronny usw. Und genau diese Wahl war individuell gesehen "falsch". Die jeweiligen "Pärchen" wurden auseinandergerissen und auf die beiden Lager aufgeteilt.

Was dann geschah, wurde mit Hilfe der nicht-teilnehmenden Beobachtung genau festgehalten: ein alter schwerhöriger und etwas vertrottelter "Gärtner" (Beobachter in einer gespielten Rolle) notierte alle Vorgänge und auch die Gespräche der Jungen.

Es dauerte (trotz der vorher vorhandenen Freundschaften) nicht lange, da nannten sich die Jungen des einen Zeltlagers "Red devils" und die anderen "Bulldogs" und beide wähnten sich natürlich besser und stärker als die anderen. Man war es der Gruppe schuldig, die eigene Stärke unter Beweis zu stellen, Wimpel wurden gestohlen, Zelte eingerissen und "blutige" Kämpfe ausgetragen. Zm Schluß waren sich die beiden Läger spinnefeind. Nun wollte man auf gar keinen Fall auch im Interesse der Geldgeber und Eltern es bei der "Gegnerschaft auf immer" belassen mit den entsprechenden gruseligen Ferienberichten. Vor allem galt es auch, die sozialwissenschaftlichen Hypothese unseres Experimentes zu verifizieren: Wie ge lingt es, das Rad wieder zurückzudrehen, also aus Gegnern wieder Freunde zu machen?

Nun, wie im wirklichen Leben! Man brauchte einen äußeren Feind, eine dritte Kraft. Die fand man in einer Notlage, die hölzerne Wasserleitung war unterbrochen und konnte nur mit der Anstrengung aller Jungen wieder instand gesetzt werden, und in einem gemeinsamen Gegner: man organisierte ein Footballspiel mit der örtlichen Dorfjugend, und natürlich siegte die integrierte Mannschaft aus Red devils und Bulldogs über die "Dorftrottel". Und alle Zeltlager-Jungen waren wieder ein Herz und eine Seele.

2. Sowohl in Deutschland als auch in Österreich habe ich mit Studenten das Verhalten an einer Ampelkreuzung untersucht. Das Experiment dabei: Genau zur Halbzeit traten Polizeibeamte in Erscheinung, griffen aber nicht in das Geschehen ein. Das Verhalten änderte sich schlagartig
a) wie erwartet: z. B. Fußgänger beachteten das Rotlicht fast hundertprozentig,
b) anders als erwartet: Autofahrer, die eben noch bei Rot die Kreuzung erreichten, fuhren weiter - weil sie die Polizeibeamten zu spät sahen, und Busfahrer fuhren nun auch bei Gelb in die Kreuzung ein - sozusagen im Schutze der uniformierten Kollegen.

Dies nur als Beispiele für die sehr vielfältigen Ergebnisse dieses vielbeachteten Experimentes.

3. Das wohl abstruseste Experiment machte ich mit Studenten in einem breiten Flur der Hochschule. Hier hatten wir das bekannte Verkehrsschild "Weißer Pfeil auf blauem Grund" an beiden Kopfseiten aufgestellt. Und tatsächlich, die Vorübergehenden hielten sich zu einem über den Zufall hinausgehenden Anteil an dieses eigentlich nur im Straßenverkehr für Fahrzeuge geltende Gebot. So "eingefleischt" sind unsere Verhaltensweisen.

4. Über ein Experiment mit Menschen berichtet auch Manfred Timmermann: An der Hochschule in St. Gallen hat er vor einigen Jahren in der Mitte des Semesters Studenten zu einem Seminarabend eingeladen mit den Randbedingungen, daß er die Getränke übernähme, jeder einzelne aber für sein Essen aufkomme ("das wird mir zu teuer"). Die Studenten, die nicht wußten, daß es sich um ein Experiment handelte, verlebten einen schönen Abend und bestellten auf eigene Kosten Bratwurst mit Rösti und ähnliches und bezahlten dies auch. Was sie nicht wußten: ihr Professor ließ sich anschließend vom Ober die Speiserechnungen geben. Der Durchschnittspreis lag bei 12 Franken.

Sechs Wochen später, am Ende des Semesters, wurde der Seminarabend im selben Lokal mit derselben Speisekarte wiederholt — "weil es so schön gewesen war". Wieder übernahm Timmermann die Getränke, schlug aber vor, daß er diesmal das Essen pauschal bezahle ("weil das Kassieren beim letzten Mal so gestört hat" — ähnlich wie nach einem Kegelabend, wenn erst Irrtümer ausgeräumt werden müssen und die gute Stimmung "zum Teufel" geht). Der Gesamtbetrag sollte auf alle 20 Studenten umlegt und in der nächsten Seminarsitzung kassiert werden.

Es kam, wie es kommen mußte, man bestellte nicht mehr Bratwurst mit Rösti, sondern Scampi in Curry und ähnliches. Jeder hatte schnell erkannt, daß er ja nur noch ein Zwanzigstel der Rechnung bezahlen mußte und er sogar dumm wäre oder für dumm gehalten würde, wenn er nicht entsprechend zulangte. Der Durchschnittskonsum diesmal: 28 Franken. Ein Experiment ("Restaurant- Effekt"), das den Krankenkasseneffekt nachvollzieht und jederzeit mit genügend vielen Menschen oder wenigen an getrennten Tischen wiederholt werden kann.

Wir haben diese Beispiele hier aufgeführt, um zu zeigen, daß Experimente mit Menschen denkbar sind und zu interessanten und verwertbaren Ergebnissen führen können. Worauf es ankommt ist, eine Versuchsanordnung zu finden, die 1. die aufgestellte Hypothese überprüfen läßt und 2. den Beteiligten weder auffällt noch zum Schaden gereicht, sondern schlichtweg für alle nützlich ist, wenn es wie im Zeltlagerbeispiel der Erfahrung junger Menschen dient und im Timmermann-Beispiel die Nachteile pauschaler Finanzierung aufdeckt.

4.4 Inhaltsanalyse

Die letzte hier zu beschreibende Methode der praktischen Sozialforschung wird unterbewußt schon heute überall im Betrieb angewendet, wenn es z. B. darum geht, schriftlich dokumentierte Versuchsreihen miteinander zu vergleichen. Einige wenige Worte zu dieser Methode:

Die in Medien niedergelegten Darstellungen und Informationen, also Zeitungsartikel, Radioberichte, Fernsehbeiträge, interne Berichte, Forschungsbeiträge, Fachaufsätze in Zeitschriften werden unter Beachtung der Erkenntnisse der Stichprobenerhebung systematisch ausgewertet, um z. B. eine Häufung bestimmter Daten oder Informationen festzustellen und auf eine zu erwartende oder vollzogene Entwicklung zu schließen.

An der Universität Paderborn (Professor Broder Carstensen) werden z. B. seit Jahren mit Hilfe der Inhaltsanalyse Entwicklungen unserer Sprache festgehalten und das Wort des Jahres als Ausdruck bestimmter Ereignisse ermittelt. Es hieß 1982 Wende, 1986 Ausstieg, 1987 Glasnost.

Ein Beispiel aus dem Zweiten Weltkrieg ist besonders eindrucksvoll. Beim Vergleich der Nachrichtensendungen des deutschen "Reichsrundfunks" und des italienischen Hörfunks stellten die Alliierten schon relativ früh das damals vielleicht noch unbewußte Auseinanderdriften der beiden Paktmächte fest. Ähnliches könnte man feststellen, wenn man parteinahestehende Zeitungen zweier Koalitionspartner analysierte, die mehr und mehr Gemeinsamkeiten vermissen lassen (Die Welt und Bayernkurier z. B.).

Es ist eine ganze Reihe von Einsatzmöglichkeiten der Inhaltsanalyse denkbar, unabhängig vom Wert in der Fachdokumentation. Mitarbeitergespräche, Veröffentlichungen in der Betriebszeitung, Ausführungen in Betriebsversammlungen lassen sich mit Hilfe der Inhaltsanalyse im Hinblick auf Trends z. B. der Einstellungen zu Betrieb und Betriebsführung auswerten, und zwar keineswegs etwa zum Schaden des einzelnen, sondern um Mängel, die von den Mitarbeitern als solche gesehen werden, frühzeitig zu erkennen und abzustellen.

4.5 Selbsterfahrung in der Gruppe

Keine Methode der praktischen Sozialforschung im eigentlichen Sinne ist die "Selbsterfahrung in der Gruppe". Sie stammt aus der Psychologie und ist am

ehesten noch der Sozialpsychologie, einer nahen Verwandten der Soziologie, zuzuordnen. Mit dieser Methode erfahren wir in einer Folge unterschiedlicher Test- Spiele zwar allerlei auch über andere Gruppenmitglieder, tatsächlich geht es aber darum, Aufschluß über sich selbst zu gewinnen.
Soweit es das Betriebsklima oder die Situation (z. B. in einem Seminar) erlaubt, ist ihre Anwendung durchaus aufschlußreich. Einige dieser Tests (**Anhang 10**) wollen wir kurz beschreiben:

1. Die Gruppenmitglieder erklären sich paarweise nach einem bestimmten Schema dem jeweils anderen, der nachher versucht, in die Rolle des Partners zu schlüpfen und sich den anderen zu beschreiben.
2. Nach verschiedenen Kategorien wird in einem Rundlauf eine Rangreihenfolge der Beurteilung aufgestellt.
3. Aus einer Liste von höchst unterschiedlichen Fragen aus dem persönlichen Bereich wählen die Gruppenmitglieder rundum Fragen für die anderen aus, um bei der Beantwortung selbst über ihre eigene Einstellung dazu nachzudenken.
4. Die Rundfrage nach dem, was man erfahren hat und wie man sich fühlt, löst die eingetretene Spannung und gibt im allgemeinen ein Gefühl der Zusammengehörigkeit.

Nutzen dieser Methode für Gruppen: Spannungen und Aggressionen werden aufgelöst, weil jeder jeden - auch sich selber - besser einordnen kann. Das bekannte "Johari-Fenster" wird auf diese Weise weit geöffnet (**Bild 84**). Johari-Fenster ist die von den Erfindern (Joe Luft und Harry Ingham) gewählte Bezeichnung, die sich als Fachausdruck durchgesetzt hat.

Ein Beispiel soll uns diese psychologische Konstruktion erläutern. Nehmen wir an, Sie tragen einen augenscheinlich teuren Hut, der allerdings noch nicht bezahlt ist. Im Hutband steckt für alle anderen sichtbar eine Garderobenmarke. Sie wissen davon nichts und merken auch nicht, daß man hinter Ihnen hergrinst. Weder Sie noch die anderen wissen, daß sich im Hut Läuse eingenistet haben.

Feld A =   Mir bekannt, anderen bekannt: Ich trage einen teuren Hut.

Feld B =   Mir nicht bekannt, anderen bekannt: Im Hutband steckt eine Garderobenmarke.

Feld C =   Mir bekannt, anderen nicht bekannt: Der Hut ist noch nicht bezahlt.

Feld D =   Mir unbekannt, anderen unbekannt: Im Hut sind Läuse.

Das Johari-Fenster

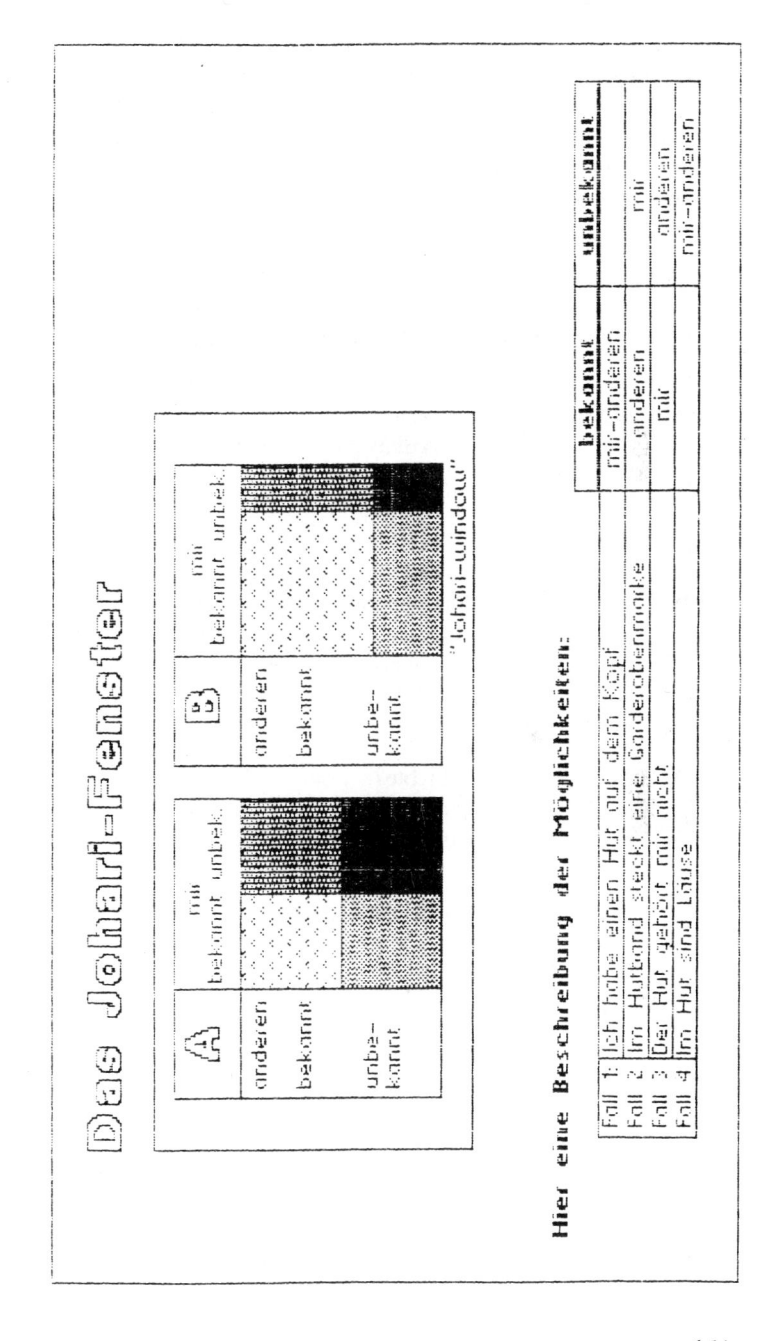

	A	mir bekannt	mir unbek.
anderen	bekannt		
anderen	unbekannt		

	B	mir bekannt	mir unbek.
anderen	bekannt		
anderen	unbekannt		

"Johari-window"

Hier eine Beschreibung der Möglichkeiten:

	bekannt		unbekannt	
	mir-anderen	anderen	mir	mir-anderen
Fall 1: Ich habe einen Hut auf dem Kopf				
Fall 2: Im Hutband steckt eine Garderobenmarke				
Fall 3: Der Hut gehört mir nicht				
Fall 4: Im Hut sind Läuse				

Wenn es gelingt, das Feld A in Richtung B zu erweitern, so daß Sie von der Garderobenmarke erfahren, werden Sie den lächerlichen Zettel herausnehmen. Wenn es Ihnen gelingt, das Feld A in Richtung Feld C zu erweitern, werden die anderen Sie nicht mehr um Ihren teuren Hut beneiden. Wenn es gelingt, das Feld A Richtung Feld D zu erweitern, werden Sie den Hut zur Reinigung bringen.

Wenn Sie statt "Hut" irgend etwas anderes einsetzen, werden Ihnen die Konsequenzen aus der Sichterweiterung und der Beseitigung unseres "blinden Flecks" (Feld B) sehr deutlich bewußt werden. Nehmen Sie nur einmal an, Sie haben eine lebensbedrohliche Krankheit. Weder Sie noch andere wissen das (Feld D).

Einige Beispiele aus dem Hofstätterschen Frageschema zur Selbsterfahrung in der Gruppe haben wir im **Anhang 11** wiedergegeben.

4.6 Konfliktlösung

Noch eine weitere Methode, ebenfalls eher aus dem Bereich der Sozialpsychologie als aus der Soziologie, hilft in bemerkenswerter Weise, Konflikte (innerhalb von Betrieben z. B.) zu erkennen, zu analysieren und zu lösen. Claus Dieter Kernig empfiehlt, Konflikte in folgenden Schritten anzugehen:

1. a) Was ist die Vorgeschichte?   =   V
   b) Wie ist die Auswirkung?   =   A
   c) Wie ist die Nachwirkung?   =   N
2. a) Habe ich die Innensicht (insider)?   V + A
   b) Habe ich die Außensicht (outsider)?   A + N
3. a) Kann ich die Rolle tauschen?   V + A -> A + N
   b) Gewinne ich Einsicht in den ganzen Konflikt?   V + A + N
4. a) Wer ist an dem Konflikt beteiligt?
   b) Welches sind die Hauptkonfliktlinien?
   c) Bin ich selbst im Konflikt?
5. a) Handelt es sich um einen Konflikt?
   b) Handelt es sich um eine Krise?
6. a) Welche Ebenen sind beteiligt?
   b) Auf welchen Ebenen ist der Konflikt lösbar?

Diese sehr systematisch wirkende Methode der Konfliktlösung läßt sich tatsächlich mit großem praktischen Nutzen einsetzen. Nehmen Sie doch einmal ein ganz einfaches Beispiel aus dem typischen familiären Alltagsleben. Stefan, 13 Jahre, geht in die 4. Klasse des Gymnasiums. Die letzten zwei Englischklausuren hat er 3 und 5 geschrieben. Morgen wird die dritte und letzte Arbeit vor den Zeugnissen geschrieben. Morgen nachmittag feiert sein Freund Klaus Geburtstag, zu dem andere Mitschüler, auch Christa, die Tochter der Englischlehrerin, eingeladen ist. Stefans Vater ist für strikte Ehrlichkeit. Wenn Stefan die letzte Arbeit 5 schreibt, ist die Versetzung gefährdet. Soll er krank werden? Er berät sich mit der Mutter.

Fragen:

Was ist der Konflikt, wer ist im Konflikt, wo ist die Hauptkonfliktlinie, wie kann der Konflikt gelöst werden? Am besten machen Sie einmal eine Zeichnung, um die Beteiligten in ihren Positionen und Rollen zu erkennen (**Bild 85**):

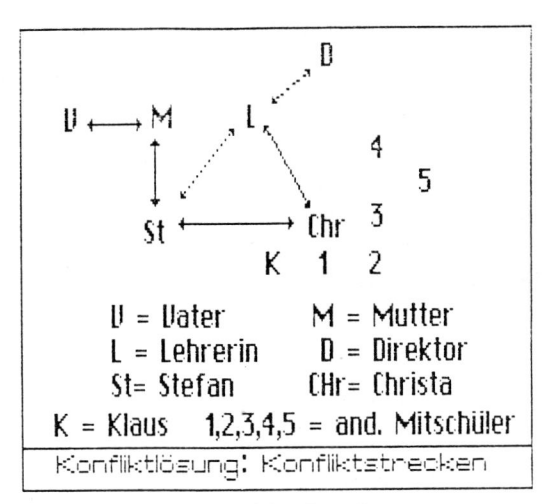

Bild 85: Beziehungsgeflecht in Konfliktsituationen

Eine Lösung wollen wir nicht anbieten. Aber denken Sie an die dargestellte Konfliktlösungsstrategie und ... stellen Sie sich vor, hier ginge es gar nicht um ein Schul-, sondern um ein alltägliches Betriebsproblem, nämlich einen Konflikt zwischen Meister L und Vorarbeiter St u. ä.

Selbsterfahrung in der Gruppe und Konfliktlösung haben wir nicht nur der Vollständigkeit halber in den Rahmen unserer Betrachtungen aufgenommen. Es ging uns vielmehr darum, Sie sensibel zu machen für häufig unbewußte, unbekannte und daher schwierig zu meisternde informelle Abläufe im Betrieb, die man mit diesen Mitteln (vielleicht) in den Griff bekommen kann.

5. Methoden der praktischen Statistik

Wie angekündigt wollen wir uns in diesem Kapitel mit drei Methoden der praktischen Statistik auseinandersetzen, die für die Anwendung der in den voraufgehenden Kapiteln dargestellten Techniken unverzichtbar sind:

Stichprobe, Übereinstimmungstest, Signifikanztest.

5.1 Die Stichprobe

Wenn man einmal von demokratischen Wahlen und Untersuchungen mit kleinen Zahlen, also in Gruppen, (und natürlich von der Volkszählung als Grundlage aller Stichproben) absieht, ist eine Vollerhebung schon aus Kostengründen selten durchzuführen. Auch bei der Werkstoffprüfung (natürlich insbesondere bei der zerstörenden Werkstoffprüfung — warum hier?) ist eine Stichprobennahme (meist) unverzichtbar. Man kann eben nicht 1 Million Werkstücke einzeln prüfen und nicht 500 000 Bürger einer Stadt fragen. Demoskopische Umfragen in der Bundesrepublik erreichen zumeist die magische Zahl von 2000 Personen, auch die Einschaltquotenerhebung des Fernsehens erfolgt bei rund 2600 ausgewählten Haushalten.

Zweierlei ist für die Stichprobennahme entscheidend:

1. Die Stichprobe muß für die Gesamtheit repräsentativ (= vertretend) sein

2. Die Zahl muß statistisch gesicherte Aussagen bei der für die Auswertung vorgesehenen Gruppenbildung zulassen.

Daraus ergeben sich die Fragen nach dem: **Wie** wird ausgewählt und dem: **Wieviel** wird ausgewählt.

Zunächst das **Wie**: An den Negativ-Beispielen läßt sich dies vielleicht am eindrucksvollsten darstellen. Wenn Sie nur Leute befragen, die aus einer Hochschule herauskommen oder einem Fabriktor, ist die Einseitigkeit vorprogrammiert: Im ersten Fall sind die Studenten überrepräsentiert, im zweiten Fall wahrscheinlich (männliche Arbeiter). Wenn Sie Ihre Stichprobe aus dem Telefonbuch ziehen, erscheint das im ersten Augenblick unproblematisch, denn das Telefon ist sicher heute außerordentlich verbreitet und in einem hohen Prozentsatz aller Haushalte anzutreffen. Im Telefonbuch stehen jedoch auch heute noch in erster Linie (im alten Sinne) Haushaltungsvorstände (also Männer) und Firmennamen.

Das nachstehende Beispiel (**Bilder 86, 87**) mag Ihnen zeigen, wie wir im allgemeinen "selektieren" und verallgemeinern: Schon wenn Sie die ersten "Informationen" erhalten, werden Sie versuchen zu schätzen, in welcher Stadt Sie

Einwohner in v.H. * Quersumme jeweils = 100				
	(R)	(G)	(S)	(W)
Stadt	Indianer	Chinesen	Schwarze	Weisse
A	50	10	20	20 = *
B	40	40	10	10 = *
C	20	20	30	30 = *
D	10	40	20	30 = *
E	50	10	30	10 = *

Dies sind - nehmen wir einmal an - fünf amerikanische Städte. Sie befinden sich in einer dieser Städte. In welcher sollen Sie selbst herausfinden. Sie erhalten hierfür Hinweise.   (nach M. Irle)

Bild 86: Ausgangsdaten des Experiments

Und dies sind die Hinweise: Sie treffen auf verschiedene Personen in folgender Reihenfolge: 1. W	Und dies sind die Hinweise: Sie treffen auf verschiedene Personen in folgender Reihenfolge: 1. 2. 3. 4. 5. 6. W S G G W R
Und dies sind die Hinweise: Sie treffen auf verschiedene Personen in folgender Reihenfolge: 1. 2. W S	Und dies sind die Hinweise: Sie treffen auf verschiedene Personen in folgender Reihenfolge: 1. 2. 3. 4. 5. 6. 7. 8. 9. 10. 11. 12. 13. 14. W S G G W R W G S G R W G S

Bild 87: "Informationen" zur Entscheidung

sich befinden. Dabei ist das natürlich "Wahnsinn" und überhaupt nicht möglich. Die Stichprobe ist bestimmt nicht ausreichend. Aber wie oft praktizieren wir im Alltag solche "Pauschalurteile". Der junge Mann in Jeans und langen Haaren in der Straßenbahn: "Wieder so ein fauler Student!" Dabei wissen wir weder, ob es sich um einen Studenten handelt, noch ob Studenten mit langen Haaren faul sind ...

Bleibt eine Personenkartei - sofern wir an eine solche herankommen. Greifen wir uns den ersten Kasten (oder die Computerrubrik) mit dem Buchstaben A heraus, haben wir schon wieder daneben getroffen, denn Namen sind landschaftlich gebunden, wie der "rheinische Uradel" Schmitz, den wir ebenso wie Müller, Lehmann oder Schultze nicht erreichen würden, wohl aber Ambaum, Amtsleitner, Auermüller - mehr süddeutsch klingende Namen.

Wissen Sie übrigens, warum Schmidt, Müller und Schultze in Deutschland so häufig vorkommen? Das liegt am Dreißigjährigen Krieg, sagt Claus Dieter Kernig; als die Soldaten nach dreißig Jahren aus dem Krieg zurückkamen, war der Marktplatz voller Kinder. Die Soldaten beschwerten sich beim Kaiser und der überlegte, wer war eigentlich nicht im Krieg? Natürlich die Müller, die das Korn mahlten, und die Schmiede, die die Kessel flickten, und die Schulzen, die den Streit der Frauen schlichteten. Also: 10 000 Kinder nach links, heißen Müller, 10 000 Kinder nach rechts, heißen Schmidt, und 10 000 Kinder nach vorn, heißen Schulze. Das ist der Grund, warum ... Wenn Sie in einem Land nur wenige Müller, Schmidt oder Schulze antreffen, dann wissen Sie gleich, daß dieses Land nicht am Dreißigjährigen Krieg beteiligt gewesen sein kann.

Auch das wahllose Heranziehen von Personenkarten aus vielen Kästen genügt nicht, weil Sie je nach individueller Einstellung überwiegend unbewußt die sauberen Karten (Neubürger) heranziehen oder die leicht greifbaren (Altbürger).

Es bleibt also nur, mit der vorher festgelegten Anzahl die Gesamtzahl zu dividieren (also 500 000 : 2 000 = 250 = n) und von vorn beginnend jede n- te Karte (bzw. im Computer gespeicherte Person) "herauszuziehen". Diese gesteuerte Zufallsstichprobe heißt Karteistichprobe oder "Random-sample". Ihre Repräsentativität wird an Hand von Daten der amtlichen Statistik überprüft: z. B. 53 % weiblich, 47% männlich; 30% unter 30 Jahre, 70% über 30 Jahre; 10% mit Hochschulausbildung. 40% mit Hauptschulabschluß, 50% mit Realschul- oder Gymnasialabschluß.

Eine Intelligenzfrage: Wenn wir Veränderungen in der Einstellung zu einem bestimmten Problem, z. B. zur Nutzung der Kernkraft zwischen den Jahren 1985 (vor Tschernobyl) und 1986 (nach Tschernobyl) feststellen wollen, können wir dann die 1985 gezogene Stichprobe, genauer: dieselben Personen noch einmal befragen oder müssen wir das sogar tun, um wirkliche Vergleiche ziehen zu können? Sie zögern mit der Antwort? Weil die Leute ihre Antworten vom Vorjahr noch wissen? Das Erinnerungsvermögen der Beteiligten können Sie vernachlässigen, es ist im allgemeinen = 0. Aber überlegen Sie einmal! Können Sie dieselbe Stichprobe überhaupt noch 100%ig erreichen? Einige sind gestorben, einige sind weggezogen, einige sind bei der Bundeswehr, einige haben geheiratet und ihr Meinungsprofil dem Partner angeglichen. Also: dieselbe Stichprobe gibt es gar nicht mehr. Aber: Wenn die 1985 gezogene Stichprobe für die Gesamtheit repräsentativ war, und die 1986 gezogene für die Gesamtheit im Jahre 1986 ebenfalls, dann können wir auch diese beiden Stichproben miteinander vergleichen, um Verände rungen in der Meinungshaltung der Bevölkerung festzustellen.

Eine Ausnahme bildet die Panelbefragung (FS-Einschaltquoten) hier wird bewußt immer derselbe (einmal repräsentativ ausgewählte) Personenkreis befragt, um z. B. zu ermitteln, wie stark die Durchhaltekraft bei "Denver" oder "Dallas" ist. Natürliches Verhalten ist übrigens hier erst nach etwa 3 Monaten Probelauf zu erwarten, bis dahin will man sich "vor der Öffentlichkeit" keine Blöße geben, sieht "gebildet" "Wiso" oder "Aspekte" oder nur heimlich mit dem Zweitfernseher Krimis. Erst dann greift man wieder ungeniert zur Schwarzwaldklinik.

Wegen des Datenschutzes ist es heute gar nicht mehr so einfach, Zugriff zu einer Kartei (mit oder ohne Computer) zu erhalten. Was tun? Wir erinnern uns einfach der "Küchenerfahrung" und der Möglichkeiten der Elektrotechnik ... Warum wird in vielen Küchen, in denen ein Kühlschrank steht, im Winter selten die Heizung aufgedreht? Weil der Kühlschrank innen kühlt und die Wärme nach draußen abgibt. Technisch ganz einfach ist es, außen zu kühlen und innen zu wärmen, das tut den eingelagerten Nahrungsmitteln zwar nicht gut, bringt uns aber auf eine Idee:

Wenn wir nach der amtlichen Statistik die Verteilung der Bevölkerung auf Geschlechter, Altersgruppen und Familienstand wissen, könnten wir bei einer Befragung Quoten vorgeben und jedem von, sagen wir, 30 Interviewern 20 Fragebogen in die Hand drücken und sagen: "Befrage 12 weibliche und 8 männliche Personen, 5 unter 30 und 15 über 30, 13 verheiratete und 7 ledige, 4 mit Studium und 16 ohne." Da jeder Interviewer den Weg des geringsten Widerstandes gehen wird, fängt er in seinem Bekanntenkreis an, stößt aber bald auf Quotengrenzen und wird seinen Aktionskreis schnell erweitern - weil er ja weiß, daß er kontrolliert wird, was wir hier nicht näher behandeln. Ergebnis: die Befragung breitet sich über die gemeinte Gesamtheit aus und erreicht einen ähnlich repräsentativen Personenkreis wie die Karteistichprobe, was leicht durch Vergleich mit weiteren statistischen Daten (z. B. Verteilung der Religionszugehörigkeit) nachprüfbar ist und nachgeprüft werden muß.

Die Fragezeichen nach der Interviewerehrlichkeit bleiben natürlich. Dennoch: Die Methode ist zuverlässiger als ihr Ruf, eben wegen der einzubauenden Kontrollen, die verhindern, daß ein Interviewer einen verwitweten 25jährigen Mann zur 60jährigen ledigen Oma macht. Die Stichprobe nennen wir Quotensample oder einfach Quota.

Bild 88 zeigt eine synthetische Bevölkerung. Wenn Sie hier links oben beginnend eine Befragung nach den Quoten 12 männliche, 8 weibliche; 5 unter 30, 15 über 30 Jahre; 13 verheiratete, 7 ledige; 4 mit Studium, 16 ohne Studium, durchführen wollten, können Sie leicht selbst die Ausdehnung des Befragtenfeldes feststellen. Der erste "stimmt" immer, bald aber wird es schwer, die richtige Quotenkonstellation zu finden. Voraussetzung ist eine korrekte Strichliste (**Bild 89**), die Ihnen den Überblick verschafft, welche Quoten schon erfüllt sind bzw. noch zur Verfügung stehen. Da der Interviewer an unterschiedlichen Stellen anfangen, breitet sich das Interviewnetz schnell aus.

Eine weitere Methode ist üblich, aber schwierig: Die Gebietsstichprobe (= Area-sample). Hier wird eine ganze Stadt als Kartei angesehen. Man beginnt z. B. am Stadtrand im Norden und zählt ab in der n-ten Straße, das n-te Haus, die n-te Wohnung, die n-te Person. Auf diese Weise erreicht man wie bei der Karteistichprobe objektiv gesteuert zufällig, also losgelöst von der subjektiven Entscheidung des Befragers die für die vorgesehene Stichprobe richtige Verteilung der Testpersonen. Die Kontrolle der Repräsentativität erfolgt wie bei der Karteistichprobe.

In größeren Betrieben wird man die Probleme der Stichprobenziehung in ähnlicher Weise antreffen. Bei Vollerhebungen, wie bei Befragung oder Beobachtung von kleinen Gruppen spielen sie natürlich keine Rolle. Die beschriebene Selbstbeobachtung am Arbeitsplatz in der VDEh-Untersuchung bedurfte ebenfalls einer repräsentativen Verteilung, und zwar hier in doppelter Weise: die Beobachter mußten repräsentativ ausgewählt sein und die Beobachtungstage, damit nicht wie dargestellt z. B. typische Aufgaben in bestimmten Monaten, in bestimmten Wochen (1. Woche, letzte Woche) oder an bestimmten Tagen (montags nur Sitzungen) durchschlagen.

Nun zur Frage **Wieviel** muß ich befragen oder beobachten, um signifikante (= bedeutsame) Aussagen machen zu können. Natürlich gibt es hierfür längst eine Formel (s. S. 170).

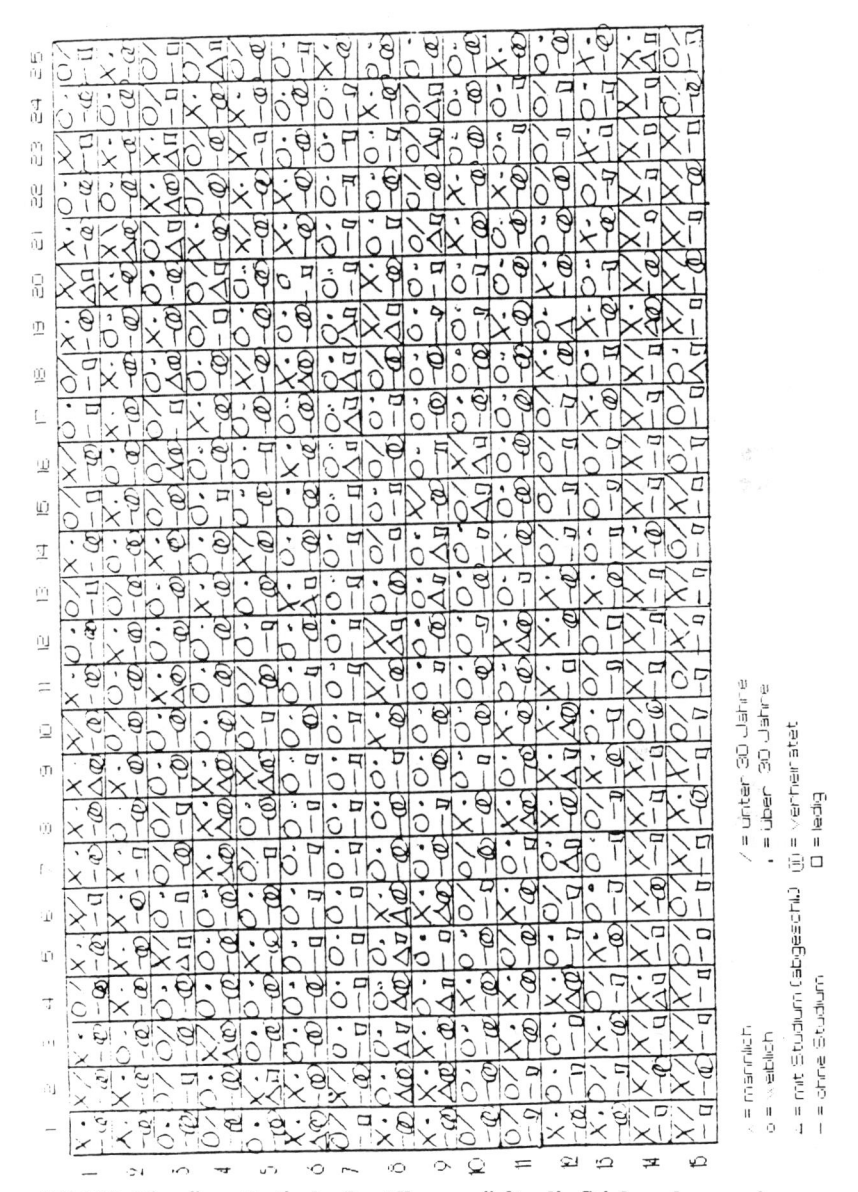

Bild 88: Eine "synthetische Bevölkerung" für die Stichprobengewinnung (Quota)

Kriterien		Vorgegeb.Quoten	Strichliste	Summ.	Feld
Geschl.	männl. x	12	⊞⊞ ⊞⊞ II	12	bis 1/19
	weibl. o	8	⊞⊞ III	8	
Alter	unt. 30 /	5	⊞⊞	5	bis 7/18
	üb. 30 .	15	⊞⊞ ⊞⊞ ⊞⊞	15	
Bildng	mit St. △	4	IIII	4	bis 3/2
	ohne St. —	16	⊞⊞ ⊞⊞ ⊞⊞ I	16	
Form.St.	verh ∞	13	⊞⊞ ⊞⊞ III	13	bis 1/19
	ledig □	7	⊞⊞ II	7	
Summe		20	⊞⊞ ⊞⊞ ⊞⊞ ⊞⊞	20	7/18

Bild 89: Die Strichliste zeigt die "Ausweitung" der Stichprobe

$$n = \left[\frac{t \cdot \sqrt[2]{p \cdot q}}{e} \right]^2$$

t = Multiplikator für den Sicherheitsgrad
e = Absoluter Fehler = p - q = Sicherheitsgrad absolut
p = Anteil für ein qualitatives Merkmal; q = 1 - p

Aber wir wollen es uns hier einfacher machen und die Logik der Auswahlzahl erkennen:

Wenn wir (nur) wissen wollen, ob von den Einwohnern einer Gemeinde mehr Männer oder Frauen für Vielweiberei oder gegen Zigarettenrauchen sind, genügt u. U. eine kleine Stichprobe von, sagen wir, 1 Personen. Wenn auf die Geschlechter 60 bzw. 50 Befragte entfallen, könnte eine Verteilung von 30 für und 20 gegen schon signifikante Aussagen zulassen. D. h. die Differenz wäre groß genug, um außerhalb des Zufalls zu liegen, - wir werden das noch mit dem Chi^2-Test (s. d.) überprüfen. Als Tabelle sähe das wie folgt aus:

	Für Zigaretten-rauchen	Gegen Zigaretten rauchen	
Männer	20	40	60
Frauen	30	20	50
	50	60	110

Wenn wir aber weiter differenzieren, also z. B. zwischen Personen unter 30, Personen zwischen 30 und 60 und Personen über 60, schrumpfen die denkbaren Differenzen schon ganz erheblich zusammen. Wieder die Tabelle:

	Für Zigaretten- rauchen	Gegen Zigaretten rauchen	
Männer - 30 J.	10	5	15
30 — 60	4	20	24
60-	6	15	21
Männer gesamt	20	40	60
Frauen -30 J.	20	2	22
30 — 60	8	12	20
60-	2	6	8
Frauen gesamt	30	20	50
Gesamtsumme	50	60	110

Jede weitere Gruppenbildung läßt die Unterschiede gegen 0 schwinden, z. B. wenn wir noch den Familienstand mit einbringen würden. Das heißt, mit der Zahl der für die Auswertung beabsichtigten Gruppenbildung erhöht sich die erforderliche Zahl = Größe der Stichprobe. Das heißt umgekehrt: Je kleiner die Gruppenbildung ist, desto größer wird die Aussagefähigkeit.

Um auch dies auf die Spitze zu bringen: Selbst ein einzelner Groschen ermöglicht schon Aussagen: nämlich, daß im Jahr 1971 Groschen geprägt worden sind, und zwar von der Münzanstalt D (= München). Wie viele und in welchen anderen Münzanstalten noch geprägt wurden das allerdings würde schon eine größere Anzahl von Groschen erfordern, erst recht, wenn wir angeben wollten, in welchen anderen Jahren, von welchen Münzanstalten wie viele Groschen prozentual geprägt worden sind.

Das heißt mathematisch ausgedrückt: Die Größe der Stichprobe ist eine Funktion der für die Auswertung vorgesehenen Gruppenbildung. Sie werden also zunächst überlegen, wie genau und wie differenziert ihre Aussage sein soll, wenn sie die Größe der Stichprobe bei Befragung, Beobachtung und Experiment (z. B. zerstörende Werkstoffprüfung) festlegen.

5.2 Der Chi^2 — Test

Von der Signifikanz der Stichprobe zum Chi^2-Test ist es nur ein kurzer Weg. Dieser Test sollte eigentlich zum täglichen Brot des Zeitungslesers gehören, um beurteilen zu können ob die vielen statistischen Vergleiche, die fast in jeder Tageszeitung angestellt werden, wirklich aussagefähig sind. Greifen wir als Beispiel noch einmal zu unserer Tabelle Rauchen/Nichtrauchen in der einfachsten Form Vergleich Männer/Frauen.

	Für Zigaretten-rauchen	Gegen Zigaretten-rauchen	
Männer	20	40	60
Frauen	30	20	50
	50	60	110

Unsere Frage: Sind die Unterschiede eigentlich groß genug, um behaupten zu können, daß hier nicht der Zufall im Spiel ist und die Verteilung auf Pro- und Contra-Rauchen auch genau umgekehrt aussehen könnte?

Der Chi^2 - Test geht von der Überlegung aus "Es liegt kein Einfluß vor (hier das Geschlecht), die Verteilung ist rein zufällig". Wir nennen diese Hypothese "Null-Hypothese". Sie hat den großen Vorteil, nur Sein- oder Nichtsein untersuchen, nicht aber angeben zu müssen, wie groß ein bestimmter Einfluß ist.

In unserem Beispiel bedeutet dies ein Vorgehen in folgenden Schritten:

1. Wir stellen einen Quotienten auf zwischen den beteiligen Männern zur Gesamtzahl der Befragten = 60/110

2. Dasselbe Verhältnis müßte auch in der Spalte "Für Zigaretten-Rauchen" vorliegen, wenn das Merkmal "Geschlecht" keinen Einfluß hätte. Das bedeutet mathematisch: wir müssen unseren Quotienten 60/110 mit 50 (= Für Zigarettenrauchen) "bewerten", also multiplizieren = (60/110)*50. Ausgerechnet erhalten wir die Zahl 27,27 ... = 27,3. Dies ist der Erwartungswert.

3. Wir setzen den Erwartungswert 27,3 in Vergleich zum Beobachtungswert 20 und stellen fest, daß der Beobachtungswert um 7,3 kleiner ist als der Erwartungswert.

4. In einer Vier-Felder-Tabelle sind mit der Errechnung des Erwartungswertes für Feld 1 auch alle anderen Erwartungswerte festgelegt und durch einfache Addition oder Substraktion zu errechnen. Wir sprechen davon, daß nur 1 Freiheitsgrad vorliegt.

5. Die Differenzen müssen nunmehr in Beziehung gesetzt werden zu den unterschiedlich großen Erwartungswerten (wir normieren die Differenzen wie bei der Prozentrechnung, bei der wir bekanntlich alles auf 100 beziehen). Das heißt für Feld 1: wir teilen das Quadrat von $-7{,}3 = (-7{,}3)^2 = 53{,}29$ durch den Erwartungswert. Diese Rechnung setzen wir über alle 4 Felder fort und erhalten folgende Tabelle

	Für Zigarettenrauchen		Gegen Zigarettenrauchen		
Männer	B 20	d - 7.3	B 40	d + 7.3	60
	E 27.3		E 32,7		
Frauen	B 30	d + 7.3	B 20	d - 7.3	50
	E 22,7		E 27,3		
	50		60		110

B = Beobachtungswert

E = Erwartungswert

d = Differenz

	Für Zigarettenrauchen	Gegen Zigarettenrauchen	
Männer	1,94	1,62	3,56
Frauen	2,33	1,94	4,27
	4,27	3,56	7,83

6. Das Ergebnis $7{,}83 = Chi^2$ (= Gesamt-Chi^2) vergleichen wir mit den Werten in einer **Tabelle**, in der die Wahrscheinlichkeiten je nach Freiheitsgraden errechnet worden sind. In unserem Beispiel stellen wir fest, daß bei einem Freiheitsgrad 7,83 mit 99,90 % Wahrscheinlichkeit der Zufall ausgeschlos-

sen ist. Das heißt, bei 1 000 gleichen Untersuchungen würde bestenfalls dieses Ergebnis einmal Zufall sein. **(Anhang 14)**

In der Sozialwissenschaft werden für den Ausschluß des Zufalls relativ hohe Anforderungen gestellt. [6] Nur dann, wenn der Zufall mit mindestens 95% Wahrscheinlichkeit und mehr auszuschließen ist, gilt ein Untersuchungsergebnis als signifikant = bedeutsam. In unserem Beispiel trifft dies zu, und wir können behaupten, das Merkmal Geschlecht hat einen Einfluß auf die Rauchpräferenz. Aus der Differenzentabelle wissen wir auf Grund der dort noch vorhandenen Vorzeichen, daß (in unserem Beispiel) Männer eher gegen und Frauen eher für Rauchen votieren.

Eine Signifikanzrechnung mit dem Chi^2-Test würde in der um Altersgruppen erweiterten Tabelle 2 (12-Felder-Tabelle = 5 Freiheitsgrade) keine so klare Aussage zulassen!

Der Signifikanztest ist beliebig und vielseitig anwendbar, z. B. zur Feststellung des Einflusses verschiedener Merkmale auf die Reklamationshäufigkeit: Blauer Montag, Betriebsklima, Führungsstil. Letzteres zeigt uns die Anwendungsmöglichkeiten zur Beurteilung von Untersuchungen über den Einfluß von Gruppenstruktur und Vorgesetztenverhalten bei verschiedenen Tests im Rahmen der von uns dargestellten Führungstechniken. Dabei wollen wir es hier bewenden lassen.

5.3 Die Korrelationsrechnung

Nun zur letzten für unsere Darlegungen wichtigen Methode der praktischen Statistik, der Korrelationsrechnung. Wir beschäftigen uns dabei nur mit der linearen Regressionsrechnung.

Korrelation kommt aus dem Lateinischen und heißt so viel wie Wechselbeziehung. Der Grad einer solchen Übereinstimmung oder Nichtübereinstimmung wird mit der Korrelationsrechnung ermittelt, deren Fixpunkte mit +1,00 = vollständige Übereinstimmung und -1,00 = vollständige Gegensätzlichkeit festgelegt sind. +/- 0,00 würde genau in der Mitte liegen und Indifferenz anzeigen.

Was ist Korrelation? Hier drei klassische Beispiele:

1. Mit der Regenniederschlagsmenge pro Tag steigt der Verkauf von Regenschirmen (positive Korrelation)

---

6) Ebenso wie für den Rücklauf der Fragebogen bei einer schriftlichen Befragung. Hier müssen wenigstens 75% der Bogen auszuwerten sein, um mit einiger Sicherheit auszuschließen, daß gerade die Nicht-Antworter eine typisch andere Meinung oder Zusammensetzung haben.

2. Mit steigenden Temperaturen geht der Verkauf von Wintermänteln zurück (negative Korrelation)
3. Mit der Zahl der Störche steigt die Zahl der Babys; jedenfalls im Jahre 1913 - (Scheinkorrelation).

Wie mißt man Korrelation?

Das folgende Rechenbeispiel macht uns am schnellsten vertraut damit:

Zahl der zugelassenen PKWs	Zahl der Unfalltoten pro Jahr
x	y
100	2
300	4
600	5
900	7
1 000	8
1 200	11
1 500	14
1 700	15
1 800	14
2 000	14

Eine gewisse Gleichläufigkeit ist auf Anhieb zu erkennen. Wie groß ist nun tatsächlich die Korrelation, wie stark ist der Zusammenhang? Auch hier gehen wir in einzelnen Rechenschritten vor:

1. Wir errechnen in jeder Zahlenfolge das arithmetische
Mittel = $\bar{x}$ bzw. $\bar{y}$.
1 110 bzw. 9,4

Das arithmetische Mittel ($\bar{x}$ bzw. $\bar{y}$) ist ein für Vergleiche wenig aussagefähiges Maß. Wenn wir z.B. die Zahlenreihen A = 4,6,2,5,3,4 und B = 8,1,1,8,3,3 vergleichen, dann würde uns das in beiden Fällen 4 betragende arithmetische Mittel eine hohe Ähnlichkeit der beiden Zahlenreihen vorgaukeln.

2. In einem zweiten Schritt untersuchen wir daher die Abweichungen vom Mittelwert $(x - \bar{x})$ bzw. $(y - \bar{y})$: die Streuung. Sie ist in unseren Beispielen unterschiedlich groß. In unserer Beispielsreihe A reicht die Streubreite von 2 bis -2, in der Reihe B jedoch von 4 bis -3.

- 1 010	- 7,4
- 810	- 5,4
- 510	- 4,4
- 210	- 2,4
110	- 1,4
90	1,6
390	4,6
590	5,6
690	4,6
890	4,6

3. Wenn wir in einem dritten Schritt die Abweichungen quadrieren $(x - \bar{x})^2$ bzw. $(y - \bar{y})^2$, werden die Unterschiede noch deutlicher hervorgehoben; außerdem entfällt das störende Vorzeichen. Mit der Summierung der quadrierten Abweichungen erhalten wir ein wichtiges Streuungsmaß, die sogenannte Varianz. Die Wurzel daraus ergibt die sogenannte Standardabweichung, d.h. ein standardisiertes, also normiertes Vergleichsmaß.

1 020	100	54,76
656	100	29,16
260	100	19,36
44	100	5,76
12	100	1,96
8	100	2,56
152	100	21,16
348	100	31,36
476	100	21,16
792	100	21,16
3769	000	208,40

4. In einem vierten Schritt erfolgt nun die für unsere Berechnungen notwendige Verknüpfung der beiden Zahlenreihen, was durch Multiplizieren der jeweiligen Abweichungen geschieht $(x - \bar{x})(y - \bar{y})$. Das Vorzeichen der Summe der multiplizierten Abweichungen (= Kovarianz) läßt bereits die Richtung der Korrelation erkennen.

+	7 474
+	4 374
+	2 244
+	504
+	154
+	144
+	1 794
+	3 304
+	3 174
+	25 880

Bei Betrachtung von Stichproben müßten wir genau genommen die Kovarianz und die Varianzen noch jeweils durch n - 1 dividieren. Dies ist aber bei der Korrelationsrechnung schon deshalb unnötig, weil der Rechenvorgang sowohl im Zähler wie im Nenner unserer Korrelationsformel erfolgte und damit zu keinerlei Änderungen des Ergebnisses führen würde.

Die Genauigkeit der Korrelationsaussage hängt übrigens stark von der Anzahl der untersuchten Einzelwerte ab. Mit abnehmender Datenzahl mindert sich zunehmend die Aussagefähigkeit - eine Art negative Korrelation!

5. Nun setzen wir die Summe der verknüpften Zahlenreihen (Kovarianz) in Beziehung zu den Wurzeln der beiden Quadratsummen (Varianzen bzw. Standardabweichungen nach der Wurzelziehung), kurz: wir setzen in die folgende Formel die errechneten Zahlenwerte ein

$$r = \frac{\Sigma(x-\bar{x})(y-\bar{y})}{\sqrt{\Sigma(x-\bar{x})^2}\sqrt{\Sigma(y-\bar{y})^2}}$$

$$r = \frac{23260}{\sqrt{3769000}\sqrt{208{,}40}}$$

$$r = \frac{23260}{1941{,}4 \cdot 14{,}4}$$

$$r = \frac{23260}{28026}$$

$$r = 0{,}83$$

Die Korrelation ist wie erwartet hoch. Die beiden Zahlenreihen korrelieren stark positiv.

Die Korrelationsrechnung findet bei vielen in diesem Buch behandelten Tests ihre Anwendung. Sie ist darüber hinaus ein wichtiges Hilfsmittel, um den Zusammenhang z. B. zwischen (linearen) Kurvenverläufen festzustellen.

Eine spezielle Anwendung findet sie auch bei der Kontrolle von Erhebungen. Sie läßt leicht Schummeleien bei der Selbstausfüllung von Fragebogen durch die jeweiligen Interviewer entdecken. Wenn wir nämlich die Summen aller Einzelangaben aller Fragebogen mit den Summen der Einzelangaben der Fragebogen eines einzelnen Interviewers vergleichen, müßten die beiden Zahlenreihen positiv miteinander korrelieren, wenn nicht, liegt der Verdacht nahe, daß der Interviewer keine oder nur wenige Befragungen wirklich durchgeführt und den Rest "analog" erfunden hat. Eine solche "Erfindung" würde nur dann nicht auffallen, wenn der einzelne Interviewer die Gesamtergebnisse einigermaßen richtig abschätzen könnte. Wenn er das könnte, brauchte man keine Erhebung. Also ...

Ein Beispiel (s. S. 179 u. 180) soll dies verdeutlichen.

So einfach auch die Beantwortung der Standardfragen erscheint, die Meinung von vielen Menschen kann man dennoch nicht so exakt voraussagen, das gilt erst recht bei sehr schwierigen und nicht so allgemein bekannten Fragen, vor allem dann, wenn der Fragebogen umfangreich und die Antwortmöglichkeiten zahlreich sind.

$$r = \frac{\Sigma(x-\bar{x})(y-\bar{y})}{\sqrt{\Sigma(x-\bar{x})^2}\sqrt{\Sigma(y-\bar{y})^2}} \qquad r = \frac{\Sigma(x-\bar{x})(y-\bar{y})}{\sqrt{\Sigma(x-\bar{x})^2}\sqrt{\Sigma(y-\bar{y})^2}}$$

$$r = \frac{1680}{\sqrt{125800}\sqrt{878}}$$

$$r = \frac{300}{\sqrt{85000}\sqrt{750}}$$

$$r = \frac{1680}{354{,}68 \cdot 29{,}58}$$

$$r = \frac{300}{291{,}55 \cdot 27{,}39}$$

$$r = 0{,}16$$

$$r = 0{,}38$$

In unserem Beispiel hat der "verdächtige" Interviewer zwar den Trend getroffen, die Korrelationswerte sind jedoch mit r=+0,16 bei den männlichen Befragten und r = +0,38 bei den weiblichen Befragten doch noch zu dicht an der

Umfrage über Männer und Frauen
m=400; f=400

Fragen		Auswertung aller Fragebogen		Auswertung der Fragebogen von Interviewer X	
		Männer	Frauen	Männer	Frauen
1. Wer raucht mehr?	Männer	100	150	15	20
	Frauen	300	250	25	20
2. Wer trinkt mehr?	Männer	300	100	15	25
	Frauen	100	300	25	15
3. Wer lügt mehr?	Männer	180	300	28	30
	Frauen	220	100	12	10
4. Wer ist intelligenter?	Männer	300	100	20	25
	Frauen	100	300	20	15
5. Wer lebt länger?	Männer	50	100	10	5
	Frauen	350	300	30	35
6. Wer schläft mehr?	Männer	100	200	25	20
	Frauen	300	200	15	20

x	y	x-ȳ	y-ȳ	$(x-\bar{x})^2$	$(y-\bar{y})^2$	$(x-\bar{x})$ $(y-\bar{y})$
150	20	-50	0	2500	0	0
250	20	+50	0	2500	0	0
100	25	-100	+5	10000	25	-500
300	15	+100	-5	10000	25	-500
300	30	+100	+10	10000	100	+1000
100	10	-100	-10	10000	100	+1000
100	25	-100	+5	10000	25	-500
300	15	+100	-5	10000	25	-500
100	5	-100	-15	10000	225	+1500
300	35	+100	+15	10000	225	+1500
200	20	0	0	0	0	0
200	20	0	0	0	0	0
2400	240			85000	750	+300

$2400 : 12 = 200 \quad 240 : 12 = 20 \quad \bar{x} = 200 \quad \bar{y} = 20$

Männer

x	y	x-x̄	y-ȳ	$(x-\bar{x})^2$	$(y-\bar{y})^2$	$(x-\bar{x})$ $(y-\bar{y})$
100	15	-100	-5	10000	25	+500
300	25	+100	+5	10000	25	+500
300	15	+100	-5	10000	25	-500
100	25	-100	+5	10000	25	-500
180	28	-20	+8	400	64	-160
220	12	+20	-8	400	64	-160
300	20	+100	0	10000	0	0
100	20	-100	0	10000	0	0
50	10	-150	-10	22500	100	+1500
350	30	+150	+10	22500	100	+1500
100	25	-100	+5	10000	225	-500
300	15	+100	-5	10000	225	-500
2400	240			125800	878	+1680

$2400 : 12 = 200 \quad 240 : 12 = 20 \quad \bar{x} = 200 \quad \bar{y} = 20$

Frauen

Indifferenzlinie, als daß hier von zufälligen Abweichungen gesprochen werden könnte. Nachprüfungen bei angeblich Interviewten sind angezeigt!

Soweit unsere Hinweise auf wichtige Hilfsmittel der Statistik. Bei den folgenden Aufgaben werden Sie unter Beweis stellen können (müssen?), ob Sie die Anleitungen verstanden haben und damit arbeiten können. Notfalls schlagen Sie einfach noch einmal nach. Das ist ja der Sinn dieses Buches.

6. Anwendungsbeispiele

In diesem und dem folgenden Kapitel wollen wir Sie zum Analysieren und zum Üben animieren.

6.1 Zunächst versuchen Sie einmal, mit Hilfe des Hofstätterschen Fragebogens Ihr eigenes Führungsverhalten einzuschätzen. Dann suchen Sie die wesentlichen Punkte heraus, die zu dieser speziellen Einstellung geführt haben. Zu diesem Zweck haben wir Ihnen im **Anhang 12** die Antwortkategorien angegeben, die zu einem "Idealen Führungsverhalten" führen würden. Prüfen Sie die Abweichungen und überlegen Sie einmal, ob Sie Ihr Verhalten ändern können oder wollen.

6.2 Mit Hilfe der Mittel der Beobachtung versuchen Sie nun die Mitarbeiter Ihrer Abteilung in ein Soziogramm einzuordnen, und zwar nach allen vier Aspekten:

a) Wer arbeitet mit wem gern zusammen?
b) wer hat die meisten Führungseigenschaften?
c) wieviel Vertrauen genießen die einzelnen?
d) wer wird von den anderen abgelehnt?

Sie erhalten vier Soziogramme. Vergleichen Sie die Darstellungen und versuchen Sie eine Erklärung zu finden. Wo würden Sie sich selbst einordnen?

6.3 Beurteilen Sie einmal jeden Mitarbeiter nach seiner Leistungsfähigkeit. Denken Sie sich eine Aufgabe aus und überlegen Sie, was jeder einzelne zu seiner Lösung beitragen könnte. Legen Sie dabei Ausbildung, Erfahrung, Einsatzbereitschaft, Fähigkeit und anderes mehr zugrunde. Überlegen Sie, ob Sie im "Ernstfall" tatsächlich jeden Mitarbeiter optimal mitwirken lassen.

6.4 Beurteilen Sie sich und die in den übrigen Anwendungsbeispielen besonders hervorgetretenen Personen mit dem Semantischen Differential. Tragen Sie die errechneten Koordinatenpunkte in den Semantischen Raum ein. Überlegen Sie, ob die Einordnung im Semantischen Raum mit den von Ihnen vorher gefundenen Überlegungen übereinstimmt. Untersuchen Sie die Gründe, wenn Abweichungen auftreten sollten. **Anhang 13**

7. Aufgaben

Abschließend noch einige Vorgesetztenaufgaben.

7.1 Im Betrieb A ist der Obermeister ausgefallen. Der Stellvertreter ist neu. Dem Betrieb wird eine Arbeit übertragen, die gegenüber den bisherigen Aufgaben mehrere Unterschiede aufweist. Neue Arbeitsanweisungen werden nicht mitgeliefert. Welches Führungsverhalten schlagen Sie vor?

7.2 Die Arbeitsgruppe B hat die Aufgabe, behelfsmäßig einen Graben zu überbrücken, damit ein Transporter eine Maschine in die Werkhalle fahren kann. Die Arbeit ist schwer und nicht ganz ungefährlich. Die Maschine wird zur Einhaltung von Produktionsterminen dringend benötigt. Die Arbeiter B1 bis B10 stehen zur Verfügung. B2 ist behindert, B7 ist faul, B10 ist jähzornig. Stellen Sie die Gruppe aus 4 Mann zusammen.

7.3 Der Bewerber C hat sich für eine Betriebsleiterposition beworben. Welche Kriterien sind für diese Position wichtig? Mit welchen Mitteln der Beurteilung von Mitarbeitern würden Sie die Einstellungsüberprüfung optimieren?

7.4 Sie haben ein Austrittsinterview nach dem vorgestellten Muster durchgeführt. Die Antworten lauten der Reihe nach ja, nein, z. T., ja, ja, nein, nein usw. Interpretieren Sie das Ergebnis und fragen Sie sich, ob der Mitarbeiter mehr aus persönlichen oder aus betriebsrelevanten Gründen ausgeschieden ist. Welche Konsequenzen werden Sie für den Betrieb vorschlagen?

8. Literatur

Die Darstellungen dieses Buches sind allesamt daraufhin ausgerichtet, bei Ihnen Neugier zu wecken und Ihnen zugleich Mut zu machen, die vielfältigen Techniken der Mitarbeiterbeurteilung und Mitarbeiterführung in der Praxis anzuwenden. Es ist zu erwarten, daß sich im einzelnen noch manche Fragen ergeben und detaillierte Darstellungen von Einzelthemen den Informationshintergrund erweitern können und sollen. Unser Literaturverzeichnis verfolgt diesen Zweck. Es ist nach verschiedenen Kategorien ausgewählt und dient nicht nur der Dokumentation der für dieses Buch verwendeten Literatur, sondern in erster Linie einer weiterführenden Information zum Nutzen des Lesers.

9. Nachwort

Es ist nicht anzunehmen, daß dieses Buch wie ein Roman von Seite 1 bis Seite 220 mehr oder minder kontinuierlich gelesen wird. Zu erwarten ist schon eher, daß man zunächst einmal blättert und sich von dem einen oder anderen Schaubild zum verweilen verleiten läßt. Oder gar mit der letzten Seite beginnt. Der Autor hat es natürlich anders machen müssen, sowohl beim Schreiben wie beim späteren Korrekturlesen. Da bis zur Drucklegung einige Jahre vergangen sind, kommt ihm heute manches neu und anderes ergänzungsbedürftig vor, zumal in den Vorlesungen gerade auch durch Studenten vieles besser herausgearbeitet und mit neuen Testergebnissen bereichert wurde. Dennoch bleibt es bei dem vorliegenden Text - auch wenn zum Beispiel die Motivforschung zu kurz gekommen ist und Neues zum Fragezeitpunkt entdeckt wurde (Eine Befragung vor und nach dem Essen zum Thema Appetit kommt zweifellos zu unterschiedlichen Ergebnissen!). Ein Zitat und eine Karikatur möchte ich jedoch nachtragen, auch auf die Gefahr hin, daß beide zusammen als widersprüchlich empfunden werden.

1. Das Zitat:

   "Hüte dich vor dem ersten Eindruck, denn er ist der richtige."
   (LaRochefoucauld)

2. Die Karikatur (Bild 90) als Beispiel dafür, daß man sich irren kann und das doppelt-duale Resonanzsystem nicht immer funktioniert.

Bild 90: Wie man sich irren kann
(Entnommen aus Westdeutsche Zeitung, Düsseldorf)

Übrigens: Wenn Ihnen etwas auffällt, schreiben Sie mal. Eine nächste Auflage kommt bestimmt.

Literaturverzeichnis

Anton, W., Qualifikation und Berufsverlauf von Ingenieuren in der Stahlindustrie (Dissertation an der Rheinisch-Westfälischen Technischen Hochschule Aachen)

Bellebaum, A., Soziologische Grundbegriffe. Eine Einführung für soziale Berufe, Stuttgart, Berlin, Köln, Mainz 1972 (101983): insbesondere Kapitel 2. Soziale Beziehung, 3. Soziales Handeln, 4. Soziale Gruppe, 5. Soziale Norm, 6. Soziale Rolle, 8. Soziale Kontrolle, 9. Sozialstruktur und sozialer Wandel

Bolte, K. M., Feldtheorie in der Marktforschung - Möglichkeiten und Probleme ihrer Verwendung, 1970, Heft 1.6. BVM

Bolte, K. M., Information als Basis der Berufsentscheidung - Vorstellungen über Beruf und Arbeitsfeld des Hütteningenieurs. Stahl und Eisen 101 (1981) Nr. 5, S. 89 ff., Düsseldorf 1981

Bolte, K. M., Hradil, Stefan, Soziale Ungleichheit in der Bundesrepublik Deutschland. Opladen 1984

Fiedler, F. E., Chemers, M.U. u. Mahar, L., Der Weg zum Führungserfolg, Ein Selbsthilfeprogramm für Führungskräfte, Stuttgart 1979

Freilinger, C., Wer kann führen, Leitfaden zur Beurteilung der Führungsqualifikation, München 1979

Fürstenberg, F., Soziologie, Hauptfragen und Grundbegriffe, Berlin 1974

Haberfellner, R., Die Unternehmung als dynamisches System, Der Prozesscharakter der Unternehmensaktivitäten. Zürich 1974

Heintel, P., Das ist Gruppen-Dynamik, Eine Einführung in Bedeutung, Funktion und Anwendbarkeit, München 1974

Hennenhofer, G. u. Jaensch, H.-U., Psycho-Knigge, Befreiter Umgang mit anderen - Sicherheit im sozialen Verhalten, Köln 1974 und Reinbek bei Hamburg 1976

Hesselmann, U., Statistische Methoden einer Expertenbefragung über Wissensanforderungen der Praxis, Stahl und Eisen 109 (1989) Nr. 6, S. 169-175

Herzberg, F., One more time: How do you motivate your employees? Harvard Business Review Jan.-Feb. 1968, S. 53 -62

Hilb, M., Das Austrittsinterview, Management-Zeitschrift io 4681977), Nr. 7/8, Zürich 1977

Hofstätter, P. R., Psychologie der öffentlichen Meinung, Wien 1949

Hofstätter, P. R., Gruppendynamik, Kritik der Massenpsychologie, Hamburg 1957

Hofstätter, P. R., Psychologie, Frankfurt am Main 1957

Hofstätter, P. R., und Lübbert, H., Die Untersuchung von Stereotypen mit Hilfe des Polaritätsprofils, Z. Markt- und Meinungsforschung. ^{3} 1958

Hofstätter, P. R., Einführung in die Sozialpsychologie, Stuttgart 1959

Hofstätter, P. R., Der Einfluß der Technik auf die Psychologie, in: VDI-Bericht, Heft 71 A, Deutscher Ingenieurtag 1962, S. 18 ff., Düsseldorf 1963

Hofstätter, P. R., u. Tack, W. M., Menschen im Betrieb, Stuttgart 1967

Hofstätter, P. R., Sozialpsychologie, Berlin 1967

Hofstätter, P. R., Individuum und Gesellschaft, Das soziale System in der Krise, S. 96 ff., Frankfurt/M.-Berlin-Wien 1972

Hofstätter, P. R., Faktorenanalyse, in: König, R. (Hrsg.), Handbuch der empirischen Sozialforschung, Band 3 a: Grundlegende Methoden und Techniken, Zweiter Teil, Stuttgart 3 1974, S. 204 - 272

Hofstätter, P. R., Der Teufel aus der Maschine - Warum wir heute noch die Technik fürchten, Die Welt (1979) Nr. 156, Hamburg 1979

Irle, M., Der Einfluß von Kommunikationsmedien auf Einstellungen und Informationen über den Gegenstand der Einstellungen, In: Kölner Zeitschrift für Soziologie und Sozialpsychologie, 13. Jahrgang (1961), Heft 2

Janßen, G., Studienwahl und Studienförderung (Dissertation an der Fakultät für Hüttenwesen der Technischen Universität Clausthal), VDEh-Schulausschuß, Düsseldorf 1974

Kirsten, R. E., u. Müller-Schwarz, J., Gruppentraining, Ein Übungsbuch mit 59 Psycho-Spielen, Trainingsaufgaben und Tests, Stuttgart 1983 (1977)

König, R., (Hrsg.), Das Interview, Köln 1952 (^{7}1969)

König, R., (Hrsg.), Beobachtung und Experiment, Köln 1956 (^{7}1971)

König, R., Grundformen der Gesellschaft: Die Gemeinde, Hamburg 1958

König, R., (Hrsg.), Handbuch der empirischen Sozialforschung, Bd. 1, Stuttgart 1960 (^{2}1967); Bd. 2, Stuttgart 1969

König, R., (Hrsg.), Handbuch der empirischen Sozialforschung, Band 3 a: Grundlegende Methoden und Techniken Zweiter Teil, Stuttgart ^{5}1979

König, R., (Hrsg.), Handbuch der empirischen Sozialforschung, Band 3 b: Grundlegende Methoden und Techniken Dritter Teil, Stuttgart ³1979

König, R., (Hrsg.), Soziologie (Fischer-Lexikon), Frankfurt ⁷1967

König, R., Kleider und Leute, zur Soziologie der Mode, Frankfurt am Main und Hamburg 1967

Kreyszig, E., Statistische Methoden und ihre Anwendungen, Göttingen 1972

Landwehrmann, F., Konflikte in der Arbeits- und Berufswelt, In: Der Mensch in den Konfliktfeldern der Gegenwart, Köln 1975

Landwehrmann, F., und Albring, R., Information und Mitwirkung. Mittel betrieblicher Führung, Heidelberg o. J. (Widmung 1977)

Landwehrmann, F., Die Träger eines betrieblichen Informationssystems, der Arbeitgeber Nr. 23/34, Köln 1982

Lenk, H., Leistungsmotivation und Mannschaftsdynamik, Stuttgart 1970

Lewin, K., Feldtheorie in den Sozialwissenschaften, Berlin 1963

Likert, R., New patterns of management, New York 1961

Lückert, H. R., Mitarbeiter auswählen, beurteilen, führen, München 1966

Maslow, A. H., Motivation and personality, New York 1954

Moreno, J. L., Die Grundlage der Soziometrie, Köln 1954

Noelle, E., Umfragen in der Massengesellschaft, Reinbek ³1967

Noelle-Neumann, E., Die Schweigespirale, Öffentliche Meinung - unsere soziale Haut, München 1980

Oberhofer, A. F., Betrachtungen zur Organisation von Unternehmen, Berg- und Hüttenmännische Monatshefte, Heft 5/81, Wien 1981

Odiorne, G. S., Management by Objectives, Führungssysteme für die achtziger Jahre, München 1980

Opp, K.-D., und Schmidt, P., Einführung in die Mehrvariablenanalyse, Grundlagen der Formulierung und Prüfung komplexer sozialwissenschaftlicher Aussagen, Reinbek bei Hamburg 1976

Osgood, Ch. E., The nature and measurement of meaning. Psychological Bulletin. Vol. 49, 1952, S. 197 ff.

Osgood, Ch. E., und Suci, G., A measurement of relation determined by both mean difference and profile similarity. Psychological Bulletin, Vol. 49, 1952, S. 251 ff.

Osgood, Ch. E., and Suci, G. J. u. Tannenbaum, P. R., The measurement of meaning. Urbana 1957 (2nd edition 1958)

Packard, V., Die geheimen Verführer, Der Griff nach dem Unbekannten in jedermann. Düsseldorf 1957, ⁵1959

Poffenberger, A. T., Psychology of Advertising, New York 1932

Richter, H. J., Einführung in das Image-Marketing, Feldtheoretische Forschung, Stuttgart, Berlin, Köln, Mainz 1977

Rink, J., Wie sieht der Bürger seine Polizei, Der Polizeibeamte im Spiegel von Urteilen und Vorurteilen/Ergebnisse einer Umfrage. Polizei-Straße-Verkehrsteilnehmer Nr. 8, Düsseldorf 1978

Rink, J., Kennen Sie Ihr Profil?, Stahl und Eisen 100 (1980) Nr. 18, S. 1091 ff., Düsseldorf 1980

Rink, J., Der Hütteningenieur im Profil, Stahl und Eisen 101 (1981) Nr. 1, S. 102 f., Düsseldorf 1981

Rink, J., Studenten und Polizei, Ergebnisse gemeinsamer wissenschaftlicher Untersuchungen zum Verhalten der Bürger, S. 115 ff., Polizei-Straße-Verkehrsteilnehmer 10 (1981), Düsseldorf 1981

Rink, J., Einstellung zur Bundeswehr, Umfrage bei 430 Düsseldorfer Bürgern (als Manuskript vervielfältigt), Düsseldorf 1981

Rink, J., Einfluß von Einstellungen auf Zusammenarbeit und Arbeitsleistung. Berg- und Hüttenmännische Monatshefte BHM, 128. Jahrg. (1983), Heft 7, S. 265 - 270

Rink, J., Untersuchungen über den Zusammenhang zwischen Vorstellungen, Einstellungen und Handlungen, Stahl und Eisen 104 (1984), Nr. 19, S. 89 ff.

Rink, J., Neue Methoden der Mitarbeiterführung im Betrieb. Berg- und Hüttenmännische Monatshefte BHM, 130. Jahrg., (1985) Heft 1

Rink, J., In geeigneter Form. Untersuchungen über den Zusammenhang von Vorstellungen, Einstellungen und Handlungen. Verlag Stahleisen, Düsseldorf 1984

Rink, J., Der Ingenieurbedarf in den 90er Jahren, BHM, 130. Jahrg. (1985), Heft 5, S. 152 - 155

Rink, J., Anton, W., Hengstenberg, T., Stand und Entwicklung des Ingenieurpotentials in der deutschen Stahlindustrie, Berg- und Hüttenmännische Monatshefte 131 (1986), Heft 5, S. 303 - 308

Rink, J., Einfluß von Einstellungen auf Zusammenarbeit und Arbeitsleistung, Berg- und Hüttenmännische Monatshefte NHM, 128. Jahrgang (1983), Heft 7, S. 265 - 270, Wien-New York 1983

Rink, J., Wirtschaft und praktische Sozialforschung in: Reinhold (Hrsg.), Wirtschaftssoziologie, München 1988

Rosenstock, H.G., Neue Konzeption für das Studium der Hüttenkunde, Stahl und Eisen 109 (1989) Nr. 6, S. 263-268

Rosenstiel, L. von, Motivation im Betrieb, Motive beruflicher Arbeit, München 1972

Scheuch, E. K., Das Interview in der Sozialforschung, In: König, R. (Herausgeber): Handbuch der empirischen Sozialforschung, Bd. 2, Stuttgart 1973, S. 66 - 190

Scheuch, E. K., und Zehnpfennig, H., Skalierungsverfahren in der Sozialforschung, insbes. IV Herkömmliche Verfahren speziell zur Skalierung von Einstellungen, g) Verfahren der Polaritätsprofile. In: König, R. (Hrsg.), Handbuch der empirischen Sozialforschung, Band 3 a, Grundlegende Methoden und Techniken Zweiter Teil, Stuttgart ^{3}1974.

Scheuch, E. K., Auswahlverfahren in der Sozialforschung, In: König, R. (Hrsg.): Handbuch der empirischen Sozialforschung, Bd. 3 a, Stuttgart 1974, S. 1- 96

Schumann, E., Anforderungen an Ingenieure in der Stahlindustrie, Ergebnisse einer empirischen Erhebung in der Eisen- und Stahlindustrie (Dissertation an der Fakultät für Bergbau und Hüttenwesen der Rheinisch-Westfälischen Technischen Hochschule Aachen), VDEh-Schulausschuß, Düsseldorf 1979

Spiegel, B., Die Struktur der Meinungsverteilung im sozialen Feld, Das psychologische Marktmodell, Bern 1961

Staehle, W. H., Management, Eine Verhaltenswissenschaftliche Einführung, München 1985 (2. Aufl.)

Stromberger, P., und Teichert, W., Einführung in soziologisches Denken, Weinheim und Basel 1978

Timmermann, M., Hat die Marktwirtschaft noch eine Chance? Vom Wirtschaftswunder zur Wachstumskrise, Konstanz 1983

Timmermann, M., Unternehmensorganisation und Führungstechniken, Vortrag im Seminar für Führungskräfte, VDEh, Mayschoß, Oktober 1983 (unveröffentlicht)

Wallner, E. M., Soziologie, Einführung in Grundbegriffe und Probleme, Heidelberg ^{3}1973

Wiese, H.-J., Zur Gestaltung und Einführung von Führungsgrundsätzen in Industrieunternehmen, S. 43, 93, 94 (Diplom-Arbeit an der Hochschule für Berufstätige, Rendsburg, unveröffentlicht). Duisburg 1983

Wössner, I., Soziologie, Einführung und Grundlegung, Wien-Köln-Graz 1972

Wolf, H. E., Stellungnahme deutscher Jugendlicher zu westlichen u. a. Gruppen, S. 315 ff., Kölner Zeitschrift für Soziologie und Sozialpsychologie, 18. Jahrgang (1966), Heft 2, Köln 1966

Zink, K. J., Ergebnisse einer Befragung von 800 deutschen Erwerbspersonen mit verschiedenen Tätigkeitsbereichen. Zeitschrift für Arbeitswissenschaft Nr. 2, 1975

Anhang 1

VDEh-Studienfonds - Allgemeine Hinweise für den Stipendienausschuß

Stipendiatenauswahl unter Verwendung des Semantischen Differentials

Die mit dem Semantischen Differential unterstützte Stipendiatenauswahl sollte als allgemeine Richtlinie die nachstehenden Empfehlungen für eine Förderungsentscheidung berücksichtigen:

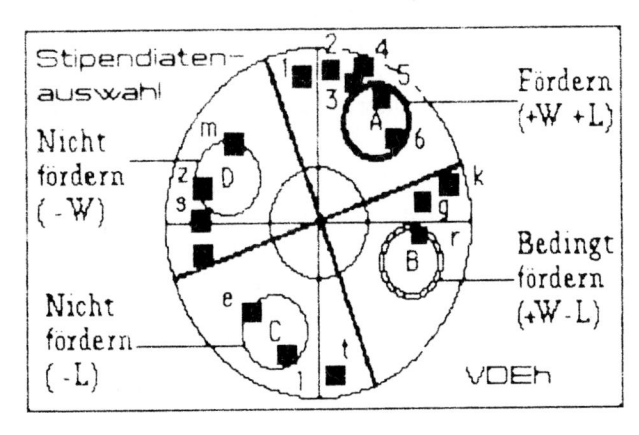

```
Stipendiatenauswahl
Nicht fördern (-W)
Nicht fördern (-L)
Fördern (+W +L)
Bedingt fördern (+W -L)
VDEh
```

W = Würdigkeit   L = Leistung

Der *Bereich A* (insbesondere im oberen Drittel) läßt eine Förderung angezeigt sein. Das Alter (oder der Studienfortschritt) beeinflußt eine Verschiebung nach oben (älter) oder unten (jünger). Zu beachten sind die unterschiedlichen Teilbereiche (von links nach rechts): 1. Arbeit und Disziplin, 2. Wissenschaft und Verstand, 3. Erfolg und Leistung, 4. Technik und Persönlichkeit, 5. Information und Kameradschaft, 6. Spaß, Hobby und Motivation.

Der *Bereich B* (Glück k, Gefühl g, Romantik r) läßt eine Förderung nur bedingt zu. Auch hier ist das Alter des Stipendienbewerbers und der Studienanfang zu berücksichtigen: Jünger und vor dem Studium läßt eine Förderung eher zu als älter und fortgeschrittenes Studium. Hier ist häufig eine vorläufige Entscheidung zweckmäßig: Erneute Antragstellung dem Vorexamen oder nach dem ersten Teil des Vorexamens oder geringe Förderung mit Aussicht auf Erhöhung nach dem Vorexamen bzw. dem ersten Teil des Vorexamens.

Der *Bereich C* läßt auf mangelnde Leistung oder mangelnde Leistungsbereitschaft (Trägheit t, Langeweile l, Erfolglosigkeit e) schließen und verbietet eine Förderung.

Der *Bereich D* (Angst a, Sturheit s, Zerstörung z, Lärm m) läßt auf charakterliche Vorbehalte schließen und verbietet eine Förderung unter dem Gesichtspunkt "Den möchten wir später nicht als Kollegen haben".

Die Grenzen sind selbstverständlich fließend. Im Zweifelsfall weichen im allgemeinen die Einordnungen durch die beiden Gutachter voneinander ab. Der Mittelwert (nicht arithmetisches Mittel!) gibt einen Anhalt. Besser: Erneute Prüfung oder Erläuterung der Urteilsbildung durch die Gutachter.

Im übrigen gilt: Das semantische Beurteilungsschema ist ein Hilfsmittel der Begutachtung und nicht das alleinige Maß. In allen Fällen müssen konventionelle und semantische Beurteilung übereinstimmen, wenn die Entscheidung sicher sein soll. Außerdem: Je mehr die Einordnung zur Mitte (Mittelkreis) tendiert, desto unsicherer ist sie.

Anhang 2

1	hoch	1	2	3	4	5	6	7	tief
2	schwach	1	2	3	4	5	6	7	stark
3	rauh	1	2	3	4	5	6	7	glatt
4	aktiv	1	2	3	4	5	6	7	passiv
5	leer	1	2	3	4	5	6	7	voll
6	klein	1	2	3	4	5	6	7	groß
7	kalt	1	2	3	4	5	6	7	warm
8	klar	1	2	3	4	5	6	7	verschwommen
9	jung	1	2	3	4	5	6	7	alt
10	sanft	1	2	3	4	5	6	7	wild
11	krank	1	2	3	4	5	6	7	gesund
12	eckig	1	2	3	4	5	6	7	rund
13	gespannt	1	2	3	4	5	6	7	gelöst
14	traurig	1	2	3	4	5	6	7	froh
15	leise	1	2	3	4	5	6	7	laut
16	feucht	1	2	3	4	5	6	7	trocken
17	schön	1	2	3	4	5	6	7	häßlich
18	frisch	1	2	3	4	5	6	7	abgestanden
19	feige	1	2	3	4	5	6	7	mutig
20	nahe	1	2	3	4	5	6	7	entfernt
21	veränderlich	1	2	3	4	5	6	7	stetig
22	liberal	1	2	3	4	5	6	7	konservativ
23	seicht	1	2	3	4	5	6	7	tief
24	gut	1	2	3	4	5	6	7	schlecht

I	II
III	IV

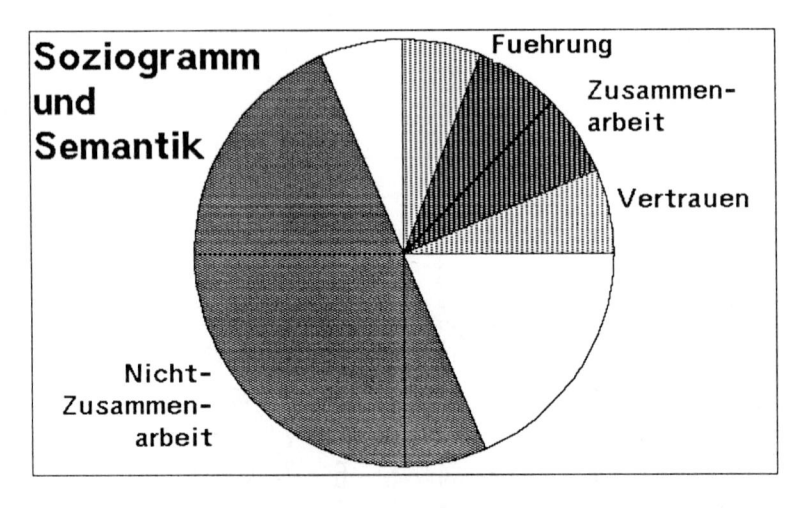

Soziogramm und Semantik

Fuehrung

Zusammen-
arbeit

Vertrauen

Nicht-
Zusammen-
arbeit

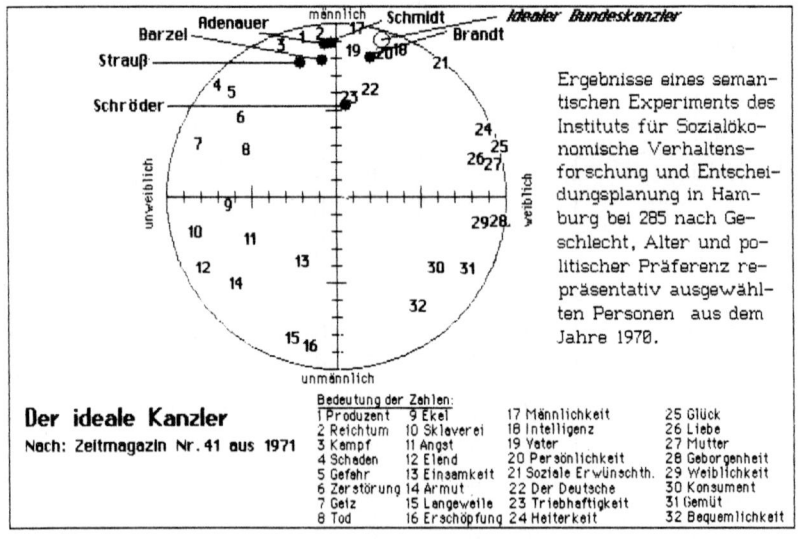

Barzel — Adenauer — männlich — Schmidt — *Idealer Bundeskanzler*
Strauß — Brandt
Schröder

unweiblich / weiblich
unmännlich

Ergebnisse eines semantischen Experiments des Instituts für Sozialökonomische Verhaltensforschung und Entscheidungsplanung in Hamburg bei 285 nach Geschlecht, Alter und politischer Präferenz repräsentativ ausgewählten Personen aus dem Jahre 1970.

Der ideale Kanzler
Nach: Zeitmagazin Nr. 41 aus 1971

Bedeutung der Zahlen:
1 Produzent   9 Ekel   17 Männlichkeit   25 Glück
2 Reichtum   10 Sklaverei   18 Intelligenz   26 Liebe
3 Kampf   11 Angst   19 Vater   27 Mutter
4 Schaden   12 Elend   20 Persönlichkeit   28 Geborgenheit
5 Gefahr   13 Einsamkeit   21 Soziale Erwünschth. 29 Weiblichkeit
6 Zerstörung 14 Armut   22 Der Deutsche   30 Konsument
7 Geiz   15 Langeweile   23 Triebhaftigkeit   31 Gemüt
8 Tod   16 Erschöpfung   24 Heiterkeit   32 Bequemlichkeit

Anhang 3

Skala zur Ermittlung der Führer-Mitarbeiter-Beziehungen

Bitte die zutreffende Ziffer ankreuzen:

	stimmt unbedingt	stimmt	weder wahr noch falsch	stimmt nicht	stimmt ganz und gar nicht
1. Meine Untergebenen kommen nicht sehr gut miteinander aus.	1	2	3	4	5
2. Meine Untergebenen sind zuverlässig und vertrauenswürdig.	5	4	3	2	1
3. Unter meinen Untergebenen scheint eine freundliche Atmosphäre vorzuherrschen.	5	4	3	2	1
4. Meine Untergebenen sind bei der Zusammenarbeit mit mir stets kooperativ.	5	4	3	2	1
5. Zwischen meinen Untergebenen und mir gibt es gewisse Reibungsflächen (Spannungen).	1	2	3	4	5
6. Meine Untergebenen leisten echte Hilfe und unterstützen mich bei der Arbeit.	5	4	3	2	1
7. Meine Untergebenen kooperieren miteinander bei ihrer Arbeit.	5	4	3	2	1
8. Meine Beziehungen zu den Untergebenen sind in Ordnung.	5	4	3	2	1

Summe

Skala zur Ermittlung der Aufgabenstruktur – Teil 1

Bitte machen Sie einen Kreis um die zutreffende Ziffer:	Meist	Manch- mal	Selten
Ist das Ziel eindeutig und bekannt?			
1. Ist eine Skizze, ein Bild, ein Modell oder eine detaillierte Beschreibung des fertigen Produkts oder der Dienstleistung erhältlich?	2	1	0
2. Gibt es einen Berater, der über das fertige Produkt bzw. die Dienstleistung oder über die Arbeitsweise Auskunft geben kann?	2	1	0
Gibt es nur ein mögliches Vorgehen bei der Aufgabenerfüllung?			
3. Besteht ein Schritt-für-Schritt-Schema oder ein standardisiertes Verfahren, das den Verlauf der Arbeit detailliert vorschreibt?	2	1	0
4. Wird die Aufgabe nach einer vorbestimmten Methode in Teilaufgaben oder Schritte gegliedert?	2	1	0
5. Werden bestimmte Methoden zur Aufgabenerfüllung eindeutig als überlegen angesehen?	2	1	0
Gibt es nur eine richtige Antwort oder Lösung?			
6. Ist eindeutig erkennbar, wann die Aufgabe erfüllt und die richtige Lösung gefunden ist?	2	1	0
7. Gibt es ein Buch, ein Handbuch oder eine Arbeitsbeschreibung, die auf die beste Lösung oder das beste Ergebnis der Aufgabe hinweist?	2	1	0
Ist leicht zu beurteilen, ob die Aufgabe richtig durchgeführt wurde?			
8. Besteht ein allgemein bekanntes Einverständnis darüber, nach welchen Kriterien das Produkt oder die Dienstleistung beurteilt wird?	2	1	0
9. Wird meist anhand quantitativer Maßstäbe beurteilt?	2	1	0
10. Wird dem Vorgesetzten und der Gruppe das Ergebnis der Beurteilung so schnell mitgeteilt, daß die zukünftige Arbeit dadurch verbessert werden kann?	2	1	0

Zwischensumme – Teil 1 [   ]

Skala zur Ermittlung der Aufgabenstruktur – Teil 2

Korrektur des Aufgabenstrukturwertes bezüglich der Ausbildung und Erfahrung des Führers

Hinweis: Bei Aufgaben mit einem Aufgabenstrukturwert – Teil 1 – von 6 oder niedriger entfällt eine Korrektur i. S. dieser Skala

a) Verglichen mit anderen Vorgesetzten in dieser oder ähnlicher Positionen verfügen Sie über:

3	2	1	0
keinerlei Ausbildung	sehr wenig Ausbildung	eine Ausbildung bescheidenen Ausmaßes	eine umfangreiche Ausbildung

b) Verglichen mit anderen Vorgesetzten in dieser oder ähnlichen Positionen verfügen Sie über:

6	4	2	0
keinerlei praktische Erfahrung	sehr wenig praktische Erfahrung	praktische Erfahrung bescheidenen Ausmaßes	eine umfangreiche praktische Erfahrung

Die Werte aus (a) und (b) werden addiert und von der aus Teil 1 resultierenden Zwischensumme *abgezogen:*

Zwischensumme-Teil 1 ☐

Minus Korrekturfaktor für Ausbildung und Erfahrung – Teil 2 ☐

Aufgabenstrukturwert ☐

Skala zur Ermittlung der Positionsmacht

Bitte die zutreffende Ziffer ankreuzen:

1. Kann der Vorgesetzte seinen Untergebenen direkt oder auf dem Empfehlungsweg Belohnungen erteilen und Strafen verhängen?

2	1	0
Kann direkt handeln oder mit hoher Erfolgsquote auf dem Empfehlungsweg	Kann auf dem Empfehlungsweg handeln, aber nicht immer erfolgreich	Nein

2. Kann der Vorgesetzte direkt oder auf dem Empfehlungsweg die Beförderung, Rückversetzung, Einstellung oder Entlassung seiner Untergebenen bewirken?

2	1	0
Kann direkt handeln oder mit hoher Erfolgsquote auf dem Empfehlungsweg	Kann auf dem Empfehlungsweg handeln, aber nicht immer erfolgreich	Nein

3. Verfügt der Vorgesetzte über alle notwendigen Kenntnisse zur Aufgabenverteilung und zur Instruktion der Untergebenen?

2	1	0
Ja	Manchmal oder teilweise	Nein

4. Ist es Aufgabe des Vorgesetzten, die Leistung seiner Untergebenen zu beurteilen?

2	1	0
Ja	Manchmal oder teilweise	Nein

5. Wurde dem Vorgesetzten durch die Organisation ein offizieller, mit Autorität verbundener Titel verliehen (z. B. Vorarbeiter, Abteilungsleiter, usw.)?

2	0
Ja	Nein

Summe ☐

Skala zur Ermittlung der situativen Einflußchancen

Tragen Sie die Gesamtergebnisse für die Führer-Mitarbeiter-Beziehungen, die Aufgabenstruktur und die Positionsmacht in die nachstehenden Kästchen ein. Addieren Sie die drei Werte und vergleichen Sie Ihr Gesamtergebnis mit den Bereichen in der nachstehenden Tabelle, um Ihre situativen Einflußchancen zu bestimmen.

1. Gesamtergebnis Führer-Mitarbeiter-Beziehungen

2. Gesamtergebnis Aufgabenstruktur

3. Gesamtergebnis Positionsmacht

                         Gesamtpunktzahl

Gesamtpunktzahl	51 – 70	31 – 50	10 – 30
Ausmaß der situativen Einflußchancen	große Einfluß-chancen	mittlere Einfluß-chancen	geringe Einfluß-chancen

Mit freundlicher Genehmigung des Verlages C. E. Poeschel, Stuttgart, entnommen aus Fiedler, F. E., Chemers, M. U., und Mahar, L., Der Weg zum Führungserfolg, Ein Selbsthilfeprogramm für Führungskräfte, Stuttgart 1979

Anhang 4

Übung

1. Ein Manager muß Entscheidungen treffen. ja/nein
2. Koordination ist eine der wichtigsten Managementaufgaben und kann nicht delegiert werden. ja/nein
3. Fachkenntnisse sind die wichtigste Voraussetzung für die Übernahme einer Managementfunktion. ja/nein
4. Ein Manager muß auch auf Erreichung eines Zieles bestehen, wenn ein Mitarbeiter sich damit nicht voll identifiziert. ja/nein
5. Ein guter Manager behält sich eine fachlich schwierige Entscheidung vor. ja/nein
6. Der Manager ist für alle Leistungen innerhalb seines Verantwortungsbereiches verantwortlich. ja/nein
7. Aufwendige und detaillierte Planung mit hohem Zeitaufwand führt zu einem noch höheren Zeitgewinn in der Zukunft. ja/nein
8. Meine Mitarbeiter wissen auch ohne ständige Konferenzen, was sie zu tun haben. ja/nein
9. Jeder Mitarbeiter meines Verantwortungsbereiches kann davon ausgehen, daß er die uneingeschränkte Vollmacht hat, die er benötigt, um seine Aufgaben zu erfüllen. ja/nein
10. Es ist richtig, einem Untergebenen nur die Informationen zu geben, die er zur Durchführung seiner Aufgaben benötigt. ja/nein

Zutreffendes bitte ankreuzen.

(Entnommen aus TEC, Brüssel)

Lösungen zur Übung

1. Manager treffen keine Entscheidungen, sie managen die Entscheidungsfähigkeit ihrer Mitarbeiter. — nein

2. Koordination ist im Gegensatz zur Wahrnehmung der Gesamtverantwortung, der Zielsetzung und Kontrolle eine delegierbare Aufgabe. — nein

3. Ein Manager soll sich nicht um Sachen kümmern, die seine Mitarbeiter besser können, greift er dennoch ein, wird der Mitarbeiter demotiviert. — nein

4. Zielsetzung ist eine der wichtigsten Managementaufgaben. Im beschriebenen Fall gibt es Informations-/Kommunikationsfehler. — ja

5. Die Aufgabe des Managers besteht darin, die Sachkompetenz der Mitarbeiter für gemeinsame Ziele einzusetzen, ein klares Ergebnis zu fordern und es zu kontrollieren. — nein

6. Jeder Manager wird an den Leistungen seines Verantwortungsbereiches gemessen. — ja

7. Wieviel Zeit verwenden Sie auf detaillierte Planungsbesprechungen mit Ihren Mitarbeitern? — ja

8. Wenn Sie JA geschrieben haben, suchen Sie bitte umgehend einen Internisten auf und lassen Sie Ihren Kreislauf und den Magensäurespiegel überprüfen! — nein

9. Ohne Vollmacht kann niemand verantwortungsbewußt und zielgerichtet arbeiten. Das gilt auch für Ihre Position. — ja

10. Jeder Mitarbeiter muß seine Tätigkeit in das Gesamtziel einordnen können, um motiviert und zielgerichtet zu arbeiten. — nein

Anhang 5

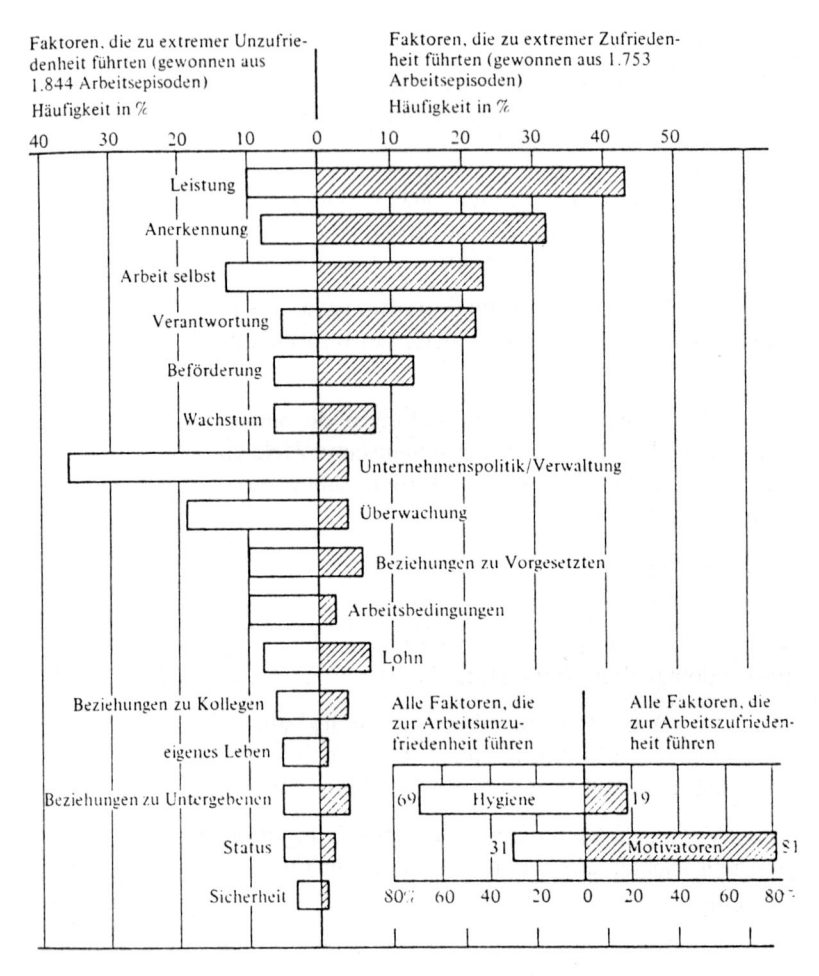

Faktoren, die zu extremer Unzufriedenheit führten (gewonnen aus
1.844 Arbeitsepisoden)
Häufigkeit in %

Faktoren, die zu extremer Zufrieden-
heit führten (gewonnen aus 1.753
Arbeitsepisoden)
Häufigkeit in %

Faktor	Unzufriedenheit	Zufriedenheit
Leistung		41
Anerkennung		33
Arbeit selbst		26
Verantwortung		23
Beförderung		20
Wachstum		6
Unternehmenspolitik/Verwaltung	31	
Überwachung	17	
Beziehungen zu Vorgesetzten	11	
Arbeitsbedingungen	11	
Lohn	14	
Beziehungen zu Kollegen	7	
eigenes Leben	5	
Beziehungen zu Untergebenen	5	
Status	4	
Sicherheit	2	

Alle Faktoren, die zur Arbeitsunzufriedenheit führen: Hygiene 69 — Motivatoren 19

Alle Faktoren, die zur Arbeitszufriedenheit führen: Hygiene 31 — Motivatoren 81

Quelle: Herzberg 1968, S. 57
(entnommen aus Staehle, Management)

Anhang 6

Rangreihe der Auslöseereignisse besonderer ZUFRIEDENHEIT in der Arbeitssphäre zielgruppenspezifisch gegliedert nach der prozentualen Häufigkeit des Auftretens der einzelnen Determinanten in positiven Erlebnisschilderungen

Zielgruppe Rangplatz	Angelernte (Fertigung) n =183	Facharbeiter n = 198	Ausführend Tätige (Verwaltung) n = 134	Vorwiegend dispositiv Tätige n = 84	Vorwiegend kreativ Tätige n = 95	Vorgesetzte n= 73
1	Aufgabe (33 %)	Aufgabe (44 %)	Aufgabe (49 %)	Aufgabe (47 %)	Aufgabe (64 %)	Selbstbestätigung (54 %)
2	Anerkennung (31 %)	Selbstbestätigung (42 %)	Selbstbestätigung (47 %)	Anerkennung (46 %)	Verantwortung (43 %)	Anerkennung (35 %)
3	Beziehung zu Vor- (27 %)	Anerkennung (34 %)	Anerkennung (37 %)	Selbstbestätigung (42 %)	Selbstbestätigung (42 %)	Aufgabe (35 %)
4	Beziehung zu Kollegen (26 %)	Verantwortung (28 %)	Bezahlung (36 %)	Verantwortung (38 %)	Beziehung zu Vorgesetzten (32 %)	Verantwortung (32 %)
5	Bezahlung (26 %)	Beziehung zu Vorgesetzten (27 %)	Verantwortung (26 %)	Bezahlung (27 %)	Beziehung zu Kollegen (31 %)	Bezahlung (29 %)
6	Selbstbestätigung (22 %)	Bezahlung (26 %)	Beziehung zu Vorgesetzten (21 %)	Beförderung (26 %)	Anerkennung (30 %)	Beförderung (26 %)
7	Verantwortung (18 %)	Beziehung zu Kollegen (17 %)	Entwicklungsaussichten (17 %)	Beziehung zu Vorgesetzten (17 %)	Bezahlung (27 %)	Entwickl.aussichten (17 %)
8	Beförderung (12 %)	Arbeitsbedingungen (12 %)	Beziehung zu Kollegen (14 %)		Entwickl.aussichten (13 %)	Beziehung zu Vorges. (14 %)
9						Beziehung zu Kollegen (11 %)
10						Status (10 %)

Rangreihe der Auslöseereignisse besonderer Unzufriedenheit in der Arbeitssphäre zielgruppenspezifisch gegliedert nach der prozentualen Häufigkeit des Auftretens der einzelnen Determinanten in negativen Erlebnisschilderungen

Zielgruppe Rangplatz	Angelernte (Fertigung) n =183	Facharbeiter n = 198	Ausführend Tätige (Verwaltung) n = 134	Vorwiegend dispositiv Tätige n = 84	Vorwiegend kreativ Tätige n = 95	Vorgesetzte n= 73
1	Betriebspolitik usw. (37 %)	Betriebspolitik usw. (48 %)	Betriebspolitik usw. (39 %)	Betriebspolitik usw. (47 %)	Betriebspolitik usw. (58 %)	Betriebspolitik usw. (41 %)
2	Beziehung zu Vorgesetzten (31 %)	Beziehung zu Vorgesetzten (32 %)	Beziehung zu Vorgesetzten (32 %)	Führungstechnik (30 %)	Beziehung zu Vorgesetzten (32 %)	Beziehung zu Vorgesetzten (32 %)
3	Bezahlung (29 %)	Arbeitsbedingungen (27 %)	Aufgabe (25%)	Beziehung zu Vorgesetzten (17 %)	Bezahlung (25%)	Führungstechnik (27 %)
4	Führungstechnik (25%)	Bezahlung (24 %)	Bezahlung (21 %)	Anerkennung (20 %)	Aufgabe (23 %)	Anerkennung (16 %)
5	Arbeitsbedingungen (24 %)	Führungstechnik (21 %)	Führungstechnik (19 %)	Aufgabe (19 %)	Führungstechnik (23 %)	Arbeitsbedingungen (14 %)
6	Beziehung zu Kollegen (22 %)	Aufgabe (16 %)	Anerkennung (17 %)	Bezahlung (16 %)	Arbeitsbedingungen (12 %)	Bezahlung (13 %)
7	Aufgabe (18 %)	Beziehung zu Kollegen (14 %)	Arbeitsbedingungen (13 %)	Arbeitsbedingungen (14 %)		Beziehung zu Kollegen (11 %)
8		Anerkennung (11 %)	Beziehung zu Kollegen (11 %)			Aufgabe (10 %)
9						Verantwortung (10 %)
10						Entwicklungsaussichten (10 %)

Ergebnisse einer Befragung von 800 deutschen Erwerbspersonen mit verschiedenen Tätigkeitsbereichen in Anlehnung an Herzberg von Dr. K. J. Zink (Z. Arb.wiss. 1975/2. Zitiert nach H.-J. Wiese).

Anhang 7

Anforderungsprofil		Leistungsbeurteilung			Seminare	
Anforderungskriterien (festgelegt in Stellenbeschreibung)	Wichtung	Grundlagen (persönliche Eigenschaften)	Beurteilungskriterien	Erfüllungsgrad	Empfohlene Seminare (aufgrund des Vergleichs von Anforderung und Leistung)	Besuchte Seminare
Mindestanforderungen der Stelle			**Fachliche Qualifikation**			
1. Ausbildung	a b c	Wissen und Können	Fachwissen	1 2 3 4 5 6 7 8 9 10	z.B. Betriebsfestigkeit	
2. Erfahrungen	a b c		Fachkönnen	1 2 3 4 5 6 7 8 9 10	z.B. Schadensanalyse	
3. Bes. Kenntnisse	a b c		Berufserfahrung	1 2 3 4 5 6 7 8 9 10	z.B. Fremdsprachen/ Statistik	
		Kategorien des Leistungs- und Führungsverhaltens				
Geistige Anforderungen	a b c	Verstand	Urteilsfähigkeit	1 2 3 4 5 6 7 8 9 10	z.B. Nutzwertanalyse	
			Produktives Denken	1 2 3 4 5 6 7 8 9 10	z.B. Sem.f.geh.F.kfte.	
			Geistige Beweglichkeit	1 2 3 4 5 6 7 8 9 10	z.B. Meth.d.Ideenfind.	
			Planung u. Organisation	1 2 3 4 5 6 7 8 9 10	z.B. Planung u.Entsch.	
			Ausdrucksvermögen	1 2 3 4 5 6 7 8 9 10	z.B. Rhetorik	
Sachverantwortung	a b c	Wille	Entscheidungsbereitschaft	1 2 3 4 5 6 7 8 9 10	z.B. Wertanalyse	
			Selbstständigkeit	1 2 3 4 5 6 7 8 9 10	z.B. Arb.rechtl.Prax.	
			Durchsetzungsvermögen	1 2 3 4 5 6 7 8 9 10	z.B. Konf./Argument.	
			Verantwortungsbereitschaft	1 2 3 4 5 6 7 8 9 10	z.B. Anord.u.Weis.r.	
			Wirtschaftliches Handeln	1 2 3 4 5 6 7 8 9 10	z.B. Kostendenken i.P.	
"Fleiß" (als universelle Anforderung)		Antrieb	Einsatzbereitschaft	1 2 3 4 5 6 7 8 9 10	z.B. (Selbst-)Motiv.	
			Eigeninitiative	1 2 3 4 5 6 7 8 9 10	z.B. Führungstechnik	
Psychische und physische Beanspruchung	a b c	Vitalität	Belastbarkeit	1 2 3 4 5 6 7 8 9 10	z.B. Persönliche Arb.-techn./Zeitmanagem.	
Außer- und innerbetriebliche Kontakte	a b c	Soziale Fähigkeiten	Kontaktfähigkeit	1 2 3 4 5 6 7 8 9 10	z.B. Quality-Circles	
			Zusammenarbeit	1 2 3 4 5 6 7 8 9 10	z.B. Verhandl.führg.	
			Arbeitssicherheit	1 2 3 4 5 6 7 8 9 10	z.B. Betr.Brandschtz.	
Führungsverantwortung	a b c		Mitarbeiterführung	1 2 3 4 5 6 7 8 9 10	z.B. Personalführung	
		LEISTUNGSERGEBNIS				
		Leistung/ Erfolg	Gesamtleistung im Beurteilungszeitraum	1 2 3 4 5 6 7 8 9 10		
Permanente Leistungsbeurteilung von Mitarbeitern als Grundlage für eine Erfolgskontrolle von Seminaren						VDEh 1986

Anhang 8

Auf der Ebene der symbolischen Kommunikation entstehen so Gewohnheiten..., die sichern, daß sie Individuen soziale Fälle oder Situationen nach einem konstanten Schlüssel dekodieren, Situationsdefinitionen also nicht beliebig vorgenommen werden, sondern nach Maßgabe eines "herrschenden Interesses"...
Ein ... Beispiel berichtet WATZLAWICK:

"Unter den während des Krieges in England stationierten amerikanischen Soldaten war die Ansicht weit verbreitet, die englischen Mädchen seien sexuell überaus leicht zugänglich. Merkwürdigerweise behaupteten die Mädchen ihrerseits, die amerikanischen Soldaten seien übertrieben stürmisch. Eine Untersuchung, an der u. a. Margaret Mead teilnahm, führte zu einer interessanten Lösung dieses Widerspruchs. Es stellte sich heraus, daß das Paarungsverhalten (courtship pattern) - vom Kennenlernen der Partner bis zum Geschlechtsverkehr - in England wie in Amerika ungefähr dreißig verschiedene Verhaltensformen durchläuft, daß aber die Reihenfolge dieser Verhaltensformen in den beiden Kulturbereichen verschieden ist. Während z. B. das Küssen in Amerika relativ früh kommt, etwa auf Stufe 5, tritt es im typischen Paarungsverhalten der Engländer relativ spät auf, etwa auf Stufe 25. Praktisch bedeutet dies, daß eine Engländerin, die von ihrem Soldaten geküßt wurde, sich nicht nur um einen Großteil des für sie intuitiv 'richtigen' Paarungsverhaltens (Stufe 5-24) betrogen fühlte, sondern zu entscheiden hatte, ob sie die Beziehung an diesem Punkt abbrechen oder sich dem Partner sexuell hingeben sollte. Entschied sie sich für die letztere Alternative, so fand sich der Amerikaner einem Verhalten gegenüber, das für ihn durchaus nicht in dieses Frühstadium der Beziehung paßte und nur als schamlos zu bezeichnen war."

Dieses Beispiel weist darauf hin, wie kompliziert Situationsdefinitionen werden, wenn die verwendeten Symbole keine geteilte Bedeutung mehr haben. Wie diffizil der Vorgang des Definierens und Um-Definierens ist, wird dann deutlich, wenn man sich vergegenwärtigt, was die Partner tun müßten, um bei einem Verhalten zu einem Konsens zu kommen, das so stark wie das sexuelle sich an nichtverbalen Kommunikationsmitteln orientiert, immer vorausgesetzt, daß die nicht explizierten Regeln, denen das Verhalten der Partner folgt, nicht kongruent sind.

(Entnommen aus Stromberger, P./Teichert, W., Einführung in soziologisches Denken)

Anhang 9

GEO-TEST-AUSWERTUNG

8 TEST-Teilnehmer = Gruppe 3 FHD 89

SUMMEN:
35 39 27 56 46 62 38 35 49 55

DURCHSCHNITTSWERTE
----
1 = 4.4
2 = 4.9
3 = 3.4
4 = 7
5 = 5.8
6 = 7.8
7 = 4.8
8 = 4.1
9 = 6.1
10 = 6.9

KORRELATIONS-MATRIX
Uebereinstimmung mit der richtigen Loesung
===
1 : r = 0.93
2 : r = 0.73
3 : r = 0.78
4 : r = 0.7
5 : r = -0.82
6 : r = 0.79
7 : r = -0.72
8 : r = 0.82

Gruppe 3 FHD 89 : r = 0.96

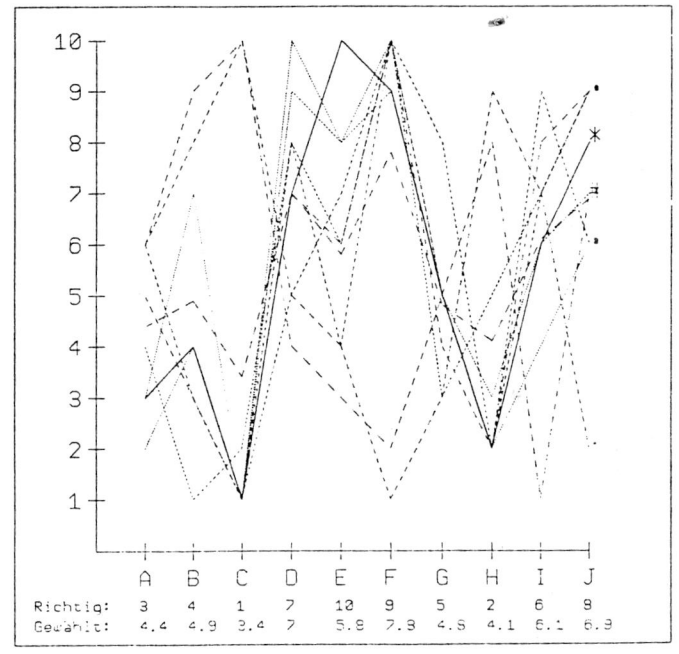

	A	B	C	D	E	F	G	H	I	J
Richtig:	3	4	1	7	10	9	5	2	6	8
Gewählt:	4.4	4.9	3.4	7	5.8	7.8	4.8	4.1	6.1	6.9

(C) by Jürgen Pink

207

GEO-TEST-AUSWERTUNG

8 TEST-Teilnehmer = FHD Gr.3 BESTER

```
SUMMEN:                          8
 23 75 36 137 114 157 81 56 103 118    KORRELATIONS-MATRIX
                                 Uebereinstimmung mit der richtigen Loesung
                                 ****************************************
                                   1 : r =  0.93
DURCHSCHNITTSWERTE                 2 : r =  0.73
------------------                 3 : r =  0.78
  1 =  2.9                         4 : r =  0.7
  2 =  4.2                         5 : r = -0.92
  3 =  2                           6 : r =  0.83
  4 =  7.6                         7 : r = -0.72
  5 =  8.3                         8 : r =  0.82
  6 =  8.4                       ----------------
  7 =  4.6
  8 =  3.3
  9 =  5.7
 10 =  6.6
```

FHD Gr.3 BESTER : r = 0.91

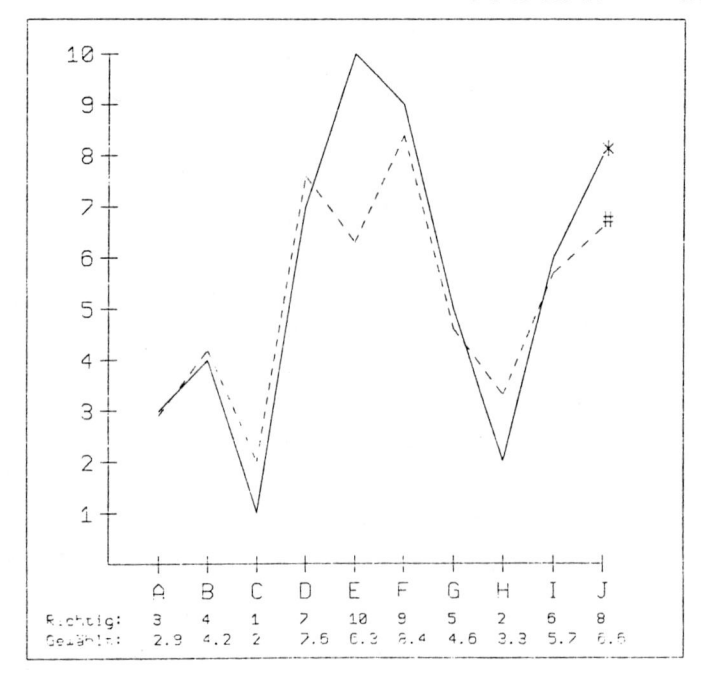

	A	B	C	D	E	F	G	H	I	J
Richtig:	3	4	1	7	10	9	5	2	6	8
Gezählt:	2.9	4.2	2	7.6	8.3	8.4	4.6	3.3	5.7	6.6

(C) by Jürgen Kine

GEO-TEST-AUSWERTUNG

8 TEST-Teilnehmer = FHD 88 Gr.3 SCHL

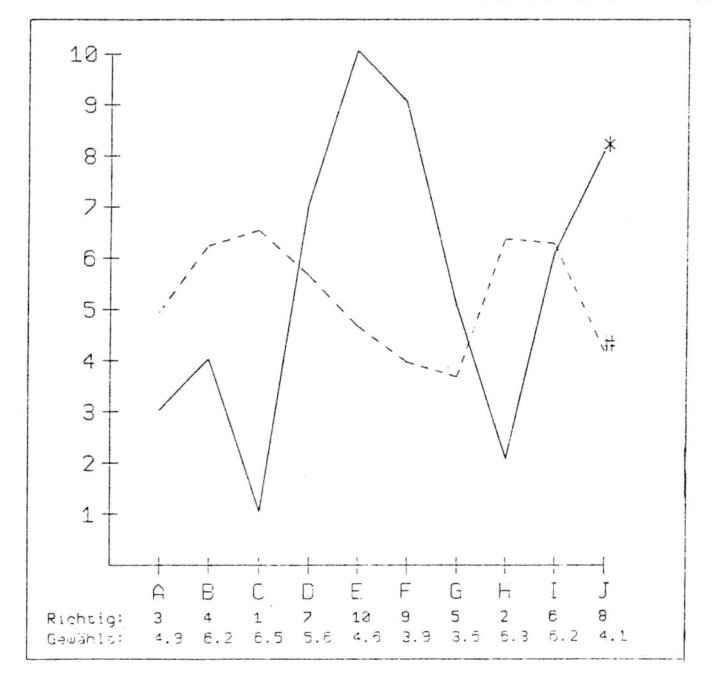

NAMEN:
89 111 117 101 92 71 95 114 112 73

DURCHSCHNITTSWERTE
----
1 = 4.9
2 = 6.2
3 = 6.5
4 = 5.6
5 = 4.6
6 = 3.9
7 = 3.6
8 = 6.3
9 = 6.2
10 = 4.1

KORRELATIONS-MATRIX
Uebereinstimmung mit der richtigen Loesung
==
1 : r = 0.93
2 : r = 0.73
3 : r = 0.79
4 : r = 0.7
5 : r = -0.92
6 : r = 0.23
7 : r = -0.72
8 : r = 0.82

FHD 88 Gr.3 SCHL : r = -2.63

	A	B	C	D	E	F	G	H	I	J
Richtig:	3	4	1	7	10	9	5	2	6	8
Gewählt:	4.9	6.2	6.5	5.6	4.6	3.9	3.6	6.3	6.2	4.1

(C) by Jürgen Rink

Anhang 10

Selbstbetrachtung
Jedes Gruppenmitglied füllt für sich selbst den Fragebogen aus.
(Dauer: 5 Minuten)

(I) Im Umgang mit anderen Menschen stellen sich bei mir die folgenden Gefühle:

häufiger ein (+), als ich es mir wünsche
seltener ein (-), als ich es mir wünsche

Wohlwollen	Kopfschmerz	Langeweile
Dankbarkeit	Stolz	Unruhe
Angst	Verwirrung	Ermüdung
Ablehnung	Heiterkeit	Neugier
Mitgefühl	Neid	Sympathie

(II) Meine Energie verteilt sich prozentual auf die Tätigkeiten in den folgenden Bereichen:

Bereich	Prozentsatz
Mein Beruf	
Meine Familie	
Politisches Engagement	
Hobbies	
Anderes	
Zusammen	100 %

Sich dem Partner erklären
Die Gesamtgruppe teilt sich in Paare auf, in denen jeder Partner dem anderen erklärt, warum er sich in dem Fragebogen so und nicht anders geschildert bzw. dargestellt hat. Dabei können Rückfragen gestellt und Berichtigungen vorgenommen werden, solange, bis jeder der Partner das Gefühl hat, daß er versteht, was der andere ausdrücken wollte. (Dauer: 15 Minuten)

Den Partner anderen verständlich machen
Die Gruppe setzt sich wieder in den Kreis, und jedes Gruppenmitglied soll der Gruppe mitteilen, wie sich sein Gesprächspartner von vorhin selbst darstellt. Dies soll jedoch nicht in indirekter Rede oder in der Form eines Berichtes geschehen, sondern dadurch, daß jedes Gruppenmitglied die Rolle seines Partners spielt. Es beginnt daher mit dem Satz: "Ich bin jetzt mein Gesprächspartner (Nr. X oder Herr Y.) ..." Anschließend nimmt der Dargestellte kurz dazu Stellung, ob er sich richtig interpretiert fühlt bzw. inwieweit er meint, daß sein Bild verzeichnet wurde. Andere Gruppenmitglieder können zu den Äußerungen der beiden Partner Ergänzungsfragen stellen. (Dauer: 20 Minuten)

Selbst- und Fremdbeurteilung
Jedes Gruppenmitglied hat ein dem Musterfragebogen entsprechendes Exemplar. In diesen Fragebogen trägt es seinen Namen bzw. seine Nummer ein. Sodann beurteilt es sich selbst hinsichtlich der drei Merkmale (Aktivität in der Gruppe, Verständnis für andere Gruppenmitglieder, Offenheit im Ausdruck von Gefühlen) auf einer vierstufigen Skala.

Die Fragebogen gehen sodann reihum. So gut ihm das möglich ist, soll jedes Gruppenmitglied sein Urteil über die einzelnen Personen auf deren Fragebogen angeben...

Die ausgefüllten Fragebogen gehen an die beurteilten Gruppenmitglieder zurück, die reihum zu den Unterschieden bzw. zu den Übereinstimmungen zwischen Selbst- und Fremdbeurteilung Stellung nehmen... (Dauer: 30 Minuten)

gen zwischen Selbst- und Fremdbeurteilung Stellung nehmen...
(Dauer: 30 Minuten)

Bedenken Sie, daß das Feed-back, das Sie hier erhalten und das Sie selbst geben, kein Urteil über die gesamte Persönlichkeit ist... Was Ihnen mitgeteilt werden kann, ist die Wahrnehmung des Verhaltens, das Sie bzw. andere in der Gruppe gezeigt haben.

Fragebogen zur Selbst- und Fremd-Beurteilung

Selbstbeurteilung (bitte einkreisen)	Fremdbeurteilung (bitte eintragen)

a) Aktivität in der Gruppe:
    1   2   3   4
    sehr aktiv beteiligt passiv und/oder zurückhaltend	

b) Verständnis für andere Gruppenmitglieder:
    1   2   3   4
    geht verständnisvoll auf andere ein zeigt wenig Verständnis	

c) Offenheit im Ausdruck von Gefühlen:
    1   2   3   4
    geht offen aus sich heraus zeigt wenig von sich	

Das Stimmungsbild
(Text s. Anhang 11)

(Auszugsweise entnommen aus Unterlagen zu Gesellschaftswissenschaftlichen Seminaren des VDEh und der Wirtschaftsvereinigung Eisen- und Stahlindustrie, Referent und Autor: Professor Dr. Peter R. Hofstätter)

Anhang 11

Das Ketteninterview

Aus dem nachstehenden "Interviewkatalog" sollen die Gruppenmitglieder sich gegenseitig Fragen stellen und beantworten. Dabei fragt Nr. 1 Nr. 2, Nr. 2 antwortet und fragt sodann Nr. 3. Dieser antwortet und fragt seinerseits Nr. 4 usw. Wenn einem Gruppenmitglied die Beantwortung einer Frage unangenehm ist, kann es sie ablehnen und um eine andere Frage bitten. Eine Frage, die bereits einmal beantwortet wurde, kann nicht noch einmal gestellt werden.

Interviewkatalog

1. Worüber können Sie sich am meisten ärgern?
2. Wie leicht finden Sie mit anderen Menschen Kontakt?
3. Was stimmt in Ihrer Lebensgestaltung nicht?
4. Welche Gefühle können Sie am schwersten im Zaum halten?
5. Was mögen Sie an sich selbst besonders gern?
6. Wie hätten Sie als Kind nach der Vorstellung Ihrer Eltern sein sollen?
7. Welche Ihrer Eigenschaften halten Sie für wenig anziehend?
8. Wie stehen Sie zu Ihren Mitarbeitern?
9. Was, glauben Sie, findet das andere Geschlecht an Ihnen besonders anziehend?
10. Wie hängen für Sie Liebe und Sexualität miteinander zusammen?
11. Erzählen Sie mir, in welcher Situation Sie einmal wirklich Angst gehabt haben.
12. Worüber haben Sie sich selbst schon einmal ernsthafte Vorwürfe gemacht?
13. Was fällt Ihnen in Ihrem Alltagsleben am schwersten?
14. Worin glauben Sie, daß Sie Hilfe benötigen?
15. Verdanken Sie Ihre Position eher glücklichen Umständen oder Ihrer eigenen Tüchtigkeit?

16. Was würden Sie erwidern, wenn Ihnen ein guter Bekannter sagt, daß Sie zu ehrgeizig sind?
17. Glauben Sie, daß Sie bei Ihren Mitarbeitern beliebt sind?
18. Haben Sie Feinde?
19. Was denken Sie über mich?
20. Sind Sie sicher, daß Ihr fachliches Können den Anforderungen Ihrer Position genügt?

Wenn sich bei einem Thema auch mehrere Gruppenmitglieder engagieren, ist das erwünscht, jedoch sollte zunächst einmal die Reihe der Gruppenmitglieder vollständig durchgegangen werden. Das an letzter Stelle befragte Gruppenmitglied (z. B. Nr. 12) fragt daher seinerseits, ob jemand zu einer der Befragungen noch etwas zu bemerken hat. (Dauer: 30 Minuten)

Das Stimmungsbild
Reihum beantwortet jedes Gruppenmitglied die Fragen "Wie fühle ich mich jetzt und was habe ich bisher erfahren?". Die anderen Gruppenmitglieder sollen nicht auf die einzelnen Beiträge eingehen, sondern nur akzeptierend zuhören. Erst wenn alle Gruppenmitglieder kurz ein Statement abgegeben haben, sollte - wenn nötig - eine Diskussion beginnen. (Dauer: 5 - 10 Minuten)

(Auszugsweise entnommen aus Unterlagen zu Gesellschaftswissenschaftlichen Seminaren des VDEh und der Wirtschaftsvereinigung Eisen- und Stahlindustrie, Referent und Autor: Professor Dr. Peter R. Hofstätter)

Anhang 12

Nr.	A	B	C	Nr.	A	B	C
1	x	x	5	Übertrag:	30	11	30
2	x	3	3	19	3	x	x
3	4	x	x	20	x	2	2
4	4	x	4	21	x	x	4
5	x	x	4	22	x	x	3
6	5	x	x	23	5	x	x
7	6	x	x	24	x	x	3
8	3	x	x	25	x	2	x
9	x	1	x	26	5	x	x
10	5	x	x	27	x	1	x
11	x	x	3	28	x	x	4
12	x	x	3	29	x	x	3
13	x	2	2	30	5	x	5
14	x	1	x	31	x	x	4
15	x	2	2	32	x	x	3
16	x	x	4	33	x	x	4
17	3	x	x	34	x	x	5
18	x	2	x				
Summe:					48	16	70

Verrechnung
R = 63 + Summe A - Summe B = 63 + 48 - 16 = 95
PI = Summe C = 70

Anhang 13

Die verwendeten Werte für "männlich" (F2) und "weiblich" (F1) lauten:

	F2	F1
1	2,3	3,0
2	6,5	2,9
3	2,1	6,0
4	1,9	3,5
5	5,8	5,4
6	5,8	3,2
7	3,8	6,2
8	2,0	4,4
9	3,5	2,6
10	5,7	2,3
11	5,2	5,1
12	2,7	6,3
13	2,8	4,4
14	4,8	5,2
15	5,4	2,6
16	4,1	3,4
17	4,0	1,8
18	2,8	1,9
19	6,3	3,8
20	3,2	3,0
21	4,9	2,8
22	4,0	4,0
23	5,2	4,5
24	2,5	2,2

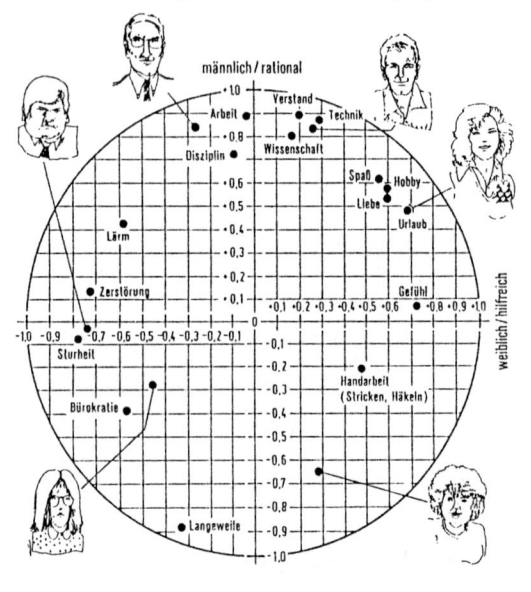

Anhang 14

6 Chi-Quadrat-Verteilung

Tafel 6. Werte von x zu gegebenen Werten der Verteilungsfunktion (60.3)

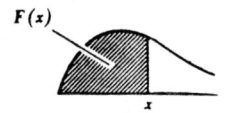

Beispiel: Bei 3 Freiheitsgraden ist $F = 0{,}99$ für $x = 11{,}34$.

$F(x)$	Anzahl der Freiheitsgrade									
	1	2	3	4	5	6	7	8	9	10
0,001	0,00	0,00	0,02	0,09	0,21	0,38	0,60	0,86	1,15	1,48
0,005	0,00	0,01	0,07	0,21	0,41	0,68	0,99	1,34	1,73	2,16
0,01	0,00	0,02	0,11	0,30	0,55	0,87	1,24	1,65	2,09	2,56
0,025	0,00	0,05	0,22	0,48	0,83	1,24	1,69	2,18	2,70	3,25
0,05	0,00	0,10	0,35	0,71	1,15	1,64	2,17	2,73	3,33	3,94
0,1	0,02	0,21	0,58	1,06	1,61	2,20	2,83	3,49	4,17	4,87
0,25	0,10	0,58	1,21	1,92	2,67	3,45	4,25	5,07	5,90	6,74
0,5	0,45	1,39	2,37	3,36	4,35	5,35	6,35	7,34	8,34	9,34
0,75	1,32	2,77	4,11	5,39	6,63	7,84	9,04	10,22	11,39	12,55
0,9	2,71	4,61	6,25	7,78	9,24	10,64	12,02	13,36	14,68	15,99
0,95	3,84	5,99	7,81	9,49	11,07	12,59	14,07	15,51	16,92	18,31
0,975	5,02	7,38	9,35	11,14	12,83	14,45	16,01	17,53	19,02	20,48
0,99	6,63	9,21	11,34	13,28	15,09	16,81	18,48	20,09	21,67	23,21
0,995	7,88	10,60	12,84	14,86	16,75	18,55	20,28	21,96	23,59	25,19
0,999	10,83	13,82	16,27	18,47	20,52	22,46	24,32	26,13	27,88	29,59

$F(x)$	Anzahl der Freiheitsgrade									
	11	12	13	14	15	16	17	18	19	20
0,001	1,83	2,21	2,62	3,04	3,48	3,94	4,42	4,90	5,41	5,92
0,005	2,60	3,07	3,57	4,07	4,60	5,14	5,70	6,26	6,84	7,43
0,01	3,05	3,57	4,11	4,66	5,23	5,81	6,41	7,01	7,63	8,26
0,025	3,82	4,40	5,01	5,63	6,26	6,91	7,56	8,23	8,91	9,59
0,05	4,57	5,23	5,89	6,57	7,26	7,96	8,67	9,39	10,12	10,85
0,1	5,58	6,30	7,04	7,79	8,55	9,31	10,09	10,86	11,65	12,44
0,25	7,58	8,44	9,30	10,17	11,04	11,91	12,79	13,68	14,56	15,45
0,5	10,34	11,34	12,34	13,34	14,34	15,34	16,34	17,34	18,34	19,34
0,75	13,70	14,85	15,98	17,12	18,25	19,37	20,49	21,60	22,72	23,83
0,9	17,28	18,55	19,81	21,06	22,31	23,54	24,77	25,99	27,20	28,41
0,95	19,68	21,03	22,36	23,68	25,00	26,30	27,59	28,87	30,14	31,41
0,975	21,92	23,34	24,74	26,12	27,49	28,85	30,19	31,53	32,85	34,17
0,99	24,73	26,22	27,69	29,14	30,58	32,00	33,41	34,81	36,19	37,57
0,995	26,76	28,30	29,82	31,32	32,80	34,27	35,72	37,16	38,58	40,00
0,999	31,26	32,91	34,53	36,12	37,70	39,25	40,79	42,31	43,82	45,32

(Entnommen aus Kreyszig, E., Statistische Methoden und ihre Anwendungen)

Anhang 15

1.	ausgeglichen	① ② ③ ④ ⑤ ⑥	nervös
2.	beherrscht	① ② ③ ④ ⑤ ⑥	unbeherrscht
3.	zurückhaltend	① ② ③ ④ ⑤ ⑥	impulsiv
4.	entschlossen	① ② ③ ④ ⑤ ⑥	zögernd
5.	zwanglos	① ② ③ ④ ⑤ ⑥	gehemmt
6.	willensstark	① ② ③ ④ ⑤ ⑥	willensschwach
7.	verschlossen	① ② ③ ④ ⑤ ⑥	offen
8.	abhängig	① ② ③ ④ ⑤ ⑥	selbständig
9.	kühl	① ② ③ ④ ⑤ ⑥	gefühlswarm
10.	originell	① ② ③ ④ ⑤ ⑥	einfallslos
11.	subjektiv	① ② ③ ④ ⑤ ⑥	objektiv
12.	realistisch	① ② ③ ④ ⑤ ⑥	unrealistisch
13.	geradlinig	① ② ③ ④ ⑤ ⑥	umschweifig
14.	anspruchsvoll	① ② ③ ④ ⑤ ⑥	bescheiden
15.	aggressiv	① ② ③ ④ ⑤ ⑥	friedlich
16.	empfindsam	① ② ③ ④ ⑤ ⑥	robust
17.	gesellig	① ② ③ ④ ⑤ ⑥	kontaktarm
18.	beherrschend	① ② ③ ④ ⑤ ⑥	unterwürfig
19.	oberflächlich	① ② ③ ④ ⑤ ⑥	tiefgründig
20.	optimistisch	① ② ③ ④ ⑤ ⑥	pessimistisch

(Entnommen aus Hennenhofer und Jaensch, a.a.O.)

1.	ausgeglichen	① ② ③ ④ ⑤ ⑥	nervös
2.	beherrscht	① ② ③ ④ ⑤ ⑥	unbeherrscht
3.	zurückhaltend	① ② ③ ④ ⑤ ⑥	impulsiv
4.	entschlossen	① ② ③ ④ ⑤ ⑥	zögernd
5.	zwanglos	① ② ③ ④ ⑤ ⑥	gehemmt
6.	willensstark	① ② ③ ④ ⑤ ⑥	willensschwach
7.	verschlossen	① ② ③ ④ ⑤ ⑥	offen
8.	abhängig	① ② ③ ④ ⑤ ⑥	selbständig
9.	kühl	① ② ③ ④ ⑤ ⑥	gefühlswarm
10.	originell	① ② ③ ④ ⑤ ⑥	einfallslos
11.	subjektiv	① ② ③ ④ ⑤ ⑥	objektiv
12.	realistisch	① ② ③ ④ ⑤ ⑥	unrealistisch
13.	geradlinig	① ② ③ ④ ⑤ ⑥	umschweifig
14.	anspruchsvoll	① ② ③ ④ ⑤ ⑥	bescheiden
15.	aggressiv	① ② ③ ④ ⑤ ⑥	friedlich
16.	empfindsam	① ② ③ ④ ⑤ ⑥	robust
17.	gesellig	① ② ③ ④ ⑤ ⑥	kontaktarm
18.	beherrschend	① ② ③ ④ ⑤ ⑥	unterwürfig
19.	oberflächlich	① ② ③ ④ ⑤ ⑥	tiefgründig
20.	optimistisch	① ② ③ ④ ⑤ ⑥	pessimistisch

Rho-Test

Urteile, Beurteilungen oder Schätzungen von meheren Personen = Gruppen = Kollegien erreichen einen Grad von Sicherheit, der an Richtigkeit oder Objektivität heranreicht, sofern Sachverstand und formale Intelligenz (= Verständnis für das Beurteilungsverfahren) vorliegt. Der Grad der Sicherheit kann errechnet werden mit Hilfe der "Spearman-Brownschen Beziehung"

$$Rho_N = \frac{N * Rho_1}{1 + (N-1)Rho_1}$$

<u>Beispiel: 4 Personen beurteilen eine 5. Person</u>
mit dem beigefügten Schema gegenseitiger Beurteilung:
A 1 2 1 2 2 3 5 5 5 2 3 3 2 5 5 2 1 4 5 2
B 4 2 5 1 3 2 6 6 5 2 6 1 1 3 6 1 2 3 5 1
C 3 2 2 4 5 3 4 5 3 2 4 2 2 5 2 2 3 5 2
D 2 2 2 1 5 1 6 6 6 1 4 1 3 2 5 1 1 3 6 1
Durchschnitt auf- und abgerundet:
∅ 3 2 3 2 4 2 5 6 5 2 4 2 2 3 5 2 2 3 5 2
Selbstbeurteilung Person 5:
E 3 2 2 2 4 3 5 6 6 2 5 1 2 6 5 1 2 5 5 1
Summe der quadrierten Differenzen:
abgerundet 20, mit Kommastellen 17,125

Korrelationstabelle:
A, B, C, D = Fremdbeurteilungen
$\emptyset$ = Arithmetisches Mittel der Fremdbeurteilungen
E = Selbstbeurteilung

	A	B	C	D	*	$\emptyset$	E
A	1	.57	.51	.70	.59	.80	.82
B	.57	1	.64	.80	.67	.89	.77
C	.51	.64	1	.76	.64	.81	.63
D	70	.80	.76	1.	.75	.95	.80
0	.80	.89	.81	.95	**	1	.88
E	.82	.77	.63	.80	.66	.88	1

* = Zeilensumme ohne 1 geteilt durch N (=3)
** = Summe der Zeilensummen geteilt durch N (=4)
Eingesetzt in Gleichung ergibt RhoN = .87

(Vergleiche Hesselmann, U., Statistische Methoden einer Expertenbefragung, Stahl und Eisen 1989, Nr. 6; S. 169 ff.)

Rho - Test
Spearman-Brownsche Beziehung

$$Rho_N = \frac{n \times Rho_1}{1 + (n-1) \times Rho_1} = \frac{2.20}{1 + (4-1) \times 0.55} = \frac{2.20}{2.65} = 0.83$$

	A	B	C	D	(Summe - 1) : (n - 1)
A	1	0.30	0.60	0.30	1.20 : 3 = 0.40
B	0.30	1	0.60	0.60	1.50 : 3 = 0.50
C	0.60	0.60	1	0.90	2.10 : 3 = 0.70
D	0.30	0.60	0.90	1	1.80 : 3 = 0.60

Summe A + B + C + D = 2.20
Rho_1 = (Summe A + B + C + D) : n = 2.20 : 4 = 0.55

fhd 4.90 / rwth 4.90 / mul 5.90

Anhang 16

Ein besonderes Beispiel für Beurteilungen. Das Ergebnis ist nachdenkenswert.

"Meinung über den Durchschnittsmenschen"

nach Dr. Christian Freilinger

Folgende 10 Thesen stellen ein Meinungsbild über den "Durchschnittsmenschen" dar. Überprüfen Sie diesen Thesenkatalog, indem Sie die Behauptungen mit Ihren Erfahrungen aus der betrieblichen Praxis bzw. aus der Hochschule vergleichen. Inwieweit treffen diese Aussagen auf *Ihre Mitarbeiter* bzw. *Ihre Mitstudenten* zu?

		stimmt								stimmt nicht

1. Der Durchschnittsmensch (DM) ist heute durch die Umwelt von seiner Arbeit abgelenkt und ist dadurch nur mehr an seiner Freizeit interessiert.　　10 9 8 7 6 5 4 3 2 1

2. Der DM ist bequem geworden. Er möchte nur mehr den Weg des geringsten Widerstandes gehen und weicht anstrengenden Arbeiten aus.　　10 9 8 7 6 5 4 3 2 1

3. Mit Lob und Tadel ist der DM allein nicht zu führen. Er muß auch Konsequenzen spüren und Sanktionen fürchten.　　10 9 8 7 6 5 4 3 2 1

4. Der DM muß durch straffe Lenkung, genaue Weisungen und strenge Kontrolle zur Arbeit angeleitet werden.　　10 9 8 7 6 5 4 3 2 1

5. Da es dem DM an Phantasie, Vorstellungskraft und Urteilsvermögen mangelt, eignet er sich für schöpferische Tätigkeiten nicht.　　10 9 8 7 6 5 4 3 2 1

	stimmt	stimmt nicht

6. Da der DM sich vor Fehlern fürchtet, vermeidet er riskante Situationen und scheut die Verantwortung. 10 9 8 7 6 5 4 3 2 1

7. Der DM ist anlehnungsbedürftig. Daher sucht der bei den Mächtigen Schutz und Orientierungshilfe. 10 9 8 7 6 5 4 3 2 1

8. Im Grunde möchte der DM nicht auffallen, er verhält sich daher möglichst so wie alle anderen. 10 9 8 7 6 5 4 3 2 1

9. Der DM leidet nicht unter Gleichtönigkeit. Vielmehr hat er vor Veränderungen Angst und zieht es daher vor, alles beim alten zu belassen. 10 9 8 7 6 5 4 3 2 1

10. Der DM ist nur auf seine Vorteile bedacht und steht seiner Umwelt mit Mißtrauen gegenüber. 10 9 8 7 6 5 4 3 2 1

2. Durchgang:

Sie haben in einem ersten Durchgang "Meinungen über den Durchschnittsmenschen" mit Erfahrungen aus Ihrer eigenen Praxis mit Mitarbeitern bzw. Mitstudenten verglichen.

Überprüfen Sie diesen Thesenkatalog nochmals. Diesmal haben Sie jedoch Gelegenheit, die Thesen mit der Erfahrung, die *Sie mit sich selbst* gemacht haben, zu vergleichen.

Inwieweit treffen die folgenden Behauptungen auf Sie persönlich zu? Können Sie sich mit diesem Menschen identifizieren oder weichen Sie von ihm ab?

	stimmt	stimmt nicht

1. Ich bin heute durch die Umwelt von meiner Arbeit abgelenkt und bin daher nur mehr an meiner Freizeit interessiert.　　10 9 8 7 6 5 4 3 2 1

2. Ich bin bequem geworden. Ich möchte nur mehr den Weg des geringsten Widerstandes gehen und weiche anstrengenden Arbeiten aus.　　10 9 8 7 6 5 4 3 2 1

3. Ich bin mit Lob und Tadel allein nicht zu führen. Ich muß auch Konsequenzen und Sanktionen fürchten.　　10 9 8 7 6 5 4 3 2 1

4. Ich muß durch straffe Lenkung, genaue Weisungen und strenge Kontrolle zur Arbeit angeleitet werden.　　10 9 8 7 6 5 4 3 2 1

5. Da es mir an Phantasie, Vorstellungskraft und Urteilsvermögen mangelt, eigne ich mich für schöpferische Tätigkeiten nicht.　　10 9 8 7 6 5 4 3 2 1

6. Da ich mich vor Fehlern fürchte, vermeide ich riskante Situationen und scheue die Verantwortung.　　10 9 8 7 6 5 4 3 2 1

7. Ich bin anlehnungsbedürftig. Daher suche ich bei Mächtigen Schutz und Orientierungshilfe.　　10 9 8 7 6 5 4 3 2 1

8. Eigentlich möchte ich nicht auffallen. Ich verhalte mich daher möglichst so wie alle anderen.　　10 9 8 7 6 5 4 3 2 1

	stimmt									stimmt nicht

9. Ich leide nicht unter der Monotonie. Ich habe vielmehr vor Veränderungen Angst und ziehe es daher vor, alles beim alten zu belassen.   10 9 8 7 6 5 4 3 2 1

10. Ich bin nur auf meine Vorteile bedacht und stehe deshalb auch meiner Umwelt mit Mißtrauen gegenüber.   10 9 8 7 6 5 4 3 2 1

Werten Sie nun die beiden Durchgänge - jeden für sich - aus, indem Sie jeweils die angekreuzten Zahlen zusammenzählen.

Ergebnis: Summe im 1. Durchgang:

Summe im 2. Durchgang: _____

Differenz zwischen
1. + 2. Durchgang:

Entnommen aus Seminarunterlagen des VDEh und der Eisenhütte Österreich. Autor Dr. Christian Freilinger.

Anhang 17

Kurze Beschreibung der in Europa befindlichen Völker nach ihren Eigenschaften.
Hinterglasmalerei von Toni Blank nach einem Original aus dem 18. Jahrhundert (Heimatmuseum Wien).

Beispiele:

Spanier	Franzose	Deutscher	Engländer	Ungar	Türke und Grieche
Hochmütig	Leichtsinnig	Offenherzig	Wohlgestalt	Unfrei	wie das Aprilwetter

III. Grundprobleme der Organisation

Manfred Timmermann

In der modernen arbeitsteiligen Gesellschaft ist "Organisation" in fast allen Lebensbereichen sowohl zum Reiz- als auch zum Zauberwort geworden. Man versteht dabei Organisation entweder als Institution, als System von Institutionen, als Struktur einer Institution oder auch als Handlungsfunktion. So spricht man beispielsweise von einem Verband oder Unternehmen als Organisation, von der Organisation des Staates, der Organisation des Gesundheitswesens, der Organisation eines Verbandes, der Organisation des Personalwesens, der Organisation der elektronischen Datenverarbeitung sowie der Organisation des Material- und Informationsflusses. Dabei steht Organisation in engem Zusammenhang mit Verwaltung und vor allem mit Management; als korrespondierende Phänomene erscheinen Planung und Information. Der Begriff der Organisation erweckt Assoziationen zu Bürokratie, Herrschaft und Effizienz. Die Definitionen von "Organisation" sind sicher ebenso zahlreich und vieldeutig wie die des Begriffes "Kapital".

Der praktischen Bedeutung von Organisation entspricht eine Flut von Literatur zur wissenschaftlichen Analyse von Organisation. Über mehrere historische Entwicklungsstufen hinweg haben sich unterschiedliche wissenschaftliche Ansätze herauskristallisiert. Soziologen, Betriebswirte, Ingenieure, Psychologen, Mathematiker, Politik- und Verwaltungswissenschaftler, Entscheidungstheoretiker sowie Systemanalytiker haben vielfältige organisationswissenschaftliche Beiträge geliefert. Neben der reinen Organisationstheorie entwickelt sich eine anspruchsvolle empirische Organisationsforschung und eine umfangreiche praktische Organisationsberatung. Organisationswissenschaft muß daher heute als eine im Entstehen begriffene, integrative und letzten Endes pluralistische Disziplin verstanden werden.

Der vorliegende Beitrag stellt einen Versuch dar, die multidisziplinären Ansätze zu integrieren und einen einheitlichen Rahmen der Organisationswissenschaft zu entwickeln. Ausgangspunkt der Betrachtung ist die Stellung der Organisationswissenschaft im System der Wissenschaften (wissenschaftsanalytische Grundlagen). Danach wird der gedankliche Bezugsrahmen (Paradigma) der Organisationswissenschaft abgesteckt.

1. Wissenschaftsanalytische Grundlagen der Organisationswissenschaft

1.1 Wissenschaft ist menschliches Denken nach bestimmten Regeln mit dem Ziel des Erkenntnisgewinns.

1.2 Das wissenschaftliche menschliche Denken bezieht sich auf die Beschreibung, Erklärung, Vorhersage und Gestaltung empirisch wahrnehmbarer Wirklichkeitsausschnitte. Diese sind Gegenstand der entsprechenden arbeitsteiligen Realwissenschaften, die das Ziel verfolgen, die faktische Wahrheit zu finden.

1.3 Die Regeln des wissenschaftlichen Denkens (Methoden) ergeben sich aus der Konstruktion von formalen Zeichensystemen. Diese sind Gegenstand der entsprechenden arbeitsteiligen Formalwissenschaften, die das Ziel verfolgen, die logische Wahrheit zu finden.

1.4 Die Komplexität der Realität wird durch abgestufte disziplinäre Arbeitsteilung reduziert. Diese disziplinäre Arbeitsteilung kann die Interdependenz der Wirklichkeit nur unvollkommen berücksichtigen und verändert sich im Zeitablauf. An den Grenzen traditioneller Disziplinen entstehen neue Wissenschaftsfelder, die häufig besonders fortschrittsträchtig sind und sich zu eigenständigen Disziplinen entwickeln. Die Wissenschaftslehre hat die Aufgabe, eine optimale disziplinäre Arbeitsteilung zu ermitteln, die zwischen den Extremen des Spezialisten einerseits und des Universalisten andererseits liegt: "To know more and more over less and less or to know less and less over more and more".

1.5 Den Nachteilen disziplinärer Arbeitsteilung versucht man durch Integrationsbemühungen zu begegnen. Die inhaltliche Integration erfolgt durch interdisziplinäre Analyse relevanter sozialwissenschaftlicher Spezialisierungen. Die methodische Integration wird durch ganzheitsorientierte Problemlösungsverfahren angestrebt. Es bieten sich die Methoden der Algorithmik und der Heuristik an. Wegen ihrer Ganzheitsorientierung ist die Systemanalyse als heuristische Methode von besonderer Bedeutung.

1.6 Wie in den Sozialwissenschaften generell, besteht für die organisationswissenschaftliche Forschung das Subjektivitäts- und das Kommunikationsproblem.

Das Subjektivitätsproblem bezieht sich sowohl auf das subjektive Wahrnehmungsfilter und das subjektive Interpretationsmuster als auch auf die individuellen Interessenbezüge. Beide Komponenten führen zu Werturteilen. Es gilt daher, Beobachtungsregeln, Interpretationsregeln und Wertfreiheitsregeln zu formulieren.

Das Kommunikationsproblem besteht in unpräzisen Begriffen und unterschiedlichen Verallgemeinerungsgraden, die das Verständnis von wissenschaftlichem Erkenntnisgewinn erschweren. Es gilt daher, eine eindeutige Fachsprache und klare Induktionsregeln zu erarbeiten.

Auf der Grundlage dieser wissenschaftsanalytischen Betrachtungen ergibt sich folgendes Konzept der Organisationswissenschaft:

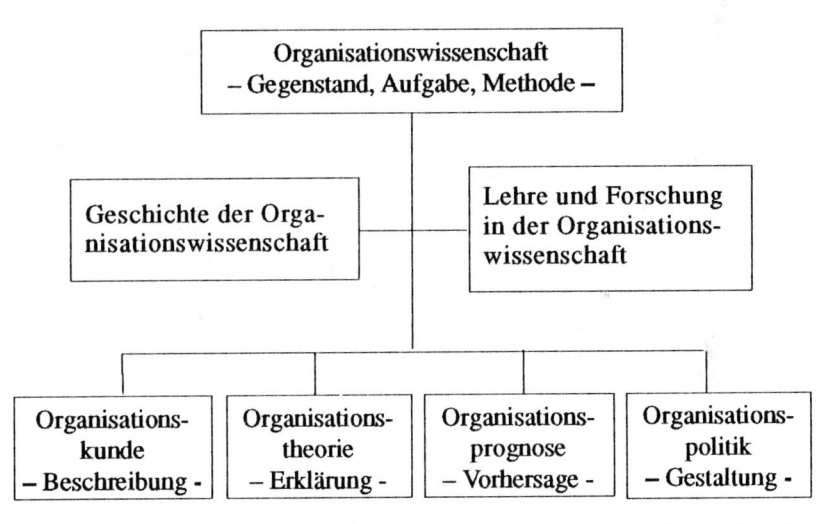

```
                    Organisationswissenschaft
                  - Gegenstand, Aufgabe, Methode -
                              |
          ┌───────────────────┴───────────────────┐
   Geschichte der Orga-                   Lehre und Forschung
   nisationswissenschaft                  in der Organisations-
                                          wissenschaft

   Organisations-    Organisations-    Organisations-    Organisations-
       kunde            theorie          prognose           politik
   - Beschreibung -   - Erklärung -    - Vorhersage -    - Gestaltung -
```

Für dieses Konzept wird im folgenden Abschnitt ein Paradigma der Organisationswissenschaft skizziert.

2. Paradigma der Organisationswissenschaft

2.1 Voraussetzungen der Organisation

Die beschränkte Informationsverarbeitungs- und Problemlösungskapazität des Menschen führt zu einem Komplexitätsproblem, das nur durch Arbeitsteilung reduziert werden kann. Arbeitsteilung führt durch Spezialisierung zur Steigerung der Produktivität und zu positiven Synergieeffekten. Die Arbeitsteilung ist jedoch nur möglich wegen der Trennung von menschlicher Tätigkeit und menschlicher Bedürfnisbefriedigung, d. h. der Mensch kann Zweck und Motiv seines Handelns auseinanderhalten. Er handelt nicht nur aufgrund vorgegebener Reiz-Reaktions-Mechanismen, sondern aufgrund kognitiv-intellektueller Prozesse.

Die Arbeitsteilung führt gleichzeitig zur Entkoppelung von Individuum und Arbeitsergebnis. Durch diese Entfremdung wird der arbeitende Mensch zum Produktionsfaktor "Arbeit".

Arbeitsteilung bedingt Organisation

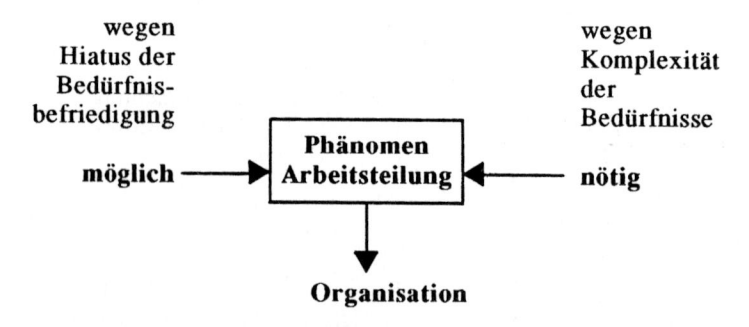

```
      wegen                                    wegen
    Hiatus der                              Komplexität
    Bedürfnis-                                  der
   befriedigung          ┌─────────────┐     Bedürfnisse
                         │  Phänomen   │
      möglich  ────────▶ │Arbeitsteilung│ ◀──── nötig
                         └─────────────┘
                                │
                                ▼
                          Organisation
```

Arbeitsteilung bildet die Voraussetzung von Organisation.

2.2 Notwendigkeit der Organisation

Die Gestaltung eines arbeitsteiligen Prozesses in totalen und partiellen makrosozialen Steuerungssystemen sowie in mikrosozialen Handlungssystemen erfolgt nach Regeln, die an den Zielen der sozialen Systeme orientiert sind.

Bei den makrosozialen Steuerungssystemen erfolgt die Gestaltung der arbeitsteiligen Prozesse nach automatischen Regelmechanismen wie Demokratie, Markt und sozialen Grundwerten. Für die Gestaltung arbeitsteiliger Prozesse in mikrosozialen Handlungssystemen bestehen keine funktionsfähigen automatischen Regelmechanismen; hier bedarf es der Organisation als Managementfunktion.

Mit Hilfe der Organisation soll der arbeitsteilige Prozeß in dem mikrosozialen Handlungssystem im Zeitablauf so gestaltet werden, daß unter Einsatz der bereitgestellten Faktoren eine Leistung erstellt und verwertet wird, die bei gegebener Systemumwelt Zweck, Ziel und Verhaltensweise entsprechend der Systemverfassung soweit wie möglich erfüllen.

Organisation ist die zielgerichtete Gestaltung dynamischer arbeitsteiliger Prozesse in mikrosozialen Handlungssystemen.

System der Unternehmensfunktionen

	Unternehmensverfassung			Unternehmensverwaltung					Unternehmensleistung		
	Zweck	Ziel	Verhaltensweise	Management	Faktorbereitstellung				Leistungserstellung		Leistungsverwertung
					Personal	Anlagen	Material	Finanzen	Prod.	F + E	Marketing
Gesellschaft	Leistungsprogramm	*Ertragsziel*	Kapitalgeber Mitarbeiter Manager	Planung und Entscheidung	Personalwirtschaft	Anlagenwirtschaft	Materialwirtschaft	Finanzwirtschaft			Absatzmarkt
	Marktsegment	*Marktziel*	Kunden Lieferanten Konkurrenten	Organisation und Führung							
	Standort										
	Rechtsform	*Finanzziel*	Öffentlichkeit Verbände Staat	Information und Kontrolle							
	Unternehmenspolitik			Unternehmensführung	Kosten				Umsatz		

Beschaffungsmarkt

2.3 Prinzip der Organisation

Die Gestaltung arbeitsteiliger Prozesse in mikrosozialen Handlungssystemen erfolgt durch hierarchische Zuordnung von Aufgabe, Kompetenz und Verantwortung auf einzelne Stellen bzw. Stelleninhaber. Dabei werden fallweise Regelungen durch generelle ersetzt (Substitutionsgesetz der Organisation).

Das Gestaltungsprinzip der Organisation ist Hierarchie.

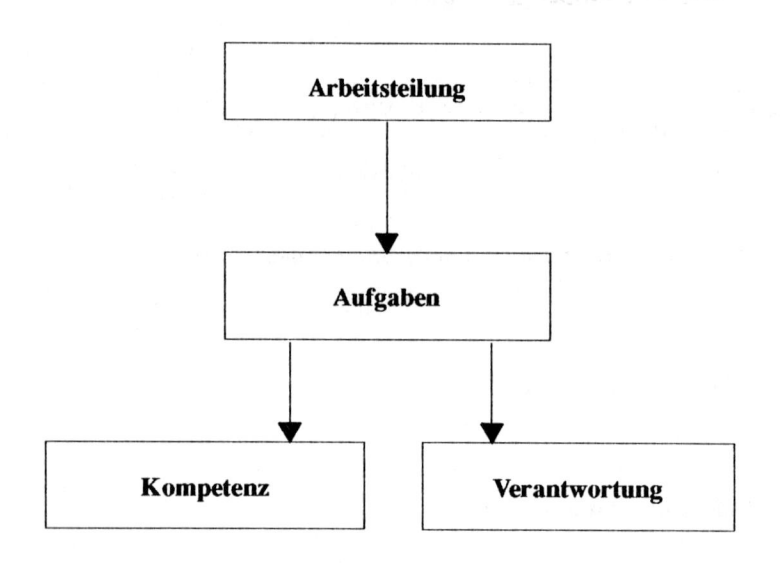

```
        ┌─────────────────┐
        │  Arbeitsteilung │
        └────────┬────────┘
                 │
                 ▼
        ┌─────────────────┐
        │    Aufgaben     │
        └────┬───────┬────┘
             │       │
             ▼       ▼
   ┌──────────────┐ ┌──────────────┐
   │  Kompetenz   │ │ Verantwortung│
   └──────────────┘ └──────────────┘
```

2.4 Formen der Organisation

Das hierarchische Organisationsprinzip prägt sich in drei Formen der Organisation aus. Zunächst muß die hierarchische Struktur der Stellen im Rahmen einer Aufbau-(Struktur-)Organisation festgelegt werden. Grundsätzlich stehen hierfür drei Modelle - die Linienorganisation, die Spartenorganisation und die Matrixorganisation - zur Verfügung, die in der Realität vielfach miteinander kombiniert und durch weitere Kriterien ergänzt werden.

Im Rahmen der Ablauf-(Prozeß-)Organisation wird dann den einzelnen Stellen bzw. Stelleninhabern ein bestimmter Arbeitsschritt des gesamten Arbeitsvorgangs nach zeitlichen, sachlichen und räumlichen Gesichtspunkten zugeordnet.

Die Stelleninhaber werden im Rahmen der Führungsorganisation nach bestimmten Führungsmodellen betreut. Den Führungsmodellen können autoritäre, kooperative oder partizipative Führungsstile zugrunde liegen.

Die Formen der Organisation bestehen in der Aufbau-, Ablauf und Führungsorganisation.

2.5 Instrumente der Organisation

Für die zielgerichtete Gestaltung der Arbeitsteilung stehen sechs Instrumente der Organisation zur Verfügung. Zunächst geht es um eine sinnvolle Zerlegung des Arbeitsvorganges in einzelne Arbeitsschritte. Die so zerlegten Arbeitsschritte werden daraufhin standardisiert und nach gleichartigen Funktionen gebündelt. Die Funktionalisierung der standardisierten Arbeitsschritte kann zentral oder dezentral erfolgen mit einer entsprechenden Delegation von Kompetenz und Verantwortung. Der jeweilige Stelleninhaber muß für die seiner Stelle übertragenen Aufgaben motiviert werden.

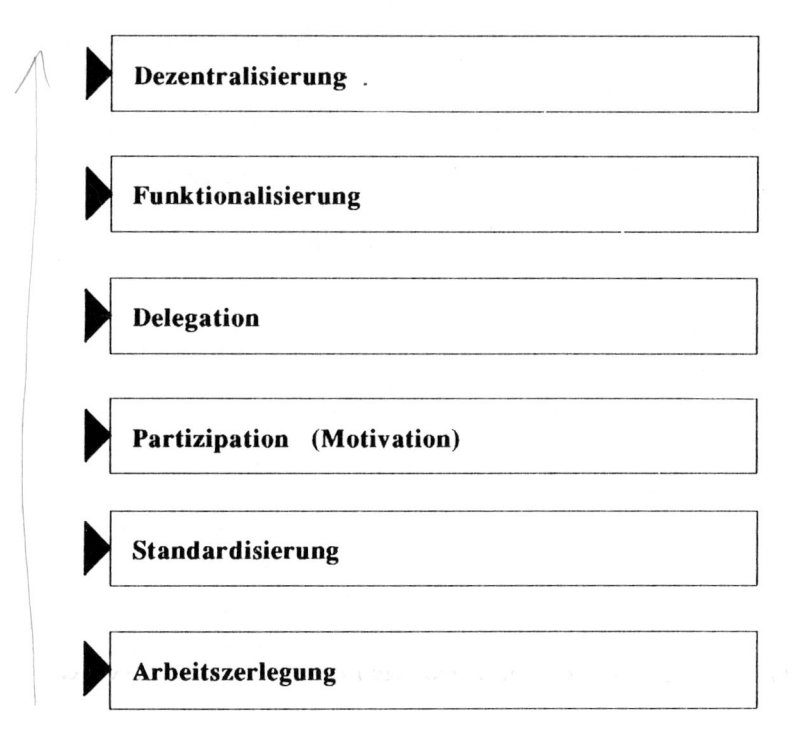

- ▶ **Dezentralisierung**
- ▶ **Funktionalisierung**
- ▶ **Delegation**
- ▶ **Partizipation (Motivation)**
- ▶ **Standardisierung**
- ▶ **Arbeitszerlegung**

Als Instrumente der Organisation stehen Arbeitszerlegung, Standardisierung, Funktionalisierung, Dezentralisierung, Delegation und Motivation zur Verfügung.

2.6 Nebenbedingungen der Organisation

Die Festlegung bestimmter Modelle der Organisation bei gegebenen Möglichkeiten der Arbeitsteilung kann nur unter Berücksichtigung der gegebenen Restriktionen der Institution erfolgen.

Die Nebenbedingungen der Organisation sind personeller, finanzieller, rechtlicher und/oder technischer Art.

2.7 Kriterien der Organisation

Zur Beurteilung der Qualität einer Organisation stehen vier Kriterien zur Verfügung, deren Gewichtung und Bewertung nur zu subjektiven Urteilen führen kann. Wesentlicher Beurteilungsmaßstab ist die Effektivität, d. h. der Zielerreichungsgrad des Systems. Es liegt nahe, daß die Effektivität nur im Zusammenhang mit der Effizienz, d. h. mit dem Verhältnis von Leistung zu Aufwand, mit dem diese Effektivität erreicht wurde, gesehen werden kann. Da es sich bei der Organisation um die Gestaltung dynamischer arbeitsteiliger Prozesse handelt, ist die Anpassungsfähigkeit (Flexibilität) an veränderte Aufgabenstellungen und/oder Umweltbedingungen besonders wichtig. Eine zunehmende Bedeutung für die Qualität einer Organisation spielt die Arbeitszufriedenheit der Mitarbeiter.

Effektivität, Effizienz, Flexibilität und Arbeitszufriedenheit sind die Kriterien der Organisation.

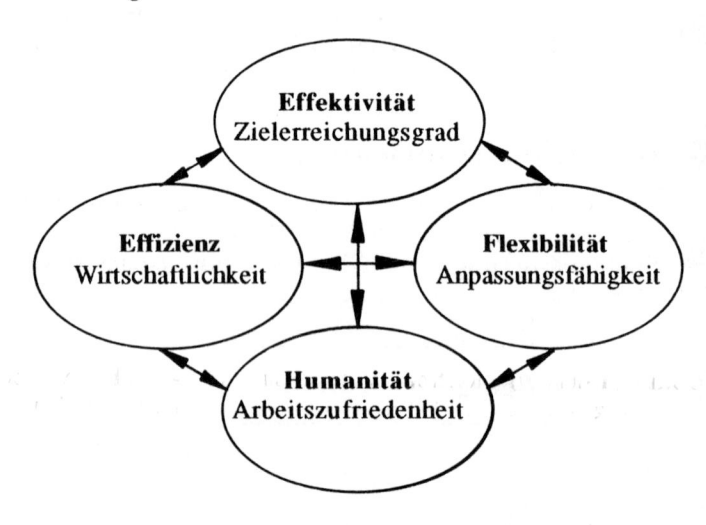

```
        Effektivität
     Zielerreichungsgrad

Effizienz              Flexibilität
Wirtschaftlichkeit     Anpassungsfähigkeit

         Humanität
      Arbeitszufriedenheit
```

2.8 Prozeß der Organisation

Die Aufgabenstellung der Organisation ändert sich im Zeitablauf ebenso wie die Bedingungen der Systemumwelt, so daß sich Organisation als ein Prozeß darstellt, der eine Anpassung von Aufbau-, Ablauf- und Führungsorganisation an die Veränderung von Aufgabe, Möglichkeiten der Arbeitsteilung und Nebenbedingungen der Organisation erfordert. Findet dieser Prozeß der Anpassung der Organisation nur zu bestimmten Zeitpunkten statt, so handelt es sich um eine Reorganisation. Findet der Organisationsprozeß ständig statt, so spricht man von Organisationsentwicklung.

Der Prozeß der Organisation findet in Form der Reorganisation oder der Organisationsentwicklung statt.

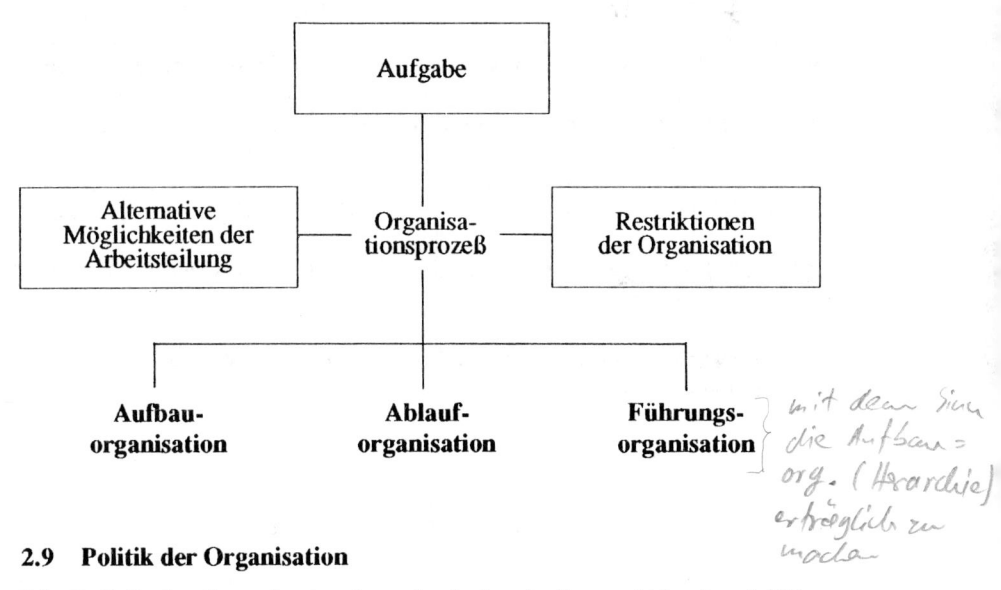

```
                        ┌──────────┐
                        │  Aufgabe │
                        └─────┬────┘
                              │
┌──────────────┐      ┌───────┴───────┐      ┌──────────────┐
│  Alternative │      │  Organisa-    │      │ Restriktionen│
│Möglichkeiten der├──┤  tionsprozeß  ├──────┤der Organisation│
│ Arbeitsteilung│      └───────┬───────┘      └──────────────┘
└──────────────┘              │
          ┌───────────────────┼───────────────────┐
     ┌────┴────┐         ┌────┴────┐         ┌────┴────┐
     │ Aufbau- │         │ Ablauf- │         │Führungs-│
     │organisation│      │organisation│      │organisation│
     └─────────┘         └─────────┘         └─────────┘
```

2.9 Politik der Organisation

Die Politik der Organisation besteht darin, Aufbau-, Ablauf und Führungsorganisation so zu gestalten, daß die individuellen Ziele der Mitarbeiter den Zielen des mikrosozialen Handlungssystems soweit wie möglich entsprechen.

2.10 Optimum der Organisation

Das Optimum der Organisation ist dann erreicht, wenn bei gegebener Aufgabe und gegebenen Restriktionen Aufbau-, Ablauf- und Führungsorganisation so gestaltet sind, daß die Bewertung der gewichteten Kriterien Effektivität, Effizienz, Flexibilität und Arbeitszufriedenheit ein Maximum erreicht.

Anhang 1

Nutzwert-Matrix

Varianten / Kriterien	Gewichtung G	A B	A PZ	B B	B PZ	C B	C PZ	D B	D PZ
Effektivität	30	4	120	6	180				
Effizienz	40	2	80	6	240				
Flexibilität	20	3	60	5	100				
Arbeitszufriedenheit	10	6	60	1	10				
Punktsumme	100	-	320	-	530				

Bewertung (B): 6 = sehr gut; 5 = gut; 4 = befriedigend; 3 = ausreichend; 2 = ungenügend; 1 = schlecht
Punktzahl (PZ) = B * G --> max 600!

Stichwortverzeichnis

A
Abhängigkeit von Arbeitsgruppen 123
Abszisse (Semantischer Raum) 69
Abweichendes Verhalten 112
Alleinarbeit 123
Ampelkreuzung, Experiment 157
Analyse-System 103
Anerkennung gefundener Lösungen 114
Anforderungsprofil 204
Antipathie 121, 123
Anwendungsbeispiele 181
Arbeit in Abhängigkeit 123
Arbeit mit Risiko 123
Arbeits- und Sozialverhalten, Profil des 111
Arbeitsgruppen 92
Arbeitsgruppen im Betrieb 128
Arbeitsgruppen, Zusammenarbeit von 123
Aufbau eines Fragebogens 147
Aufgabenstruktur 196
Aufzeichnung von Beobachtungen 153
Auseinandersetzungen 113
Austrittsinterview 106
Außensicht 95
Autoritärer Vorgesetzter 117

B
Bedürfnispyramide 105
Befangenheit, kulturelle 113
Befolgendes Verhalten 112
Befragung 145
Befragung mit Moderator 145
Befragung, schriftliche 145
Befragung, Formen der 145
Befragung, mündliche 145
Beliebtheit 101
Beobachtung 151
Beobachtung, nichtteilnehmende 152
Beobachtung, gegenseitige 218
Beobachtung, teilnehmende 152
Beobachtungskriterien 154
Beobachtungsschema 155
Berufs- und Freizeitverhalten 149
Berufsinformation 80
Betriebsklima 130
Beziehungsgeflecht 163
Bezugsgruppen 112
Bezugspersonen 112

C
Chefebene 91
Chi-Quadrat-Test 172, 217

D
Doppelt-duales Resonanzsystem 45
Durchschnittsmensch 222
Dynamischer Prozeß 128

E
Eigenschaften der Völker 226
Einflußchancen, situative 199
Einflußnahmen 199
Einsetzen 45
Einstellen 45
Einstellung zu bayerischen Seen 58
Einstellung zum Automobil 58
Einstellung zum Beruf 92
Einstellungen 45
Entlassen 45
Entscheiden 44
Entscheidungen 43
Entwickeln 45
Erdkundebuch 58
Erfahrung 61
Erfahrung, langjährige 61
Erfolg 130
Experiment 128, 156

F
Falsifizierung/Verifizierung 144
Faulheit 130
Fiedler, Fragebogen 195
Fiedler, Kontingenzmodell 102
Film: Dynamischer Prozeß 128
Fluktuation 95
Formen der Befragung 145
Fragebogen 106
Fragebogen, Aufbau des 147
Fragebogen, standardisiert 145
Fragenpaket 108
Fragenschema 103
Fragetechniken 106
Freizeitverhalten 149
Fremdbeurteilung 212
Freundlichkeit 130
Frustratoren 202
Funktionieren der Gruppenarbeit 115
Führer-Mitarbeiter-Beziehungen 195
Führerrolle 121

Führungssituation, Schwierigkeit der 101, 123
Führungsstil 95

G
Gebietsstichprobe 168
Gefährlich (Führen) 102
Gegenseitige Beurteilung 218
Gemeinsames Ziel 114
Geo-Schema 206
Geometrische Figuren 116
Geotest 117
Geotest-Auswertung 207
Gesellschaftsordnung, Spektrum der 46
Gesichter 52
Gesunder Menschenverstand 61
Grundwerte 49
Gruppe, Selbsterfahrung in der 159
Gruppe, Überlegenheit der 115
Gruppen, Leistungsverhalten von 114
Gruppenarbeit 74
Gruppenarbeit, Funktionieren der 115
Gruppendynamik 125
Gruppeneinsatz 142
Gruppenerfolg, Voraussetzungen für 114
Gruppenstruktur 118

H
Handlungen 56
Hierarchie 43
Hilfsbereitschaft 130
Hofstätter, Fragebogen
Hofstätter, Spektrum der Gesellschaftsordnung 46
Hypothese 144

I
Ideenfindung 123
Indikator 71
Individuelles Verhalten 46
Interview 145
Interviewerleitfaden 145

J
Johari-Fenster 160
Jugendlager, Experiment 156

K
Kameradschaft 130
Kartei 166
Karteistichprobe 166
Ketteninterview 213
Kindergarten 126
Klarheit der Aufgabe 101

Kommunikation 114
Konfliktlösung 162
Kontingenzmodell 102
Koordinatenkreuz (Semantischer Raum) 69
Korrelationsrechnung 93, 174
Kulturelle Befangenheit 113

L
Langeweile 130
Leistungsbeurteilung 204
Leistungsbezogenes Führen 94
Leistungsfähigkeit 114
Leistungsverhalten von Gruppen 114
Literatur 183
Lösungen, Anerkennung gefundener 114

M
Managementtheorien 104
Manager, Übung 200
Markt- und Meinungsforschung 80
Methoden praktischer Sozialforschung 143
Mitarbeiter 94
Moden 46
Moderator 145
Momentaufnahme: Soziogramm 128
Motivation 130, 202
Motivforschung 146
Mündliche Befragung 145

N
Neutrale Einstellung 123
Nicht-Zusammenarbeit 121, 131
Nichtteilnehmende Beobachtung 152, 153
Normverhalten 112

O
Ordinate (Semantischer Raum) 69
Ordnung 124

P
Panel-Befragung 145
Personenbezogenes Führen 94
Persönlichkeitsprofil 109, 111
Planungsinitiative 98
Poggendorffsche Täuschung 61
Polaritätenprofil 62
Position 49
Positionsmacht 101, 198
Praktische Sozialforschung, Methoden 143
Produktivität 95
Profil 64
Profil des Arbeits- und Sozialverhaltens 111
Profile 140
Psychiatrie 80

Q
Quota 168
Quotenstichprobe 167

R
Repräsentative Stichprobe 164
Resonanzsystem, doppelt-duales 45
Restaurant-Effekt, Experiment 158
Rho-Test 220
Risiko, Arbeit mit 123
Rolle 49
Rolle als Bindeglied 113
Rollenerwartung 112
Rollenverhalten 112
Rücksichtnahme 98

S
Sanktionen 49
Schichten 71, 194
Schlußfolgerung 144
Schriftliche Befragung 145
Schwierigkeit der Führungssituation 101, 123
Selbst- und Fremdbeurteilung 212
Selbstbeobachtung 153
Selbstbetrachtung 210
Selbstbild 54
Selbsterfahrung in der Gruppe 158
Selbstverständlichkeiten 46
Semantiktest 62, 128
Semantischer Raum 68, 142
Semantisches Differential 62, 91, 193
Seminar 74
Sitten und Gebräuche 46
Skala der situativen Einflußchancen 199
Skala zur Ermittlung der Aufgabenstruktur 196
Skala zur Ermittlung der Führer-Mitarbeiter-Beziehung 195
Skala zur Ermittlung der Positionsmacht 198
Soziale Kontrolle 49
Soziales Handeln 45
Sozialforschung, Methoden praktischer 143
Soziogramm 119
Spektrum der Gesellschaftsordnung 46
Standardisierter Fragebogen 145
Status 49
Stichprobe 164
Stimmungsbild 212, 214
Streit 130
Strukturiertheit der Aufgaben 101
Studienstipendium 78
Sturheit 130
Sympathie 123

T
Tabuiertes Verhalten 46
Täuschung 61
Teilnehmende Beobachtung 152, 153
These 144
Tiefeninterview 145
Typisierungen 78

U
Umfrage 149
Umfragen 50
Unternehmensberater 108
Urteile 56
Urteilen 44
Überlegenheit der Gruppe 115

V
Vereinfachtes Schema 72
Vergleichsmaßstäbe 66
Verhaltensnormen 48
Verhaltensprofil 109
Verifizierung/Falsifizierung 144
Verkehrsschild, Experiment 158
Verlaufsuntersuchung (dynamischer Prozeß) 128
Verstand 130
Vertrauensrolle 121
Voraussetzungen für den Gruppenerfolg 114
Vorgesetztenaufgaben 44, 182
Vorgesetztengruppen 92
Vorgesetzter 94
Vorgesetzter, autoritärer 117
Vorstellungen 45, 56
Völker nach ihren Eigenschaften 226

W
Werbeschrift 80
Werbung 66
Werte, verwendete 216
Wettbewerbssituation 123
Wille zur Zusammenarbeit 114

X
X-Achse (Semantischer Raum) 69

Y
Y-Achse (Semantischer Raum) 69

Z
Ziel, gemeinsames 114
Zielgerichtetes Fragen 144
Zusammenarbeit 121
Zusammenarbeit von Arbeitsgruppen 123
Zusammenarbeit, Wille zur 114

Effizienz: = $\frac{\text{Leistung}}{\text{Aufwand}}$ oder $\frac{\text{Umsatz}}{\text{Kosten}}$

bei Stababteilungen nur der Aufwand

Effektivität: = Zielerfüllung, den Markt zu versorgen. Zunächst ohne wirtschaftliche Betrachtung

Beispiel: Bundesbahn ist effektiv, da Züge pünktlich von Anlaß fahren und ihre Aufgabe erfüllen. Sie fährt aber Jahr für Jahr Verluste ein und ist damit nicht effizient.

Funktionsbereiche des Managements
- Planung
- Organisation
- Führung
- Kontrolle

} Controlling